Risikofaktor demografischer Wandel
Generationenvielfalt als Unternehmensstrategie

Internet-Adresse:
www.symposion.de/personal

Herausgegeben von
PETER KNAUTH, KATHRIN ELMERICH und DOROTHEE KARL

Mit Beiträgen von
CARMEN DIEL, KATHRIN ELMERICH, HANS-CARSTEN HANSEN, KLAUS HÖFER,
SONIA HORNBERGER, DOROTHEE KARL, PETER KNAUTH, MICHAEL PIEPER,
JUTTA RUMP, CHRISTINE WATRINET, ANDREAS ZOBER

symposion

Impressum
Risikofaktor demografischer Wandel
Generationenvielfalt als Unternehmensstrategie

Herausgeber
PETER KNAUTH, KATHRIN ELMERICH
und DOROTHEE KARL

Projektentwicklung
MARKUS KLIETMANN,
Symposion Publishing

Lektorat
BIRGIT WERMANN

Satz
KAREN FLEMING, MARTINA THORENZ
Symposion Publishing

Druck
dd ag
Frensdorf

Umschlaggestaltung
Karen Fleming, basierend auf einem
Entwurf von metadesign, Berlin

Photo
© macroman – Fotolia.com

ISBN 978-3-939707-12-7
1. Auflage 2009
© Symposion Publishing GmbH,
Düsseldorf

Begleitdienst zu diesem Buch
www.symposion.de/personal

Redaktionelle Post bitte an
Symposion Publishing GmbH
Werdener Straße 4
40227 Düsseldorf

Bibliografische Information der Deutschen Bibliothek:
Die Deutsche Bibliothek verzeichnet diese Publikation in der Deutschen Nationalbibliografie; detaillierte bibliografische Daten sind im Internet über http://www.ddb.de abrufbar.

Das Werk einschließlich seiner Teile ist urheberrechtlich geschützt. Jede Verwertung außerhalb der engen Grenzen des Urheberrechtsgesetzes ist ohne Zustimmung des Verlags unzulässig und strafbar. Das gilt insbesondere für Vervielfältigungen, Übersetzungen, Mikroverfilmungen und die Einspeicherung und Verarbeitung in elektronischen Systemen.

Alle in diesem Buch enthaltenen Angaben, Ergebnisse usw. wurden von den Autoren nach bestem Wissen erstellt. Sie erfolgen ohne jegliche Verpflichtung oder Garantie des Verlages. Er übernimmt deshalb keinerlei Verantwortung und Haftung für etwa vorhandene inhaltliche Unrichtigkeiten.

Die Wiedergabe von Gebrauchsnamen, Handelsnamen, Warenbezeichnungen usw. in diesem Werk berechtigt auch ohne besondere Kennzeichnung nicht zu der Annahme, dass solche Namen im Sinne der Warenzeichen- und Markenschutz-Gesetzgebung als frei zu betrachten wären und daher von jedermann benutzt werden dürften.

Risikofaktor demografischer Wandel
Generationenvielfalt als Unternehmensstrategie

Fakt ist: Die fortschreitende Überalterung der Gesellschaft ist nicht mehr aufzuhalten und wird sich auch auf die Belegschaften von Unternehmen auswirken. Doch wie gut sind deutsche Firmen tatsächlich auf die Herausforderungen des demografischen Wandels vorbereitet? Vielerorts werden Risiken wie drohender Fachkräftemangel, steigender Krankenstand oder sinkende Produktivität noch erheblich unterschätzt.

Zwar ist in Politik und Wirtschaft bereits viel über das Thema diskutiert worden und die Konzepte liegen theoretisch auf dem Tisch. Aber nach wie vor zeigen sich etliche Probleme bei der Umsetzung in konkrete betriebliche Maßnahmen.

Ziel dieses Buches ist es daher, nicht nur über neueste wissenschaftliche Erkenntnisse zu dem Thema zu informieren. Vielmehr vermittelt es anhand von Praxiserfahrungen aus betrieblichen Umsetzungsprojekten, wie Einzelmaßnahmen in eine Gesamtstrategie eingebettet werden können.

Die informativen Beispiele – darunter Audi, BMW, BASF – beleuchten, wie Unternehmen den Risiken des demografischen Wandels begegnen und welche Einsichten sie bei der Umsetzung ihrer Strategien gewonnen haben.

Das Buch wendet sich an Führungskräfte aus dem Bereich Personalmanagement sowie an Vorstände und Geschäftsführer kleiner und mittelständischer Unternehmen.

Über Symposion Publishing
Symposion ist ein Fachverlag für Management-Wissen und veröffentlicht Bücher, Studien, digitale Fachbibliotheken und Onlinedienste.

Das Programm steht auch zum Download zur Verfügung – über das Verlagsportal kann der Leser nach Kapiteln suchen und diese individuell zusammenstellen. Wissen ist damit blitzschnell verfügbar – jederzeit, praktisch überall und zu einem attraktiven Preis.

www.symposion.de

Risikofaktor demografischer Wandel
Generationenvielfalt als Unternehmensstrategie

Vorwort 9
PETER KNAUTH

Situationsanalyse

Risikofaktor demografischer Wandel 15
JUTTA RUMP

Die Arbeitsfähigkeit alternder Mitarbeiter 47
DOROTHEE KARL

Handlungsfelder

Demografischer Wandel in Unternehmenskulturen 75
CHRISTINE WATRINET, KATHRIN ELMERICH, DOROTHEE KARL, PETER KNAUTH

Arbeitsgestaltung für alternde Belegschaften 109
PETER KNAUTH, KATHRIN ELMERICH, DOROTHEE KARL

Alternsgerechte Qualifizierung 147
KATHRIN ELMERICH, DOROTHEE KARL, PETER KNAUTH

Praxisbeispiele

Individualisierte Arbeitszeitgestaltung bei der AUDI AG 201
SONIA HORNBERGER

Das Projekt »Heute für morgen« bei der BMW Group 217
MICHAEL PIEPER

Strategien zur alternden Belegschaft bei der BASF AG 247
HANS-CARSTEN HANSEN, ANDREAS ZOBER

Arbeitszeitkonzept für die Belegschaft bei der Rasselstein GmbH 275
CARMEN DIEL, KLAUS HÖFER

Schlussfolgerungen 297
PETER KNAUTH

Herausgeber und Autoren

Herausgeber

Prof. Dr.-Ing. PETER KNAUTH
ist Leiter der Abteilung Arbeitswissenschaft, Institut für Industriebetriebslehre und Industrielle Produktion (IIP), Universität Karlsruhe (TH). Seine Forschungsschwerpunkte sind Arbeitszeit, Human Resource Management (zum Beispiel alternde Belegschaft, Diversity Management, Work Life Balance) und neue Organisationsformen (zum Beispiel Arbeit in virtuellen Strukturen).

Dr. KATHRIN ELMERICH
ist bei der ThyssenKrupp AG im Zentralbereich Human Resources tätig. Im Jahr 2006 promovierte sie an der Universität Karlsruhe (TH). Am dortigen Institut für Industriebetriebslehre und Industrielle Produktion, Abteilung Arbeitswissenschaft, war sie nach ihrem Studium des Wirtschaftsingenieurwesens, Fachrichtung Unternehmensplanung, als wissenschaftliche Mitarbeiterin beschäftigt. Ihre Schwerpunkte in Forschung und Praxis waren altersgerechte Qualifizierung, Diversity Management, arbeiten in virtuellen Strukturen, Employability und innovative Arbeitszeitgestaltung.

Dr. DOROTHEE KARL
ist zuständig für den Bereich Arbeitsmarkt in der Metropolregion Rhein-Neckar GmbH. Sie promovierte und habilitierte an der Universität Karlsruhe (TH), Institut für Industriebetriebslehre und Industrielle Produktion, Abteilung Arbeitswissenschaft, wo sie als wissenschaftliche Angestellte und Projektleiterin für die Themenbereiche Demografischer Wandel, Arbeitsfähigkeit, Lebenslanges Lernen, Alternsgerechte Arbeitsgestaltung und Diversity in Forschung und Praxis verantwortlich war. Das Studium der Psychologie absolvierte sie an der Universität Mannheim.

Autoren

Dipl.-Betriebsw. (FH) und Master Arbeits- und Organisationspsychologie CARMEN DIEL
ist Expertin in der Arbeitswirtschaft der Rasselstein GmbH, Andernach. Ihr Aufgabengebiet umfasst das Personalcontrolling, die Personalplanung sowie die Arbeitszeitgestaltung und betriebliche Organisation.

HANS-CARSTEN HANSEN
ist seit 2003 Personalchef der BASF AG und für die globale Steuerung der Personalarbeit verantwortlich. Für den Bundesarbeitgeberverband Chemie ist er zudem Verhandlungsführer für die Tarifverträge der Branche. Er studierte Rechtswissenschaften in Berlin und Göttingen und ist seit 1983 bei der BASF in verschiedenen Funktionen tätig.

Dipl.-Ing. (FH) KLAUS HÖFER
ist Leiter der Arbeitswirtschaft bei der Rasselstein GmbH, Andernach. Sein Verantwortungsbereich umfasst die Personalstrategie und -controlling, Personalplanung, Entgelt- und Arbeitszeitgestaltung sowie die betriebliche Organisation.

Dr. habil. SONIA HORNBERGER
studierte Personalmanagement an der Ökonomischen Universität Bratislava. Seit 1989 war sie in der arbeitswissenschaftlichen und personalwirtschaftlichen Forschung an der Universität Karlsruhe tätig, hier Promotion und Habilitation. Seit Oktober 2004 arbeitet sie bei der AUDI AG Ingolstadt im Bereich der personalpolitischen Grundsatzfragen.

MICHAEL PIEPER
ist seit 2003 im Konzernpersonalwesen der BMW Group tätig. Sein Zuständigkeitsbereich umfasste zunächst das Arbeitszeit- und Flexibilisierungsmanagement sowie die Initiierung des Projektes »Heute für morgen«. Mit

Herausgeber und Autoren

der Positionierung und strategischen Ausrichtung des Projektes ist er seit Anfang 2006 als Projektleiter eingesetzt. Nach dem Studium der Verwaltungswissenschaften in Konstanz arbeitete Michael Pieper zunächst als Berater bei der Arbeitszeitberatung Dr. Hoff • Weidinger • Herrmann in Berlin und später als Referent Compensation & Benefits im Zentralbereich Personal der Dresdner Bank in Frankfurt.

Dr. JUTTA RUMP
ist Professorin für Allgemeine Betriebswirtschaftslehre, Internationales Personalmanagement und Organisationsentwicklung an der Fachhochschule Ludwigshafen. Sie leitet zudem das Institut für Beschäftigung und Employability IBE. Ihre Arbeits- und Forschungsschwerpunkte sind derzeit die Zukunft der Arbeitswelt, Employability und Employability Management, Unternehmens- und Personalpolitik im Zuge des demografischen Wandels, Wissensmanagement und Wissensbilanzen, Electronic Mobility sowie Work-Life-Balance.

Dr. CHRISTINE WATRINET,
Jahrgang 1965, ist Diplom-Ökonomin mit den Schwerpunkten Organisation und Personal, Industriebetriebslehre und Soziologie. Sie studierte an den Universitäten Bonn und Hohenheim. 2007 promovierte sie an der Universität Karlsruhe. Sie verfügt über langjährige praktische Erfahrungen im Personalbereich. Derzeit ist sie als Beraterin für strategisches Personalmanagement und als Lehrbeauftragte tätig.

Prof. Dr. med. Dr. rer. nat. ANDREAS ZOBER
ist Ärztlicher Direktor der BASF und verantwortet in der BASF Gruppe Arbeitsmedizin und Gesundheitsschutz. An der Medizinischen Fakultät Mannheim der Universität Heidelberg ist er für die Lehre im Fach Arbeitsmedizin zuständig. Er ist Autor von mehreren hundert wissenschaftlichen Publikationen und Vorträgen.

Vorwort

Nur wenige Unternehmen in Deutschland sind wirklich auf die komplexen Herausforderungen des demografischen Wandels vorbereitet. Es wurde zwar inzwischen viel über dieses Thema geschrieben, das heißt Konzepte und Modelle sind theoretisch vorhanden, jedoch gibt es zahlreiche Probleme bei der Umsetzung.

Ziel des vorliegenden Buches ist es daher, nicht nur über neuere wissenschaftliche Erkenntnisse zu informieren, sondern vor allem Erfahrungen aus zahlreichen betrieblichen Umsetzungsprojekten zu vermitteln und zu zeigen, wie Einzelmaßnahmen in eine Gesamtstrategie eingebettet werden können.

Zur Einleitung in das Thema wird der Leser in dem Beitrag »Risikofaktor demografischer Wandel« mit Zahlen, Daten und Fakten der demografischen Entwicklung vertraut gemacht.

Die zentrale Frage für Unternehmen lautet »Wie kann die Arbeitsfähigkeit der alternden Belegschaft erhalten beziehungsweise verbessert werden?« Deshalb erläutert Dorothee Karl in »Die Arbeitsfähigkeit alternder Mitarbeiter« die Determinanten der Arbeitsfähigkeit und deren Wechselwirkungen.

Im Anschluss werden in dem Beitrag »Demografischer Wandel in Unternehmenskulturen« alle wesentlichen Handlungsfelder der Unternehmen zur Bewältigung des demografischen Wandels vorgestellt. Dieser umfangreiche Beitrag beruht auf den Erfahrungen, die die Herausgeber in vier Forschungsprojekten (Tabelle 1) gesammelt haben.

Tabelle 1: Forschungsprojekte des Instituts für Industriebetriebslehre und Industrielle Produktion zum demografischen Wandel

Projekt	Ziel des Projekts	Partnerunternehmen	Land
RESPECT [1]	Verbesserung der Arbeitsfähigkeit und Gesundheit älterer Mitarbeiter	Deutsche Bank AG	D
		Daimler AG	D
		Finnair	SF
		CAA	SF
		ICCS	GR
		TCCD	GR
CREDIT [2]	Neue Weiterbildungskonzepte für ältere Mitarbeiter	Finnair	SF
		ICCS	GR
		Merkur Akademie	D
		GRETA	F
DIGERO [3]	Auswirkungen einer sich verändernden Belegschaft auf Arbeitsstrukturen und -prozesse	Ford	D
		Procter und Gamble	D
		dm	D
KRONOS [4]	Entwicklung und Evaluation von Lebensarbeitszeitmodellen	AUDI AG	D
		BASF SE	D
		BMW Group	D
		Johns Manville	D
		Rasselstein GmbH	D
		CSL Behring GmbH	D

Da die in diesem Beitrag geschilderten Maßnahmen alleine nur eine limitierte Wirkung entfalten können, müssen sie in eine Gesamtstrategie des Unternehmens eingebettet werden. Im letzten Teil des Buches werden »Praxisbeispiele« vorgestellt. Hier präsentieren daher vier Großunternehmen ihre Gesamtstrategien, die weit über die vorher diskutierten Einzelprojekte hinausgehen.

Die Herausgeber Peter Knauth [5], Kathrin Elmerich [6] und Dorothee Karl [7] möchten mit diesem Buch weitere Unternehmen anregen, das Umsetzungsdefizit in Bezug auf die Bewältigung des demografischen Wandels zu reduzieren.

Die Herausgeber, im Frühjahr 2009

Literatur

[1] QLK6-CT-2000-00038 *Research Activity for improving Elderly workers Safety, Productivity, Efficiency and Competence Towards the new working Environment (EU-Forschungsprojekt)*

[2] *110311- CP-2003-1-GR-GRUNDVIG-G1 (EU-Forschungsprojekt)*

[3] *Gender Mainstreaming-Analyse der Wirkung von Unternehmensleitbildern, Förderprogramm Frauenforschung Baden-Württemberg, Sozialministerium Baden-Württemberg*

[4] DFG SPP 1184 *Alternsdifferenzierte Arbeitssysteme, Teilprojekt KRONOS: Lebensarbeitszeit: Chancen und Risiken für das Unternehmen und die Mitarbeiter*

[5] INSTITUT FÜR INDUSTRIEBETRIEBSLEHRE UND INDUSTRIELLE PRODUKTION (IIP), *Abteilung Arbeitswissenschaft, Universität Karlsruhe (TH)*

[6] THYSSENKRUPP AG, *Zentralbereich Human Resources, Düsseldorf*

[7] METROPOLREGION RHEIN-NECKAR GMBH, *Arbeitsmarkt- und Beschäftigungspolitik, Mannheim*

Situationsanalyse

Risikofaktor demografischer Wandel **15**
Jutta Rump

Die Arbeitsfähigkeit alternder Mitarbeiter **47**
Dorothee Karl

Risikofaktor demografischer Wandel

Der demografische Wandel ist eine langfristige Entwicklung, deren Auswirkungen nicht nur Produkte und Märkte betreffen, sondern auch die Organisation der Arbeit, die Bildung und die Familienstrukturen.

> **In diesem Beitrag erfahren Sie:**
> - welche Faktoren die demografische Entwicklung beeinflussen,
> - welchen Einfluss die Demografie auf Märkte und Gesellschaft hat.

Jutta Rump

Das Bevölkerungsszenario

Die Bevölkerungspyramide von 1910 zeichnete sich durch hohe Geburtenraten und hohe Mortalitätsraten aus. Das Durchschnittsalter lag bei circa 30 Jahren. Die Gesellschaft war durch vergleichsweise schlechte medizinische Versorgung, schlechte hygienische Verhältnisse und niedriges Bildungsniveau gekennzeichnet. Die Bevölkerungsentwicklung um 1999/2000 lässt sich mit dem Bild eines Baums beschreiben. Erkennbar sind

⇨ der Pillenknick und die danach folgenden niedrigen Geburtenraten,
⇨ die Baby-Boom-Generation,
⇨ der Geburtenrückgänge während des 2. Weltkriegs,
⇨ die ersten Baby-Boomer, die zwischen den beiden Weltkriegen geboren wurden, sowie
⇨ die Verluste des 2. Weltkriegs insbesondere unter den Männern.

Risikofaktor demografischer Wandel

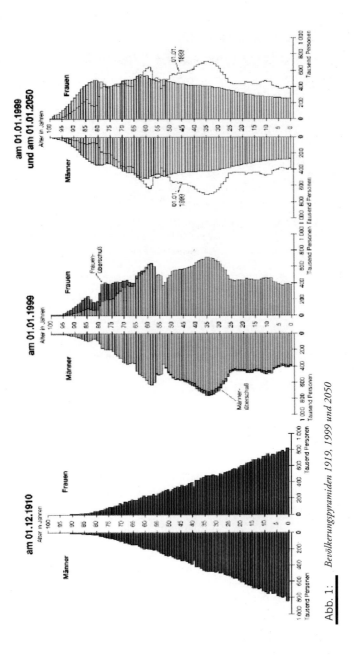

Abb. 1: *Bevölkerungspyramiden 1919, 1999 und 2050*

Darüber hinaus ist die höhere Lebenserwartung von Frauen erkennbar, die nicht nur mit biologischen Faktoren, sondern auch mit dem traditionellen Familienmodell und Arbeitsbedingungen der 50er bis 70er Jahre erklärt werden kann. Daneben weist die Bevölkerung ein Durchschnittsalter von 41 Jahren und eine hohe Lebenserwartung auf. Für 2050 werden eine sehr hohe Lebenserwartung und geringe Geburtenraten sowie ein Durchschnittsalter bei über 50 Jahren erwartet.

Wir leben in einer schrumpfenden und alternden Gesellschaft, die mit einer Bevölkerungsexplosion bei den Älteren und einer Bevölkerungsimplosion bei den mittleren und jüngeren Altersgruppen einhergeht. Geht man von einer konstant niedrigen Fertilitätsrate von 1,3, einer Lebenserwartung, die dem Trend der letzten Jahre folgend weiter ansteigt, sowie einem jährlichen Zuwanderungsplus von plus 100.000 aus, dann nimmt die Bevölkerungszahl bis zum Jahr 2015 um circa 1,8 Millionen ab, bis zum Jahr 2030 verringert sie sich auf 74,7 Millionen (Variante 1 der Bevölkerungsvorausrechnung des Statistischen Bundesamtes). [26, S. 60]

> **Fertilitätsrate**
> Unter Fertilitätsrate wird die Anzahl der Kinder bezeichnet, die eine Frau während ihres Lebens zur Welt bringt. In Deutschland beträgt die Fertilitätsrate 1,3. Eine Gesellschaft mit einer »stabilen« Bevölkerung weist eine Rate von 2,1 auf bei nicht vorhandenem Wanderungssaldo (Differenz zwischen Einwanderung und Auswanderung). Für die nächsten Jahre wird sich laut EU die Fertilitätsrate in Deutschland nicht wesentlich ändern.

Aus den niedrigen Geburtenraten über 30 Jahre hinweg resultiert auch, dass die Bevölkerung immer älter wird. Während 2005 das Durchschnittsalter bei 41 Jahren lag, wird es im Jahr 2030 auf 51 Jahre ansteigen. In Unternehmen liegt das Durchschnittsalter derzeit bei 43 Jahren, 2030 soll es 53 Jahre betragen. Tabelle 1 gibt einen Überblick.

Tabelle 1: Entwicklung des Durchschnittsalters [26, S. 108ff]					
	2005	2010	2015	2020	2030
Durchschnittsalter der Bevölkerung	41	43	45	47	51
Durchschnittsalter in Unternehmen	43	45	47	49	53

Gleichzeitig erhöht sich der Anteil derer, die über 60 Jahre alt sind. Derzeit sind 24,8 Prozent der Bevölkerung älter als 60 Jahre, im Jahr 2020 werden es 29,5 Prozent sein. Bis 2030 steigt die Anzahl der über 60-Jährigen auf 35,4 Prozent der Gesamtbevölkerung. Diese Zahlen sprechen eine deutliche Sprache. Eine noch deutlichere Sprache spricht die Entwicklung der über 75-Jährigen: Heute sind 8,5 Prozent der Bevölkerung über 75 Jahre alt. 2020 werden 10,7 Prozent der Bevölkerung über 75 Jahre alt sein. Im Jahr 2030 wird sich der Anteil auf 11,9 Prozent erhöhen. Demgegenüber verringert sich der Anteil der unter 20-Jährigen kontinuierlich. Von heute 20,1 Prozent auf 17,3 Prozent im Jahr 2020 bis zu 16,9 Prozent im Jahr 2030. Tabelle 2 zeigt das Bevölkerungsszenario.

Das Szenario zeigt, dass der Altenquotient erheblich steigen wird. Während heute 100 Personen im Alter von 20 bis 60 Jahren 45 Personen, die älter als 60 Jahre sind, gegenüberstehen, werden 2030 auf 100 Personen im Alter von 20 bis 60 Jahren 75 Personen über 60 Jahre kommen. Das Verhältnis Erwerbspersonen zu Rentner wird sich in den nächsten 25 Jahren verändern. 1995 kamen auf einen Rentner vier Erwerbspersonen, 2010 wird sich das Verhältnis auf eins zu drei reduzieren, 2030 werden einem Rentner lediglich 1,3 Erwerbspersonen gegenüberstehen.

Einflussfaktoren der demografischen Entwicklung

Die Demografie einer Gesellschaft wird vor allem von drei Faktoren beeinflusst: Der Fertilitätsrate, den Wanderungssalden sowie der Lebenserwartung.

Tabelle 2: Variante 1 der Bevölkerungsvorausrechnung des Statistischen Bundesamtes [26, S.63], [22, S. 130ff]	
81,6 Mio.	Menschen leben derzeit in Deutschland,
20,1 %	sind jünger als 20 Jahre,
55,1 %	sind zwischen 20 und 60 Jahre alt,
24,8 %	sind älter als 60 Jahre. Davon gehören 8,5 % zu den über 75-Jährigen.
80,9 Mio.	Menschen werden 2010 in Deutschland leben,
18,6 %	werden jünger als 20 Jahre sein,
55,6 %	werden zwischen 20 und 60 Jahre alt sein,
25,8 %	werden älter als 60 Jahre sein. Davon werden 9,2 % zu den über 75-Jährigen gehören.
79,8 Mio.	Menschen werden 2015 in Deutschland leben,
17,9 %	werden jünger als 20 Jahre sein,
54,8 %	werden zwischen 20 und 60 Jahre alt sein,
27,3 %	werden älter als 60 Jahre sein. Davon werden 10,6 % zu den über 75-Jährigen gehören.
78,5 Mio.	Menschen werden 2020 in Deutschland leben,
17,3 %	werden jünger als 20 Jahre sein,
53,2 %	werden zwischen 20 und 60 Jahre alt sein,
29,5 %	werden älter als 60 Jahre sein. Davon werden 10,7 % zu den über 75-Jährigen gehören.
74,7 Mio.	Menschen werden 2030 in Deutschland leben,
16,9 %	werden jünger als 20 Jahre sein,
47,7 %	werden zwischen 20 und 64 Jahre alt sein,
35,4 %	werden älter als 65 Jahre sein. Davon werden 11,9 % zu den über 75-Jährigen gehören.

Fertilitätsrate

Um eine Bevölkerung ohne Zuwanderung stabil zu halten, bedarf es einer Fertilitätsrate von 2,1. Deutschland weist seit mehr als 30 Jahren erheblich niedrigere Raten auf. Derzeit bringt eine Frau in Deutschland während ihres Lebens im Durchschnitt 1,3 Kinder zur Welt. Ein Drittel der Bevölkerung bleibt zeitlebens kinderlos. In der EU liegt die Fertilitätsrate momentan bei 1,45. Vergleicht man die Mitgliedstaaten, zeigen sich erhebliche Unterschiede. Tabelle 3 gibt einen Überblick. [7, S. 32]

Tabelle 3: Die Fertilitätsraten in der EU					
	1970	1980	1990	2000	2004
Österreich	2,29	1,65	1,45	1,3	1,35
Belgien	2,25	1,68	1,62	1,6	1,64
Tschechische Republik	1,9	k. A.	k. A.	1,89	1,18
Deutschland	**2,03**	**1,56**	**1,45**	**1,3**	**1,38**
Dänemark	1,95	1,55	1,67	1,77	1,74
Spanien	2,88	2,2	1,36	1,24	1,24
Frankreich	2,47	1,95	1,78	1,9	1,9
Finnland	1,87	1,63	1,78	1,89	1,73
Griechenland	2,4	2,22	1,39	1,3	1,3
Ungarn	1,98	1,91	1,87	1,32	1,31
Italien	2,43	1,64	1,33	1,23	1,27
Irland	3,87	3,24	2,11	1,9	1,87
Luxemburg	1,97	1,49	1,6	1,8	1,79
Niederlande	2,57	1,6	1,62	1,7	1,66
Portugal	3,01	2,25	1,57	1,5	1,46
Polen	2,26	2,26	2,05	1,3	1,38
Schweden	1,92	1,68	2,13	1,54	1,66
Slowakische Republik	2,41	2,31	2,09	1,29	1,23
Großbritannien	2,43	1,89	1,83	1,65	1,66

Irland, Frankreich und Dänemark verfügen über die höchsten Fertilitätsraten (1,74 bis 1,9), Schlusslichter unter den alten Mitgliedstaaten sind Italien, Spanien, Griechenland, Österreich und Deutschland. Werden die neuen Mitgliedsländer berücksichtigt, so weisen die Tschechische Republik und die Slowakische Republik die niedrigsten Werte auf. Auffällig ist auch, dass in den südeuropäischen Ländern der Rückgang später einsetzt, dann aber umso ausgeprägter. Hohe Arbeitslosigkeit, instabile Beschäftigungsverhältnisse beziehungsweise der Umgang mit Unsicherheiten, wirtschaftliche und politische Umbruchsituationen, fehlende flächendeckende familienorientierte Infrastruktur und/oder traditionelle Familienbilder, die nicht mit einer steigenden Erwerbsbeteiligung von Frauen kompatibel sind, können Ursachen für sinkende Fertilitätsraten sein. [7, S. 31, S. 46f.]

Verantwortlich für die Entwicklung der Fertilitätsraten in Deutschland ist unter anderem das veränderte Rollenverständnis. Das Alleinverdiener-Modell verliert zunehmend an Bedeutung. Es ist nicht mehr das absolute Leitbild für die Familie. Das Familienmuster, bei dem die Frau die Steigbügel für die Karriere ihres Mannes hält, hat ausgedient. Auch das Zuverdiener-Modell wird mehr und mehr in Frage gestellt. So präferiert die überwiegende Mehrheit der Bevölkerung heute ein Modell, in dem Mann und Frau gemeinsam für die ökonomische Basis der Familie die Verantwortung tragen. Damit verliert auch das traditionelle Ziel der Familienpolitik – die Finanzierbarkeit eines (zumindest temporären) Ausstiegs eines Elternteils, vornehmlich der Mutter – seine Basis. Stattdessen gewinnt das Ziel der Vereinbarkeit von Beruf und Familie an Relevanz. Auf den ersten Blick erscheint es, dass vor allem Frauen ein verändertes Rollenverständnis haben. Auf den zweiten Blick wird jedoch deutlich, dass auch für viele jüngere Männer das Thema der Vereinbarkeit von Beruf und Familie an Bedeutung zunimmt. [23, S. 34ff.]

Die Veränderung im Rollenverständnis hat eine Vielzahl von Ursachen: [23, S. 34ff.]

⇨ *Gestiegenes Bildungsniveau:*

Das Bildungsniveau und der Qualifikationsstand vor allem von Frauen sind in den letzten Jahrzehnten deutlich gestiegen. Was Schul-, Berufs- und Hochschulabschlüsse betrifft, so ist kein Unterschied mehr zu den Männern festzustellen. Ganz im Gegenteil: In manchen Bereichen ist das Bildungsniveau von Frauen sogar höher ausgeprägt. Es ist zu beobachten, dass mit steigendem Bildungsniveau der Wert des Berufs beziehungsweise der Erwerbstätigkeit zunimmt. Qualifikation und Berufserfahrung geben die Möglichkeit der Bewegungsfreiheit in der Arbeitswelt und sind die Sicherungsanker schlechthin auf den Arbeitsmärkten.

⇨ *Zunehmende Beschäftigungsunsicherheit:*
Arbeitsplatzsicherheit und Beschäftigungsgarantien werden in Zukunft immer seltener werden. Um der zunehmenden Beschäftigungsunsicherheit entgegenzutreten, bedarf es der Beschäftigungsfähigkeit, die nachhaltig wirkt und mit lebenslangem Lernen verbunden ist. Damit die nachhaltige Sicherung der Beschäftigungsfähigkeit erreicht wird, sind Qualifikation und Qualifizierung sowie kontinuierliche Berufsbiografien notwendig. Eine Rollenverteilung, in der beide Partner eine Erwerbstätigkeit anstreben, ist die zwangsläufige Folge. Darüber hinaus führt die Unsicherheit von und in Beschäftigungsverhältnissen dazu, dass beide Partner erwerbstätig sein wollen, um das wirtschaftliche Risiko einer Arbeitslosigkeit zu verringern.

⇨ *Steigende Lebenshaltungskosten:*
In den letzten Jahren haben sich die Lebenshaltungskosten deutlich erhöht. Einige Paare können es sich nicht leisten, auf ein Einkommen zu verzichten. Der Verzicht auf ein Einkommen führt darüber hinaus nicht selten zu einer Reduzierung des Lebensstandards.

⇨ *Instabile Lebensverläufe:*
Ein verändertes Rollenverständnis resultiert auch aus der zunehmenden Instabilität der Lebensverläufe. Trennungen und Scheidungen tragen dazu bei, dass der Beruf und die Erwerbstätigkeit zur Absicherung an Bedeutung gewinnen. Um die Chancen in der Arbeitswelt nicht zu reduzieren, sollten längere Erwerbs- beziehungsweise Berufsunterbrechungen vermieden werden. Die Dauer der Erwerbs- beziehungsweise Berufsunterbrechung, die als unkritisch angesehen wird, hängt wiederum von der Halbwertszeit des Wissens des jeweiligen Tätigkeitsbereichs ab. Sie ist also nicht standardisiert.

⇨ *Wunsch nach aktiver Vaterschaft:*
Mehr und mehr ist zu beobachten, dass Männer Beruf und Familie vereinbaren möchten. Sie wollen mehr von ihrer Familie haben; Karriere um jeden Preis mit Unterstützung der Partnerin und zu Lasten der Familie wird immer weniger angestrebt. Dieser Wertewandel wird sicherlich durch das veränderte Rollenverständnis von Frauen im Zuge des steigenden Bildungsniveaus sowie der Abkehr vom Alleinverdiener-Modell beeinflusst. Dass diese Veränderung im Rollenverhalten und -verständnis nicht so offensichtlich zu erkennen ist, liegt nicht selten an betrieblichen Restriktionen. Das Ziel der aktiven Vaterschaft ist nicht kompatibel mit den traditionellen Karrieremodellen und der Personalentwicklung. Darüber hinaus ist die Vereinbarkeit von Beruf und Familie in vielen Unternehmen immer noch ein Frauenthema, das sozialpolitische Züge hat. Ein Mann, der Beruf und Familie aktiv vereinbaren möchte, gehört damit zu einer Randgruppe und ist nicht mehr Teil des so genannten ‚Inner Circle' des Unternehmens. Vermutlich trägt diese Behandlung von aktiver Vaterschaft im Unternehmen ebenso wie das veränderte Rollenverständnis von Frauen, die Anforderungen nach Flexibilität und Mobilität sowie die Unsicherheiten auf dem Arbeitsmarkt dazu bei, dass 60 Prozent der Männer im Alter 20 bis 45 Jahre kinderlos bleiben möchten.

Neben dem veränderten Rollenverständnis und den damit verbundenen Faktoren beeinflusst die Verdichtung der Berufs- und Erwerbsverläufe das Fertilitätsverhalten in Deutschland. Die heutigen Berufs- und Erwerbsverläufe der meisten Menschen sind durch staatliche Zeitvorgaben erheblich vorstrukturiert. Der Staat legt das Eintrittsalter in die Rente fest und regelt bis ins Detail auch den Berufseintritt einschließlich der dafür notwendigen Zeitabschnitte während der Ausbildung. Auch limitiert er die möglichen Unterbrechungszeiten in der Berufstätigkeit. Darüber hinaus werden die Verläufe durch die Rahmenbedingungen in der Wirtschaft und durch die betrieblichen Normen und Werte beeinflusst. Der starke Bezug zur Jugendzentriertheit in den vergangenen 15 Jahren sowie die zunehmende Veränderungsgeschwindigkeit tun ihr Übriges. Viele Unternehmen fokussieren auf die erste Hälfte des Erwerbslebens. Die Dreiteilung des Lebensverlaufs (Ausbildung, Erwerbstätigkeit, Rente) mit ihren relativ strikten Altersgrenzen und die betriebliche Fokussierung auf die erste Hälfte des Erwerbslebens führen dazu, dass die Ressourcen der älteren Generation nur noch bedingt genutzt werden und gleichzeitig der Druck auf die jüngere Generation, immer mehr in immer kürzerer Zeit zu schaffen, drastisch zunimmt. Für die jüngere Generation ergibt sich zwischen dem 20. und 40. Lebensjahr ein so genannter Lebensstau: In dieser Zeit wird der Lebensverlauf gleichsam verdichtet. Sowohl in der beruflichen als auch in der privaten Sphäre ist eine Vielzahl von Weichenstellungen von existenzieller Bedeutung vorzunehmen. Weitgehend parallel zueinander erfolgen in dieser Phase im privaten Bereich die Lösung vom Elternhaus, die Partnersuche, das Eingehen einer Partnerschaft und die Familiengründung. Im beruflichen Bereich müssen Entscheidungen zur Ausbildung, zum Berufseinstieg, zur Etablierung im Beruf sowie zum beruflichen Aufstieg getroffen werden. Diese Parallelität vieler wichtiger Entscheidungssituationen und bedeutender Lebensabschnitte löst oft Stressempfinden aus und wird nicht selten als Belastung empfunden. Immer stärker reagiert die jüngere Generation mit einer Reduzierung der Stressfaktoren durch einen Verzicht auf Kinder und Familie. Werden darüber hinaus die Beschäftigungsverhältnisse als unsicher betrachtet sowie eine stetig sinkende Halbwertszeit von Wissen bei gleichzeitig zunehmender Wissensintensität und steigender Veränderungsgeschwindigkeit wahrgenommen, mutiert die Parallelität zur Konkurrenzbeziehung. Die demografische Entwicklung zeigt, dass der individuelle Ansatz zur Verringerung der Verdichtung eindeutig zu Lasten der privaten Sphäre geht. [20, S. 42f.] Fertilitätsraten von 1,3 und das gestiegene Erstgeburtsalter von 30 machen dies deutlich. Zudem ist zu beobachten, dass 76 Prozent der weiblichen Führungskräfte in abhängigen Beschäftigungsverhältnissen keine Kinder haben. Aus der adaptiven Lebensplanung, die die meisten der unter 20-Jährigen anstreben, wird die sukzessive Lebensplanung – unter Verzicht auf bestimmte Lebenselemente, wie Kinder und Familie. Studien machen deutlich, dass bei den unter 20-Jährigen Kinder als wichtigster Wert im Leben auf Platz 1 rangieren, während bei den 20- bis 45-Jährigen Kinder lediglich an sechster Stelle genannt werden. Es ist davon auszugehen, dass die Verdichtung der Berufs- und Erwerbsverläufe und der damit verbundene Lebensstau zu einer solchen Werte-Veränderung beitragen. [17], [5], [18], [23, S. 37f.]

Die Ausführungen machen deutlich, dass die Fertilitätsrate nur dann ansteigt, wenn eine Vereinbarkeit von Beruf und Familie gefördert wird. Dies betrifft sowohl die infrastrukturellen Rahmenbedingungen als auch die gesellschaftlichen Wertemuster hinsichtlich Mutter- und Vaterschaft und Erziehung. Eine zunehmende Fertilitätsquote hat einen langfristigen Effekt auf die Bevölkerungsentwicklung. Es ist mit einer Zeitverzögerung von einer Generation zu rechnen. Kurzfristige Effekte sind hingegen durch weiter ansteigende positive Wanderungssalden zu verzeichnen. Auf Zuwanderung reagieren die Bevölkerungszahlen von Anfang an.

Migration

Für die nächsten zehn Jahre erwartet die EU keine grundlegende Änderung der Fertilitätsraten in Deutschland. Dass in Deutschland in den letzten Jahren dennoch ein Bevölkerungswachstum zu verzeichnen war, basiert auf den positiven Wanderungssalden. Tabelle 4 gibt einen Überblick über die Wanderungsbewegungen der letzten Jahren in Deutschland sowie den anderen europäischen Ländern.

Um die Bevölkerung in den nächsten Jahren und Jahrzehnten stabil zu halten, würde Deutschland ein positives Wanderungssaldo von 500.000 Menschen p.a. benötigen. Dies ist vor dem Hintergrund der Integration und des sozialen Friedens eine extrem große Herausforderung, die unter den gegebenen Umständen nur schwer zu realisieren ist. Dennoch sei an dieser Stelle erwähnt, dass ein positives Wande-

Tabelle 4: Wanderungssalden in Europa [14], [15], [16]			
	Netto-wanderungs-saldo in 2002	Netto-wanderungs-saldo in 2003	Netto-wanderungs-saldo in 2004
Österreich	17.000	17.000	51.000
Belgien	14.000	14.000	14.000
Tschechische Republik	- 8.000	26.000	19.000
Deutschland	**275.000**	**219.000**	**143.000**
Dänemark	9.000	6.000	5.000
Spanien	415.000	600.000	608.000
Frankreich	65.000	55.000	105.000
Finnland	5.000	5.000	6.000
Griechenland	25.000	25.000	25.000
Ungarn	10.000	4.000	17.000
Italien	125.000	347.000	610.000
Irland	27.000	39.000	31.000
Luxemburg	3.000	2.000	2.000
Niederlande	56.000	38.000	- 23.000
Portugal	15.000	15.000	47.000
Polen	- 17.000	- 14.000	- 9.000
Schweden	31.000	29.000	25.000
Slowakische Republik	1.000	1.000	3.000
Großbritannien	70.000	70.000	151.000

rungssaldo die zur Stabilität einer Bevölkerungszahl notwendige Fertilitätsrate beeinflusst. Bei einem positiven Wanderungssaldo von plus 200.000 Personen p.a. würde eine Fertilitätsrate von 1,7 reichen.

Eine offensive Zuwanderungspolitik sollte jedoch im Zusammenhang mit den Trends auf dem Arbeitsmarkt und der Entwicklung zur Wissensgesellschaft gesehen werden. Dies impliziert vor allem den Wunsch nach qualifizierten Zuwanderern beziehungsweise Zuwanderern mit Wissenspotenzial. [3]

> **Wanderungssaldo**
> Unter Wanderungssaldo versteht man die Differenz zwischen Zu- und Fortzügen innerhalb einer betrachteten regionalen Einheit, auch Wanderungsgewinn beziehungsweise -verlust genannt.

Lebenserwartung

Angesichts der medizinischen Versorgung, der verbesserten Lebensbedingungen und der sinkenden körperlichen Beanspruchung am Arbeitsplatz steigt die Lebenserwartung – die dritte wichtige Determinante der demografischen Entwicklung. In Deutschland beträgt heute die Lebenserwartung 76 Jahre bei Männern und 81 Jahre bei Frauen. In den letzten Jahren ist damit die Lebenserwartung gestiegen. Für 2030 wird mit einer Lebenserwartung von 80 Jahren bei Männern und 83 Jahren bei Frauen gerechnet. [16, S.9, S. 130], [26]

Im Vergleich: In den alten EU-Mitgliedsländern liegt derzeit die Lebenserwartung im Durchschnitt zwischen 73 und 78 Jahren für Männer und 79 bis 83 Jahren für Frauen. In den neuen EU-Mitgliedstaaten beläuft sie sich auf 65 bis 72 Jahren bei Männern und 76 bis 80 Jahren bei Frauen.

Auswirkungen der Demografie auf Märkte und Gesellschaft

Die demografische Entwicklung beeinflusst viele Märkte der Volkswirtschaft. Die Produkt- und Dienstleistungsmärkte werden sich auf eine andere Kundschaft einstellen müssen. Auf dem Kapitalmarkt werden sich das Sparverhalten und die Nachfrage nach Vermögensanlagen verändern. Der Arbeitsmarkt wird älter werden und durch Knappheiten sowie durch eine Zweiteilung gekennzeichnet sein. Die Nachfrage nach Immobilien wird je nach Region zurückgehen, während der Wunsch nach altersgerechter Gestaltung von Wohnraum zunimmt. Bildung wird in Zukunft mit der nachhaltigen Sicherung von Beschäftigungsfähigkeit und lebenslangem Lernen einhergehen, deren Grundlagen bereits in der Sozialisation gelegt werden. Darüber hinaus sind Familienstrukturen von dem demografischen Wandel betroffen.

Produkt- und Dienstleistungsmärkte

Die demografische Entwicklung führt auf der einen Seite zu einem Rückgang des Nachfrageverhaltens. Auf der anderen Seite ist mit einer strukturellen Veränderung der Nachfrage aufgrund der Verschiebung der Altersstruktur zu rechnen. Aus demografischer Sicht beeinflussen vor allem vier Faktoren die Entwicklung der Märkte: [11, S. 31]
⇨ Die Einkommensverteilung zwischen Erwerbstätigen und Rentnern
⇨ Die durchschnittliche Haushaltsgröße
⇨ Die Konsumneigung der einzelnen Altersklassen
⇨ Die altersabhängige Präferenzstruktur

Generell sind Branchen, die international handelbare Güter produzieren und dem Investitionsgüterbereich angehören, von der demografischen Entwicklung weniger betroffen. Anbieter von nicht international handelbaren Gütern, die zudem Konsumgüter darstellen, werden hingegen vom demografischen Wandel und der Veränderung der Nachfragerstruktur erheblich beeinflusst.

Von der Bevölkerungsreduktion sind alle Branchen betroffen. Die Verschiebung der Altersstruktur wirkt sich allerdings unterschiedlich aus. Ältere Kunden fragen andere Produkte und Dienstleistungen nach als jüngere Kunden. Branchen, deren Leistungen mehr von älteren Menschen genutzt werden, zählen also zu den Gewinnern. Beispielsweise wird die Nachfrage nach Gesundheitsdienstleistungen und Pharmaprodukten, Wellness, Freizeitaktivitäten, Unterhaltung und Kultur, Finanzdienstleistungen im Zusammenhang mit privater Vorsorge sowie haushaltsnahen Dienstleistungen steigen. Strukturneutrale Branchen setzen zwar ihre Produkte und Dienstleistungen an alle Altersgruppen in relativ gleicher Quantität ab. Dennoch muss das Angebot qualitativ an die älteren Nachfrager angepasst werden. Daneben gibt es Struktur-Verlierer. Es ist damit zu rechnen, dass zum Beispiel die Nachfrage nach Verkehrsdienstleistungen (vor allem das Pendeln zum Arbeitsplatz sowie Dienst- und Geschäftsreisen) wegen des höheren Anteils Nichterwerbstätiger abnehmen wird. Auch der Wohnungsbau ist betroffen. [11, S. 10], [12, S. 32]

Die Verschiebung des Nachfrageverhaltens und damit die Anpassungen auf den Produkt- und Dienstleistungsmärkten bewirken Veränderungen auf dem Arbeitsmarkt. Es werden mehr Arbeitskräfte zum Beispiel im Gesundheitssektor, im Wellnessbereich, bei haushaltsnahen Dienstleistungen nachgefragt, während die Anzahl der Arbeitsplätze im Verkehrssektor rückläufig ist. Da der demografische Wandel nicht alle Regionen gleichermaßen betrifft, ist von regionalen Unterschieden bei der Veränderung der Produkt- und Dienstleistungsmärkte auszugehen. So sind Ballungsgebiete mit attraktiver Wirtschaftsstruktur weniger von der Entwicklung betroffen als ländliche Gebiete.

Kapitalmärkte

Es ist unbestritten, dass die demografische Entwicklung Einfluss auf den Kapitalmarkt hat. Doch in welchem Ausmaß? Vielfach wird behauptet, dass »im 3. Jahrzehnt dieses Jahrhunderts die Vermögenswerte stark abschmelzen werden, weil die jüngere Generation, die die Vermögenswerte der Älteren aufkaufen soll, zahlenmäßig deutlich kleiner sein und daher eine deutlich geringere Nachfrage nach Finanzanlagen haben wird. Die Folge wäre, dass die Rendite der zuvor angelegten Mittel deutlich geringer ausfiele als bisher«. [7, S. 8] Diese These ist in dieser Form kaum haltbar. Richtig ist, dass Kapitalmärkte nicht immun gegen die demografische Entwicklung sind, da sie Einfluss auf die Gleichgewichtspreise und -mengen nehmen kann. Falsch ist, dass die demografische Entwicklung die Fähigkeit der Kapitalmärkte, ausgleichend zu wirken, zunichte macht. In diesem Zusammenhang sind mehrere gegenläufige Effekte zu nennen. [11, S.43ff.], [7, S. 8]

1. In einer alternden Gesellschaft wird relativ mehr und nicht weniger Produktivkapital eingesetzt, weil in zunehmendem Maße Arbeit durch Kapital substituiert wird, wenn dies möglich ist.
2. Es wird damit gerechnet, dass erst zum Jahr 2050 viele Arbeitnehmer über eine kapitalgedeckte Altersvorsorge verfügen. Bis dahin wird die Nachfrage nach Anlageformen der privaten und betrieblichen Altersvorsorge steigen.
3. Kapitalmärkte sind globale Märkte. Die Kapitalrenditen werden nicht nur durch die demografische Entwicklung und einem Entsparungsverhalten in Deutschland beeinflusst, sondern auch durch globale Trends und internationale Kapitalströme bestimmt.

Grundsätzlich wird derzeit von folgenden Szenarien ausgegangen: Bis 2020 wird ein Anstieg der Sparquote zu verzeichnen sein, der daraus resultiert, dass die Baby-Boomer-Generation in ihren einkommensstärksten Jahren ist. Ab 2020 wird die Sparquote sinken, da die ersten Baby-Boomer in Rente gehen werden. Insgesamt dürfte die Sparquote langfristig um circa drei bis fünf Prozent von heute elf Prozent auf sechs bis acht Prozent fallen. Auch die Rendite des Produktivkapitals wird sich tendenziell mit der erwarteten demografischen Entwicklung verändern. Angesichts des Versuchs, in einer alternden Gesellschaft mehr Produktivkapital einzusetzen, wird jedoch ein quantitativer Effekt mäßig ausfallen. Gehen wir von einer realen Rendite des Produktivkapitals von 4,5 bis fünf Prozent aus, wird ein Renditerückgang zwischen 0,5 bis zwei Prozent erwartet. Der Maximalwert von zwei Prozent setzt den unwahrscheinlichen Fall voraus, dass es keinen Kapitalverkehr mit dem Ausland gibt. Darüber hinaus ist damit zu rechnen, dass verschiedene Anlageformen von der demografischen Entwicklung unterschiedlich betroffen sein werden. So wird die Nachfrage nach relativ sicheren Anlageformen höher sein als die Nachfrage nach risikofreudigen Anlagen. Gleichzeitig werden heimische Immobilien weniger nachgefragt als Produktivkapital. [7, S. 9ff.], [11, 43ff.]

Arbeitsmarkt

Die demografiebedingte Alterung und Bevölkerungsreduktion haben auch Effekte auf dem Arbeitsmarkt. Es gibt drei Modellrechungen, die sich auf den Arbeitsmarkt beziehen:
⇨ Die demografische Variante: Bei der demografischen Variante wird eine konstante Erwerbsbeteiligung unterstellt.
⇨ Die Trendvariante: Die nach Alter und Geschlecht differenzierten Erwerbsquoten der Jahre 1990 bis 2003 werden im Rahmen einer Trendextrapolation fortgeschrieben.
⇨ Die Verhaltensvariante: Die Verhaltensvariante berücksichtigt gezielte Annahmen zu den Erwerbsquoten.

Da die Verhaltensvariante sehr differenziert die Zukunft auf dem Arbeitsmarkt abzubilden versucht, wird sie im Folgenden zugrunde gelegt.

Das Arbeitsmarktszenario der Verhaltensvariante geht davon aus, dass die Erwerbsbeteiligung von Frauen bis zum Jahr 2020 stetig steigt und ab 2020 auf dem dann erreichten Niveau verbleibt. Die Erwerbsbeteiligung von 25- bis 55-jährigen Männern wird auf einem konstanten Niveau gehalten (80 Prozent). Tabelle 5 gibt einen Überblick über die Entwicklung der Frauenerwerbsbeteiligung.

Tabelle 5: Erwerbsbeteiligung von Frauen gemessen am Anteil der Bevölkerung beziehungsweise der Altersgruppe [27, S. 189]		
	2005	2020
15- bis 20-Jährige	29 %	35 %
20- bis 25-Jährige	67 %	75 %
25- bis 55-Jährige	65 %	75 %
55- bis 60-Jährige	52 %	75 %
> 60-Jährige	18 %	49 %

Das Szenario geht zudem davon aus, dass die Erwerbsbeteiligung älterer Personen (> 60-Jährige) steigt (zum Beispiel durch die Erhöhung des Renteneintrittsalters): bei Männern von 35 Prozent auf 55 Prozent, bei Frauen von 18 Prozent auf 40 Prozent. Tabelle 6 zeigt das Arbeitsmarktszenario unter Berücksichtigung der Frauenerwerbsbeteiligung.

Tabelle 6: Das Arbeitsmarktszenario – die Verhaltensvariante (Diese Rechnung basiert auf [27, S. 194]. Ein Multiplikator von 20,8 wird zugrunde gelegt.)	
40,5 Mio.	Erwerbspersonen gibt es derzeit in Deutschland (Erwerbsquote: 49,6 %).
57,5 %	sind Männer.
42,5 %	sind Frauen.
40,8 Mio.	Erwerbspersonen werden in Deutschland 2010 ihre Arbeitskraft anbieten (Erwerbsquote: 50,5 %).
55,3 %	werden Männer sein.
44,7 %	werden Frauen sein.
41,2 Mio.	Erwerbspersonen werden in Deutschland 2015 ihre Arbeitskraft anbieten (Erwerbsquote: 51,6 %).
54,4 %	werden Männer sein.
45,6 %	werden Frauen sein.
41,1 Mio.	Erwerbspersonen werden in Deutschland 2020 ihre Arbeitskraft anbieten (Erwerbsquote: 52,4 %).
53,6 %	werden Männer sein.
46,4 %	werden Frauen sein.
39,1 Mio.	Erwerbspersonen werden in Deutschland 2030 ihre Arbeitskraft anbieten (Erwerbsquote: 50,6 %).
53,7 %	werden Männer sein.
46,3 %	werden Frauen sein.

Gemäß der Verhaltensvariante setzt erst zwischen 2015 und 2020 eine Wende auf dem Arbeitsmarkt ein. Bis dahin ist mit einem ansteigenden Arbeitskräfteangebot um 1,7 Prozent (2000 bis 2015) und plus 1,5 Prozent (2000 bis 2020) zu rechnen, während in der gleichen

Periode die Bevölkerung um 2,2 Prozent (2000 bis 2015) beziehungsweise 3,8 Prozent (2000 bis 2020) sinkt. Bis 2030 sinkt sowohl das Arbeitskräfteangebot (- 3,5 Prozent) als auch die Bevölkerung (- 8,5 Prozent).

Wird die Altersverteilung auf dem Arbeitsmarkt betrachtet, so zeigt sich deutlich, dass bis 2030 der Anteil der über 50-jährigen Erwerbspersonen um ein Drittel auf 32,1 Prozent steigt, während im gleichen Zeitraum der Anteil der 30- bis 50-Jährigen um circa ein Fünftel sinkt: von mehr als 57 Prozent auf 47,6 Prozent.

Tabelle 7: Erwerbspersonen nach Altersgruppen			
	2000	2015	2030
15 – 30-Jährige	22 %	21,4 %	20,3 %
30 – 50-Jährige	57,1 %	46,7 %	47,6 %
Über 50-Jährige	20,9 %	31,9 %	32,1 %

Arbeitgeber müssen also ihr Augenmerk somit verstärkt auf ältere Mitarbeiter richten. Darüber hinaus tragen eine Verlängerung des Renteneintrittsalters sowie die Entwicklung der Sozialversicherungssysteme zu älter werdenden Belegschaften bei. Die Zahl der über 60-Jährigen, die bis zur gesetzlichen Altersgrenze erwerbstätig bleiben, wird stetig steigen. [27]

Legt man die Trendvariante anstelle der Verhaltensvariante in den Modellrechnungen zugrunde und wird von einer konstanten Erwerbsbeteiligung von Frauen ausgegangen, ist damit zu rechnen, dass
⇨ bereits ab 2010 das Arbeitskräfteangebot abnimmt und
⇨ zwischen 2000 und 2030 der Anteil der Erwerbspersonen um circa zwölf Prozent sinkt, während sich die Bevölkerung lediglich um 8,5 Prozent verringert.

Bei allen Arbeitsmarktszenarien ist zu berücksichtigen, dass nicht alle ihre Arbeitskraft in Vollzeit anbieten werden. Insbesondere bei

Frauen ist von einem Angebot in Teilzeit auszugehen. Zum Vergleich: Derzeit arbeiten 40 Prozent der Frauen in Teilzeit. Ob und in welchem Maße die Teilzeitbeschäftigung zu- beziehungsweise abnimmt, hängt unter anderem von den familienorientierten Infrastrukturbedingungen ab.

Zu einem fundierten Arbeitsmarktszenario gehört nicht nur die Prognose des Arbeitskräfteangebots, sondern auch die Entwicklung der Nachfrage nach Arbeitskräften. [25, S. 35ff.] Diese Vorhersage gestaltet sich deutlich schwieriger, da viele Faktoren beachtet werden müssen und deren Prognose mit hoher Unsicherheit behaftet ist. Dennoch soll hier der Versuch unternommen werden, einige Thesen zu formulieren. Seit vielen Jahren ist eine steigende Arbeitsproduktivität zu verzeichnen. Steigende Arbeitsproduktivität ist eine wesentliche Basis für Wohlstand. Ohne Produktivitätszuwächse lägen die Löhne und Gehälter heute noch bei einigen wenigen Euro je Stunde. Arbeitsproduktivitätszuwächse haben jedoch eine Kehrseite. Je mehr ein Mitarbeiter pro Stunde produziert, desto weniger Arbeitsstunden werden für dieselbe Arbeitsmenge benötigt. Gelingt es nicht, den Absatz ebenso schnell zu erhöhen, wie die Arbeitsproduktivität wächst, werden immer weniger Arbeitsstunden und damit letztlich weniger Mitarbeiter gebraucht. Vice versa kann nur durch Wachstum, das größer als die Produktivitätszuwächse ist, neue Beschäftigung entstehen. Für Deutschland gilt seit den 60er Jahren, dass die Produktivität langfristig schneller steigt als die Wachstumsrate des Bruttoinlandsprodukts. So betrug in den letzten zehn Jahren die Wachstumsrate im Durchschnitt 1,5 Prozent p.a., während die durchschnittlichen Arbeitsproduktivitätszuwächse bei 2,2 Prozent p.a. lagen. Daraus folgt, dass das Volumen bezahlter Arbeit gesunken ist. Für die Zukunft wird langfristig eine ähnliche Entwicklung prognostiziert. Während 1990 ein Erwerbstätiger im Durchschnitt 1.620 Stunden p.a. arbeitete, sind es heute noch circa 1.400 Stunden p.a. In 2010 wird ein Beschäftigter wahrscheinlich durchschnittlich circa 1.350 Stunden p.a. bezahlt tätig sein (siehe Abbildung 2). [8], [28]

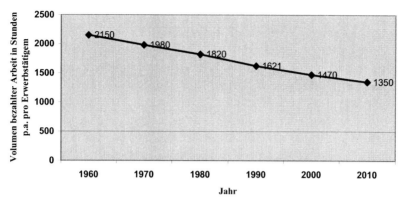

Abb. 2: *Volumen an bezahlter Arbeit im Zeitablauf [8], [28]*

Diese rein quantitative Betrachtung des Arbeitsmarktes muss um die qualitative Seite des Arbeitsmarktes ergänzt werden. Hier zeigt sich, dass sich für die kommenden Jahre eine nicht zu unterschätzende Knappheit an qualifizierten Fachkräften abzeichnet. Angesichts der hohen Arbeitslosigkeit, die wir derzeit in der Bundesrepublik Deutschland vorfinden, und des dargestellten Arbeitsmarktszenarios fällt es vielfach schwer, diesen Prognosen Glauben zu schenken. Doch schaut man sich an, welche Arbeitnehmer sich in erster Linie hinter den Arbeitslosenzahlen verbergen, so wird bereits heute deutlich, dass es sich zunehmend um niedrig qualifizierte Kräfte handelt. Der Grund hierfür ist in einer zunehmenden Zweiteilung des Arbeitsmarktes zu sehen. Das Volumen an bezahlter Arbeit nimmt überproportional in den niedriger qualifikatorischen Sektoren ab. In den höher qualifikatorischen Sektoren ist kaum eine Abnahme zu beobachten. Ganz im Gegenteil: Das Volumen an bezahlter Arbeit steigt.
⇨ Auf der einen Seite besteht eine hohe Nachfrage an qualifizierten Arbeitskräften. Qualifiziert ist jedoch nicht unbedingt gleichzusetzen mit einem guten Qualifikationsabschluss. Qualifizierte Mitarbeiter sind stattdessen Inhaber der erfolgskritischen Kompetenz. Erfolgskritische Kompetenz zeichnet sich vor allem durch aktuelle

Fachkompetenzen, die Fähigkeit und Bereitschaft, die Kompetenzen aktuell zu halten sowie die Fähigkeit und Bereitschaft lebenslang zu lernen aus. Die hohe Nachfrage nach erfolgskritischer Kompetenz ist unter anderem darauf zurückzuführen, dass Wissen und Kompetenz als Wettbewerbsfaktoren eine zunehmende Bedeutung haben, die Wissensintensität in Prozessen, Strukturen und Systemen sich erhöht, die Veränderungsgeschwindigkeit und die Komplexität steigen. Wissen beziehungsweise Kompetenzen und damit die Wissensträger werden zum knappen Gut. [1, S. 17ff], [24, S. 11ff.], [28, S. 65, S. 71]

⇨ Auf der anderen Seite besteht eine niedrige Nachfrage an niedrig-qualifizierten Arbeitskräften. Niedrig-qualifiziert bedeutet in erster Linie das Nicht-Vorhandensein der erfolgskritischen Kompetenzen. Es ist davon auszugehen, dass in Zukunft die Anzahl der Arbeitsplätze, die unkritisches Wissen erfordern, weiter abnehmen wird. Diese Arbeitsplätze werden entweder verlagert oder durch den Einsatz von Technologien ersetzt. Zwar werden zum Beispiel durch das Outsourcing von familienorientierten und haushaltsnahen Tätigkeiten positive Beschäftigungseffekte in diesem Feld generiert. Dennoch ist kurz- bis mittelfristig damit zu rechnen, dass sie die negativen Beschäftigungswirkungen aus Rationalisierung und Verlagerung nicht vollständig kompensieren können. [8, S. 15], [28, S. 58] Die fehlende Kompensation kann zum einen darauf zurückgeführt werden, dass die Potenziale des Outsourcings von familienorientierten und haushaltsnahen Tätigkeiten nicht ausgeschöpft werden. Das Image von solchen Beschäftigungsverhältnissen ist bisher nur bedingt vereinbar mit der Mentalität vieler. Zum anderen werden auch hier Rationalisierungsmöglichkeiten - soweit es geht - genutzt. Zum dritten ist die Kompatibilität der Anforderungen und Kompetenzen eine Voraussetzung für die kompensatorischen Beschäftigungseffekte.

Selbst wenn keine Wenn-dann-Beziehung zwischen formaler Qualifikation und dem Vorhandensein von erfolgskritischem Wissen und erfolgskritischer Kompetenz besteht, so lässt sich doch eine erhöhte Wahrscheinlichkeit bestimmen, dass Personen mit einer guten Qualifikationsstruktur eher zu den Trägern von erfolgskritischem Wissen gehören. Dieses Signal scheint auch wahrgenommen zu werden. So ist eine Änderung der Qualifikationsstrukturen als Reaktion auf die Entwicklung zum zweigeteilten Arbeitsmarkt zu beobachten. Die Quote derjenigen, die keinen Berufsabschluss haben, nimmt kontinuierlich ab, während die Quote derjenigen, die nach einer hohen Formalqualifikation streben, stetig zunimmt (siehe Tabelle 8). [8, S. 37]

Tabelle 8: Entwicklung der Berufsabschlüsse [8]			
Qualifikationsstufe	1985	1995	2010
Ohne Abschluss	25,2 %	16,7 %	11,4 %
Lehre	56,5 %	60,5 %	59,6 %
Fachschule	8,0 Prozent	8,6 Prozent	12,0 Prozent
FH	3,5 Prozent	5,1 Prozent	6,7 Prozent
Uni	6,8 Prozent	9,0 Prozent	10,3 Prozent

Immobilienmärkte

Die demografische Entwicklung zeigt erhebliche regionale Unterschiede. In einigen Regionen wird eine Bevölkerungsreduktion bis zu 20 Prozent erwartet, in anderen Regionen wird die Bevölkerung weiterhin wachsen. Zu den wenigen wachsenden Regionen zählen unter anderem der Großraum München, der Großraum Berlin, der Großraum Hamburg, Köln-Bonn, das Rhein-Main-Gebiet, das Rhein-Neckar-Dreieck sowie der Raum Stuttgart. Auffällig ist, dass diese Regionen auch zu den wirtschaftsstärksten Gebieten gehören. Die Regionalspezifik hat Auswirkungen auf den Immobilienmarkt und die Bauwirtschaft.
1. Ist eine Region durch eine Bevölkerungsreduktion gekennzeichnet, so ist mit einer sinkenden Nachfrage nach Wohnraum zu rechnen,

was sich auf den Preis auswirkt. In wachsenden Regionen wird kein Preisverfall erwartet. Ganz im Gegenteil!
2. Für alle Regionen gilt gleichermaßen, dass die Nachfrage nach alternsgerechten Immobilien zunimmt. Das Ausmaß der Nachfrage ist jedoch regional unterschiedlich. Die Nachfrage nach alternsgerechtem Wohnraum wird zum einen durch die demografiebedingte Alterung der Gesellschaft bestimmt. Zum anderen trägt die steigende Anzahl von Haushalten älterer Alleinstehender zu dieser Entwicklung bei.

Bildung

Der demografische Wandel wird von einer steigenden Veränderungsgeschwindigkeit und einer zunehmenden Komplexität auf Märkten und in Unternehmen begleitet. Wissen und Kompetenz gewinnen zudem mehr und mehr an Bedeutung. Unter diesen Bedingungen wird lebenslanges Lernen zu einem wesentlichen Wettbewerbsfaktor und gesellschaftlichen Wohlstandsfaktor. Lebenslanges Lernen bezieht sich in einem solchen Kontext nicht nur auf die Aktualität und Aktualisierung von Fachwissen und Fachkompetenz, sondern auch auf Schlüsselqualifikationen. Employability, als die nachhaltige Sicherung der Beschäftigungsfähigkeit, die sowohl fachliche als auch persönliche, soziale und methodischen Kompetenzen im Fokus hat, spielt eine zentrale Rolle.

Es stellt sich nun die Frage, wann und wo die Grundlagen für die lebenslange Beschäftigungsfähigkeit gelegt werden. Die Schule als Sozialisationsstation hat eine wichtige Bedeutung, ebenso wie gesellschaftliche Bildungsträger und -institutionen. Nicht zuletzt ist die Förderung von Employability auch Aufgabe von Unternehmen. Die Entwicklung und Förderung der lebenslangen Beschäftigungsfähigkeit ist an bestimmte Bedingungen geknüpft:

⇨ Schaffung eines lernförderlichen Umfeldes
⇨ Zeitnähe

⇨ Berücksichtigung der Lebensphasen
⇨ Eliminierung des Kriteriums ‚Alter' als Entscheidungs- und Handlungsgrundlage, um eine Stigmatisierung zu vermeiden

Grundsätzlich gibt es den proaktiven und den reaktiven Handlungsansatz. Während der proaktive Ansatz den Erhalt der Employability über alle Altersgrenzen hinweg sowie die Aufrechterhaltung des Spannungsbogens des Lernens unter Berücksichtigung unterschiedlicher altersbedingter Lernmuster zum Gegenstand hat, fokussiert der reaktive Ansatz auf ältere Menschen mit dem Ziel, den Spannungsbogen des Lernens und der Beschäftigungsfähigkeit wieder zu erreichen.

Die Älteren nicht selten unterstellte geringere Lernbereitschaft und -fähigkeit hat ihren Ursprung in der Regel nicht im Alter der betroffenen Person, sondern vielmehr in deren bisheriger ‚Lernbiografie'. Experten sprechen von einer so genannten ‚Lernentwöhnung', die eintritt, wenn über Jahre hinweg keine konsequente Auseinandersetzung mit der persönlichen Weiterbildung stattfindet. Lernen kann auch verlernt werden und vorhandene Fähigkeiten verloren gehen. Eine so entstandene Lernentwöhnung geht mit Ängsten und einer verringerten Lernmotivation einher (Disuse-Effekt). Konfrontiert man derart ‚entwöhnte' Personen nun mit komplexen Lerninhalten, so verwundert es kaum, dass es ihnen schwer fällt, sich für diese zu öffnen und ein Verständnis für sie zu entwickeln. [4, S. 13, S. 33-34]

Eine derartige Entwicklung zu verhindern und die individuelle Beschäftigungsfähigkeit zu erhalten, ist Aufgabe des Employability Managements. Dabei zeigt sich keine Altersabhängigkeit, wohl aber eine Lebensphasenorientierung. Die Beschäftigungsfähigkeit zu fördern und nachhaltig zu sichern bedeutet dabei nicht, Arbeitnehmern eine Fülle an Bildungsmaßnahmen zuteil werden zu lassen. Es geht vielmehr darum, ein Umfeld zu bieten, in dem sich Kompetenzen entfalten und weiter entwickeln können sowie nicht verloren gehen. Ein solches Umfeld bedarf eines Ansatzes, der die Rahmenbedingungen, in denen sich die Person bewegt, in adäquater Weise berücksichtigt. Dazu gehören in Unternehmen unter anderem Unternehmenskultur,

Führung und Organisation, Personalentwicklung sowie Gesundheitsförderung. Grundsätzlich gilt für das Employability Management eine Altersunabhängigkeit. Da sich jedoch die Lernmuster im Laufe des Lebens ändern, bedarf es deren Berücksichtigung. Employability Management wird somit zum lebensphasenorientierten Employability Management.

Wenn der Spannungsbogen des Lernens durchbrochen ist, ist reaktives Handeln in der (Weiter-)Bildung gefragt. Ziel ist das Aufbrechen der Lernentwöhnung, der Umgang mit Ängsten und einer verringerten Lernmotivation (Umgang mit Disuse-Effekten), der Umgang mit fehlendem Selbstvertrauen (selbst erfüllende Prophezeiung) und die Sensibilität, um die betreffenden Personen nicht als Randgruppe zu stigmatisieren, die besonderer Unterstützung bedarf. Als Umsetzungswege kommen altershomogene Schulungskonzepte beim Erwerb von Fachwissen, Lern-Tandems bei komplexen Themen, eine kontinuierliche ‚Standortbestimmung' und Zielfindung, Coaching und Mentoring sowie Gesundheitsförderung bei bereits eingetretenen Einschränkungen der Leistungsfähigkeit in Frage.

Familienstrukturen

Die demografische Entwicklung verändert die Familienstrukturen. Dies ist unter anderem an der Haushaltsgröße und der Haushaltszusammensetzung erkennbar. So sinkt in Deutschland die Haushaltsgröße bei gleichzeitiger Zunahme der Anzahl der Haushalte. Mittlerweile stellen Single-Haushalte die größte, Familien-Haushalte die kleinste Gruppe dar. 37 Prozent aller Haushalte sind Ein-Personen-Haushalte, 34 Prozent der Haushalte sind Zwei-Personen-Haushalte und 29 Prozent der Haushalte beherbergen mehr als zwei Personen. Was die Ein-Personen-Haushalte betrifft, so ist festzustellen, dass Frauen im Alter ab 55 Jahren die größte Gruppe ausmachen. Ein Drittel aller Frauen ab 55 Jahren lebt allein. Die zweitgrößte Gruppe stellen Männer zwischen 25 und 34 Jahren dar. 25 Prozent dieser Alterskohorte sind

Singles. [18, S. 10f.] Darüber hinaus ist zu beobachten, dass mehr Ehepaare ohne Kinder in einem Haushalt leben als Ehepaare mit Kindern (52 Prozent). Der überwiegende Teil dieser Paarhaushalte wird von Älteren gebildet, deren Kinder bereits aus dem Haus sind. Allerdings ist zu beobachten, dass mehr und mehr Ehepaare kinderlos bleiben. Momentan haben 20 Prozent der Ehepaare keine Kinder. [18, S. 10f., S. 12] Aufgrund der demografischen Prognosen ist für die Zukunft zu erwarten, dass sich diese Entwicklung weiter fortsetzen wird. [18], [13], [9], [20]

Die Entscheidung für oder gegen Kinder fällt in der Bundesrepublik immer später und differenzierter. Momentan liegt der Durchschnittswert bei 30 Jahren. Seit den 70er Jahren ist zudem zu beobachten, dass die Geburtenraten sinken. Wie bereits skizziert, weist Deutschland eine Fertilitätsrate von 1,3 auf. In Westdeutschland zeichnet sich der Trend ab, entweder ganz auf ein Kind zu verzichten oder den Wunsch nach zwei oder mehr Kindern zu realisieren. In Ostdeutschland besteht hingegen der Trend, die Familiengründung nach dem ersten Kind abzuschließen (Ein-Kind-Familie). Deutschland ist weltweit das einzige Land, dessen niedrige Geburtenziffern durch die lebenslange Kinderlosigkeit eines Drittels der Bevölkerung verursacht werden. Derzeit ist sogar zu beobachten, dass mehr als ein Drittel der Frauen eines Jahrgangs zeitlebens kinderlos bleibt, wobei Akademiker deutlich häufiger keine Kinder haben. So sind circa 40 Prozent der 35- bis 39-jährigen Akademikerinnen kinderlos und 76 Prozent der weiblichen Führungskräfte in abhängigen Beschäftigungsverhältnissen haben keine Kinder. [18, S. 23], [6], [19]

In allen westeuropäischen Ländern verzichten heute Frauen eher auf Kinder als auf ihre Selbstständigkeit und berufliche Entwicklung. Dies gilt insbesondere für qualifizierte Frauen. Eine solche Priorität wird dann in konkretes Handeln umgesetzt, wenn der Rest der Gesellschaft tradierte Werte zeigt und traditionell agiert. In Deutschland scheint dies der Fall zu sein, ähnlich wie in Italien und Griechenland. [20], [28, S. 25]

Derzeit geben zwei Drittel der Frauen mit der Familiengründung – zumindest temporär – ihre Berufstätigkeit auf, obwohl nur sechs Prozent der Frauen in Westdeutschland und zwei Prozent in Ostdeutschland diesen Wunsch in Befragungen äußern. Lediglich 30 Prozent der Mütter mit Kindern unter drei Jahren sind momentan erwerbstätig. Ist das Kind im Kindergartenalter, steigt dieser Anteil auf 60 Prozent. Von den Müttern mit Kindern, die älter als sechs Jahre sind, gehen 70 Prozent einer Erwerbstätigkeit nach. Hierbei spielt Teilzeitbeschäftigung eine sehr große Rolle. Die Schere zwischen Wunsch und Wirklichkeit basiert unter anderem auf der fehlenden familienorientierten Infrastruktur. So sind derzeit 1,2 Millionen Kinderbetreuungsplätze für die unter 3-Jährigen notwendig, um der Nachfrage gerecht zu werden. Angeboten werden 250.000 Krippenplätze, davon 75 Prozent in Ganztagesbetreuung. Für die 3- bis 6-Jährigen steht in den alten Bundesländern in 80 Prozent der Kindergärten eine halbtägige Betreuung zur Verfügung, in den neuen Bundesländern sind 98 Prozent der Kindergartenplätze mit Ganztagesbetreuung verbunden. Angesichts des hohen Anteils an halbtägigen Kindergartenplätzen in Westdeutschland sind die Möglichkeiten nach Erwerbstätigkeit für die betreuenden Elternteile stark eingeschränkt. Das Ost-West-Gefälle zeigt sich auch bei der Betreuung der Sechs- bis Zehnjährigen. Während in Westdeutschland nicht einmal für neun Prozent der Kinder Hortplätze zur Verfügung stehen, können in Ostdeutschland 41 Prozent der Sechs- bis Zehnjährigen betreut werden. Die Betreuungsinfrastruktur und Realität am Arbeitsmarkt in Ost und West führen zu einer paradoxen Situation: Auf der Suche nach Erwerbsarbeit verlassen viele junge Menschen die neuen Bundesländer, wo ein hoher Betreuungsstandard für Kinder vorhanden ist. In den alten Bundesländern finden sie Arbeit, jedoch kein flächendeckendes Angebot der Kinderbetreuung. [18], [10], [5], [13], [9], [5]

Die Zahlen, Daten, Fakten zu Familienstrukturen machen deutlich, dass die demografische Entwicklung mit dem Thema der Vereinbarkeit von Beruf und Familie eng verknüpft ist.

Literatur

[1] ARMUTAT, S. ET AL. (2002): *Wissensmanagement erfolgreich einführen, Düsseldorf.*

[2] *Berlin-Institut für Weltbevölkerung und globale Entwicklung (2004): Deutschland 2020, die demografische Zukunft der Nation, Berlin.*

[3] *Berlin-Institut für Weltbevölkerung und globale Entwicklung (2006): Die demografische Lage der Nation, München.*

[4] *Bertelsmann Stiftung, Bundesvereinigung der Deutschen Arbeitgeberverbände (Hrsg.) (2003): Erfolgreich mit älteren Arbeitnehmern – Strategien und Beispiele für die betriebliche Praxis, Gütersloh.*

[5] *BiB (Bundesinstitut für Bevölkerungsforschung beim Statistischen Bundesamt) (2005): Ergebnisse der Population Policy Acceptance Study in Deutschland, Wiesbaden.*

[6] BIRG, H. (2005A): *Die ausgefallene Generation, was die Demografie über unsere Zukunft sagt, München.*

[7] BMWA (2005): *Alterung und Familienpolitik, Gutachten des Wissenschaftlichen Beirats, Dokumentation Nr. 548, Berlin 2005.*

[8] BOSCH, G. ET AL. (2001): *Zur Zukunft der Erwerbsarbeit, Gelsenkirchen.*

[9] DATENREPORT (2004): *Zahlen und Fakten über die Bundesrepublik Deutschland, Statistisches Bundesamt (Hrsg.), Bonn.*

[10] DESTATIS (2004): *Aktualisierte Tabellen zum Datenreport »Die Familie im Spiegel der amtlichen Statistik« – Ausgewählte Ergebnisse des Mikrozensus 2003, Statistisches Bundesamt (Hrsg.), Bonn.*

[11] DEUTSCHE BANK RESEARCH (2002): *Die demografische Herausforderung, Frankfurt.*

[12] DEUTSCHE BANK RESEARCH (2003): *Demography Special, Frankfurt.*

[13] *Engstler, H./Menning, S. (2003): Die Familie im Spiegel amtlicher Statistik, im Auftrag des BMFSFJ, Berlin.*

[14] *Institut der Deutschen Wirtschaft (2004): Deutschland in Zahlen 2004, Köln.*

[15] *Institut der Deutschen Wirtschaft (2005): Deutschland in Zahlen 2005, Köln.*

[16] *Institut der Deutschen Wirtschaft (2006): Deutschland in Zahlen 2006, Köln.*

[17] *Institut für Demoskopie Allensbach (2004): Einflussfaktoren auf die Geburtenrate – Ergebnisse einer Repräsentativbefragung der 18- bis 44jährigen Bevölkerung, im Auftrag des Staatsministerium Baden Württemberg, Stuttgart.*

[18] KAS (Konrad Adenauer Stiftung) (2006): Familienreport 2005, Sankt Augustin.

[19] MIKROZENSUS (2004): Leben und Arbeiten in Deutschland, Ergebnisse des Mikrozensus 2004, Statistisches Bundesamt (Hrsg.), Wiesbaden.

[20] Robert-Bosch-Stiftung GmbH (Hrsg.) (2005), Starke Familie. Bericht der Kommission »Familie und demographischer Wandel«. Im Auftrag der Robert-Bosch-Stiftung, in: http://www.bosch-stiftung.de/download/02050100_starke_familie.pdf, 20.12.05, 09 :23 h.

[21] RUMP, J./EILERS, S. (2006A): Managing Employability, in: Rump, J./Sattelberger, T./Fischer, H. (2006), Employability Management. Grundlagen, Konzepte, Perspektiven, Wiesbaden, S. 13-73.

[22] RUMP, J./EILERS, S. (2006B): Employability im Zuge des demografischen Wandels, in: Rump, J./Sattelberger, T./Fischer, H. (2006), Employability Management. Grundlagen, Konzepte, Perspektiven, Wiesbaden, S. 129-148.

[23] RUMP, J./EILERS, S./GROH, S. (2006): Beruf und Familie – Anregungen aus der Wirtschaft, Mainz.

[24] RUMP, J./LAU-VILLINGER, D. (2001): Management Tool Wissensmanagement, Köln.

[25] RUMP, J./SCHMIDT, S. (2004): Lernen durch Wandel – Wandel durch Lernen, Sternenfels.

[26] Statistisches Landesamt Rheinland-Pfalz (2002): Rheinland-Pfalz 2050, I. Bevölkerungsentwicklung und -struktur, Bad Ems.

[27] Statistisches Landesamt Rheinland-Pfalz (2004): Rheinland-Pfalz 2050, II. Auswirkungen der demografischen Entwicklung, Bad Ems.

[28] WAGNER, A./GENSIOR, S. (2002): Zukunft der Arbeit, Gelsenkirchen.

Zusammenfassung
Es ist eine inzwischen bekannte und häufig zitierte Tatsache, dass wir in einer schrumpfenden und alternden Gesellschaft leben. Verantwortlich für diese Entwicklung sind unter anderem die geringen Geburtenraten, die bereits seit Ende der 60er Jahre nicht mehr das stabilisierende Niveau von 2,1 aufweisen, sondern seit Jahren bei 1,3 bis 1,4 liegen. Die geringen Geburtenraten sind ihrerseits Reaktion auf ein verändertes Rollenverständnis, das mit einem gestiegenen Bildungsstand, zunehmender Beschäftigungsunsicherheit, steigenden Lebenshaltungskosten und instabilen Lebensverläufen einhergeht. Neben dem veränderten Rollenverständnis beeinflusst die Verdichtung der Berufs- und Erwerbsverläufe das Fertilitätsverhalten. Dass in Deutschland in den letzten Jahren dennoch ein Bevölkerungswachstum zu verzeichnen war, resultiert aus den hohen Zuwanderungszahlen und der gestiegenen Lebenserwartung. Zuwanderung und gestiegene Lebenserwartung haben zu einer Verzögerung im Rahmen des demografischen Wandels geführt.
Die Auswirkungen des demografischen Wandels sind vielfältig. Sie betreffen Produkt und Dienstleistungsmärkte, den Kapitalmarkt, den Arbeitsmarkt, den Immobilienmarkt, die Bildung sowie Familienstrukturen.

Die Arbeitsfähigkeit alternder Mitarbeiter

Demografischer Wandel macht auch vor den Belegschaften nicht halt. Birgt dies Risiken für die Leistungsfähigkeit von Unternehmen? Eine differenzierte Betrachtung der Faktoren, die die Arbeitsfähigkeit beeinflussen, zeigt, warum die Theorie der Leistungsabnahme im Alter nicht generell gerechtfertigt ist.

In diesem Beitrag erfahren Sie:
- wie der Erhalt der Arbeitsfähigkeit positiv unterstützt werden kann,
- warum die Arbeitsfähigkeit über die gesamte Lebensspanne betrachtet werden sollte,
- warum die Arbeitsfähigkeit mit zunehmendem Alter nicht generell abnimmt.

DOROTHEE KARL

Einleitung

Das Umfeld von Unternehmen und Gesellschaft wird verstärkt durch komplexe Veränderungen wie die demografische Entwicklung, die Globalisierung und den Wertewandel geprägt. In Zukunft müssen sich einerseits die Unternehmen auf eine ältere Belegschaft einstellen und andererseits müssen die Beschäftigten wieder mit einer längeren Erwerbsarbeitsdauer rechnen [43].

Daher muss in den Unternehmen ein Paradigmenwechsel stattfinden, denn bislang war die Verjüngung der Belegschaft ein Ziel neben dem sozialverträglichen Personalabbau, in dem mit dem vorzeitigen Renteneintritt die Beschäftigungssituation für die Jüngeren verbessert werden sollte. Vielerorts wurden diese Stellen jedoch nicht neu besetzt, sondern abgebaut. Der resultierende konstante Mangel von

Arbeitsplätzen führt zu einer geringeren Chance älterer Arbeitskräfte auf eine Erwerbsbeteiligung [63, S.45].

In den Großbetrieben zeigt sich zumeist folgendes Bild: Die Entwicklungsbereiche haben häufig den geringsten Altersdurchschnitt wie auch ältere Mitarbeiter im gesamtbetrieblichen Innovationsmilieu generell keinen Platz zu finden scheinen. Auch in den angrenzenden Abteilungen werden die Älteren tendenziell aussortiert. »...Die Gründe liegen eindeutig in der allgemeinen Unternehmenspolitik, die auf eine Verkleinerung der Stammbelegschaften und auf eine Vergrößerung des variablen Belegschaftsteils abzielt sowie den Kostpreis der Arbeitskraft senken will...« [46]

Jedoch sind die hohen Kosten, die häufig mit älteren Mitarbeitern in Verbindung gebracht werden, eng mit der Vorstellung verbunden, dass die Arbeitsfähigkeit der Arbeitnehmer mit zunehmendem Alter abnimmt. Im Folgenden werden die Einflussfaktoren der Arbeitsfähigkeit eingehender betrachtet und begründet, warum die Annahme der Leistungsabnahme im Alter nicht allgemein gültig ist.

Der ältere Mitarbeiter

Aufgrund der Tatsache, dass das Thema Arbeitsfähigkeit fast ausschließlich mit dem älter werdenden Mitarbeiter diskutiert wird, soll kurz auf die Begriffe »Alter« und »älterer Mitarbeiter« näher eingegangen werden.

Zur Hervorhebung von Problemen bestimmter Altersgruppen findet man unterschiedliche begriffliche Abgrenzungen. Üblicherweise geschieht dies durch eine Altersgrenze und/oder die veränderte Vermittlungsfähigkeit am Arbeitsmarkt. Die OECD (Organisation for Economic Cooperation and Development) definiert ältere Mitarbeiter als Mitarbeiter, die in der zweiten Hälfte ihres Berufslebens stehen, noch nicht das Rentenalter erreicht haben und gesund, das heißt arbeitsfähig sind. Diese Zuordnung ist berufsspezifisch, betriebsspezifisch, tätigkeitsspezifisch und geschlechtsspezifisch zu sehen [35]. Das gesellschaftliche Begriffsverständnis stimmt mit dieser Definition der OECD im Allgemeinen überein [47]. Nach der WHO [62] werden die Begriffe »alternd« und »älter« definitorisch nicht unterschieden und gleichermaßen auf die über 45-jährigen Arbeitnehmer angewendet. Durch körperlich anstrengende Arbeit oder in Arbeitsbereichen, in denen stets Weiterqualifizierungen und/oder Neuqualifizierungen nötig sind, kann diese Altersgrenze anderen Ansätzen zufolge deutlich niedriger liegen [5]. Interessant erscheint Untersuchungsergebnissen zufolge die Tendenz, dass Arbeitnehmer heute »deutlich früher in die Kategorie ‚ältere Arbeitnehmer' eingeordnet werden als noch vor 15 Jahren« [20; 64]. Durch die schwierige Vermittlungschance auf dem Arbeitsmarkt wird dieser Trend in der heutigen Zeit noch verstärkt. So werden ältere Arbeitnehmer aufgrund ihres fortgeschrittenen Alters mit Beschäftigungsproblemen und beruflichen Schwierigkeiten zu kämpfen haben [23]. Hacker betont: »Wollte man die Definitionsmerkmale für Alter aus Sicht von Arbeitslosen und ihren Chancen auf dem Arbeitsmarkt festmachen, so beginnt das Alter als Begründung für Probleme wesentlich früher.« [24, S. 38]

Quellen dieser das Älterwerden beeinflussenden Ressourcen und Risiken sind arbeits- und nichtarbeitsbezogen und werden inter- und intraindividuell sehr unterschiedlich erlebt [26].

So können ungünstige Bedingungen des Arbeitsumfelds für ältere Arbeitnehmer nach Frerichs und Naegele (1998) [19] in drei Kategorien geteilt werden, die für ältere Menschen besonders belastend sind:
1. statische Muskelarbeit, hoher Krafteinsatz, Heben und Tragen
2. ungünstige Arbeitszeitregelung
3. zu hohe physisch-psychische Anforderungen, physikalisch-chemische Faktoren wie Schmutz, Hitze oder Lärmmangelhafte Arbeitsorganisation

Der Gesamtprozess des Älterwerdens wird als individueller Entwicklungsprozess verstanden und maßgeblich sind an diesem Prozess emotionale, kognitive und physiologische Faktoren sowie die Selbstschätzung und die organisationalen Faktoren beteiligt. Deswegen wird im Folgenden die häufig genutzte Terminologie »älter werdende Mitarbeiter« deutlich von der Begrifflichkeit »ältere Mitarbeiter«

unterschieden. So soll hervorgehoben werden, dass sich Mitarbeiter aller Generationen im individuellen Prozessgeschehen des ständigen Älterwerdens befinden. Der Begriff »Ältere Mitarbeiter« wird als generalisierendes relationales Erwartungskonstrukt verstanden, das sich aus den individuellen Ressourcen und Risiken einer Person, aus dem Zusammenwirken der Umweltanforderungen und der Selbst- und Fremdwahrnehmung ergibt.

Individuelle kognitive Entwicklung
Dem Wissen und der Generierung von Wissen kommt eine wachsende Bedeutung in der Betrachtung der Arbeitsfähigkeit zu. Zusätzlich wird diese zunehmende Bedeutung durch die Konsequenzen des demografischen Wandels und der kritischen Sichtweise gegenüber Älteren im Hinblick auf deren Kreativität, Innovationsfähigkeit und Aktualität noch verstärkt.

Der steigende Wissenswettbewerb in allen Branchen der Arbeitswelt birgt Chancen durch die Generierung neuer wissensintensiver Produkte beziehungsweise Dienste oder neuer Märkte in sich, aber auch Risiken wie die Veralterung eigener Wissensbestände und das schnelle Auftreten neuer Konkurrenten am Markt. Bedingt durch die dynamische Umwelt entstehen temporäre, flexiblere Strukturen, die permanente, stabile hierarchische Strukturen ergänzen oder ablösen [48]. Diese Strukturen sind geprägt durch hohe Selbstverantwortung, Personenabhängigkeit, Eigenverantwortung der Mitarbeiter, Netzwerkorganisation, laterale und diagonale Informationswege, kollektive Entscheidungsprozesse, Potenziale zur Erstellung komplexerer, wissensintensiver Produkte und einen Trend zur Dezentralisierung. Für die Mitarbeiter, insbesondere für die Führungskräfte, gewinnt das Methodenwissen einen höheren Wert als das Fachwissen. Bezüglich der Wissensbestände in einer Organisation gewinnt das intern erworbene Wissen immer mehr an Bedeutung, während beispielsweise das externe Expertenwissen im Gegenzug sinkt. Dieser Selektionsvorgang verdeutlicht, dass die kognitive Verarbeitung immer ein individuelles Geschehen ist. Jeder Mensch nimmt eine Situation unterschiedlich wahr und genau deswegen kann die Beurteilung hinsichtlich ihrer Bedeutung des Lerninhaltes interindividuell stark variieren. Auch die Frage, ob das neu erworbene Wissen an bereits vorhandenes und bekanntes Wissen anschließen kann, zeigt, dass bereits abgespeicherte Informationen einen großen Einfluss auf den Speicherungsprozess haben. Die unterschiedliche Lernhistorie ist somit eine Hauptursache für interindividuelle Variationen des Lernens. Ferner wird deutlich, dass Speicherprozesse nicht nur eine Anhäufung von Wissen sind, sondern in erster Linie die Organisation des Zugangs zu Informationen regeln [1].

Die Disposition des Menschen für gefühlsmäßige und unbewusste Denk- und Speichervorgänge ist somit abhängig von der jeweiligen Biographie, von den Verarbeitungsprozessen im Hippocampus, in dem permanent neue Vorstellungsbilder entfaltet und durch neue Lebenserfahrungen und Eindrücke ergänzt werden.

Bezüglich altersspezifischer Betrachtung ist das prospektive Gedächtnis zu nennen, dem bei der Betrachtung des Lernens eine immer bedeutendere Rolle zukommt [17; 31]. Unter dem Begriff »prospektives Gedächtnis« wird das Zusammenspiel von kognitiven Prozessen verstanden, die dazu dienen, spezifische Handlungen vorauszuplanen, sich dieser Planung später zu erinnern und sie entsprechend der gespeicherten Handlungsstrategien auszuführen [9]. Konzeptionell sind bei dem prospektiven Gedächtnis die vier Phasen Intentionsbildung, Intentionsspeicherung, zeitverzögerte Intentionsinitiierung und Intentionsausführung zu unterscheiden [30]. In Studien zur Feststellung von altersspezifischen Einflüssen auf das prospektive Gedächtnis konnten keine signifikanten Ergebnisse festgestellt werden.

Biologische Veränderungen können auftreten, aber müssen es nicht zwangsweise. Es kann kein eindeutiger funktioneller Zusammenhang zwischen der kognitiven Leistungsfähigkeit und dem chronologischem Alter festgestellt werden [11]. Teilweise können im Alter jedoch veränderte nervliche Prozesse beobachtet werden, die unter Umständen zu einer Verlangsamung des Lerntempos, der Reaktionszeit und Leitungsgeschwindigkeit führen [52; 38]. Aber auch komplexe Sachverhalte und ganz neuer Lernstoff beeinflussen die Informationsverarbeitungsgeschwindigkeit negativ. Hinzu kommt auch das so genannte »Einrosten«, das heißt wenn die Älteren ihr Wissen durch fehlende Aufgaben nicht mehr einsetzen können, verlangsamt sich das Lerntempo auch dadurch. Gerade das Lernen von neuen Wissensinhalten, das Abstraktionsvermögen und der geistige Transfer eines abstrakten Sachverhaltes in eine konkrete Arbeitssituation können unter den genannten Rahmenbedingungen bei älteren Menschen zu größeren Schwierigkeiten führen [52]. Fehlendes Lerntraining kann zudem zu einer geringeren Effektivität des Arbeitsgedächtnisses und folglich zu einer Abnahme der Leistungsfähigkeit des Arbeitsgedächtnisses bei älteren Menschen [11; 38], auch in Kombination mit nachlassenden Sinnesleistungen zu einer verringerten Leistungsfähigkeit des Ultrakurzzeitgedächtnisses führen. Teilweise konnte auch in Aufgaben, die eine verteilte Konzentration erforderten, nachgewiesen werden, dass sich ältere gegenüber jüngeren Lernenden durch eine höhere Störanfälligkeit unterschieden [33; 18].

Gerade für Ältere ist der Übergang vom Kurzzeit- in das Langzeitgedächtnis beim Lernen mit bestimmten Faktoren verknüpft. Biologisch bleibt die »... Fähigkeit, die Anzahl der Synapsen zu erhöhen, neue Kontakte herzustellen und alte zu verstärken, im Gehirn ein Leben lang erhalten...« [34, S. 42]. Hinsichtlich der Geschwindigkeit und Genauigkeit zeigte sich zum einen eine hohe interindividuelle Differenz und zum anderen, dass mögliche Defizite bei Älteren durch hohe Motivation, Erfahrungen und das Verständnis für komplexe Sachverhalte ausgeglichen werden können [27]. Doch für alle Generationen gilt, dass die Bereitschaft etwas zu lernen durch Willensstärke, Erfahrung oder auch Lernbedingungen beeinflusst wird. Laut Aussagen von Nürnberger Arbeitsmarktforschern sind Leistungsprobleme älterer Mitarbeiter nicht das Ergebnis eines natürlichen, altersbedingten Abbaus von Fähigkeiten, sondern das Ergebnis von langzeitig ausgeführten Tätigkeiten, die nicht lernförderlich gestaltet waren [40].

Die Arbeitsfähigkeit alternder Mitarbeiter

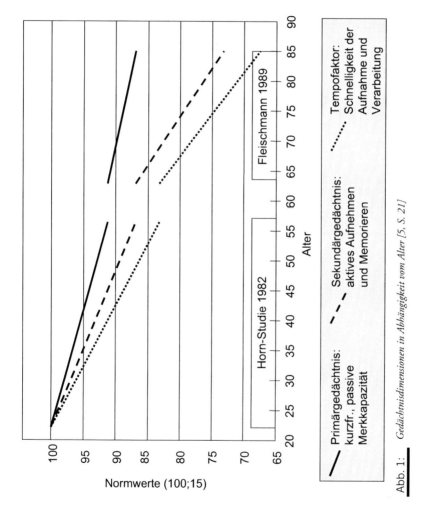

Abb. 1: *Gedächtnisdimensionen in Abhängigkeit vom Alter [5, S. 21]*

Emotionen

Einen besonderen und hinsichtlich der Emotionen zentralen Faktor stellt die berufliche Arbeit dar. Durch sie erfolgt die zeitliche Strukturierung des menschlichen Lebens und sie stellt insgesamt einen großen Anteil der Lebenszeit dar. Deswegen ist es wichtig, dass man die Bedeutung emotionalen Erlebens in der Arbeitswelt fokussiert. Die subjektive Empfindung im Arbeitsleben ist bei allen Individuen sehr verschieden, ebenso die daraus positiv oder negativ resultierenden Folgeerscheinungen. Prinzipiell ist man sich zwar darüber einig, dass Emotionen zu den grundlegenden Komponenten der menschlichen Psyche zu zählen sind, doch unterscheidet sich die Auffassungen zu ihrem Begriffverständnis sehr stark.

Einige Autoren heben den Erlebensaspekt in Form subjektiver Gefühlszustände, andere den Verhaltensaspekt hervor. Wiederum andere legen den Schwerpunkt ihrer Darstellung auf kognitive oder physiologische Vorgänge. Diese fehlenden Übereinstimmungen sind weniger grundlegenden Meinungsverschiedenheiten zuzuordnen, sondern resultieren eher aus unterschiedlichen Konzeptualisierungen und Forschungsschwerpunkten [50].

Nach Schachter [49; 39; 51] ergibt sich das Erleben einer Emotion aus der Wirkung sowohl der physiologischen Erregung als auch der kognitiven Bewertung dieser Erregung. Beide sind notwendig, damit eine Emotion entsteht. Es wird angenommen, dass es sich um eine generelle, nicht differenzierte Erregung handelt. Für eine anschließende Ursachensuche für diesen unbestimmten inneren Zustand bedarf es der Kognition, bevor eine spezifische Emotion entsteht. Nach Schachter und Singer [49] gibt es zwei Wege der Emotionsentstehung, die im Folgenden kurz beschrieben werden.

Die alltägliche Form der Emotionsentstehung

In diesem Fall sind die beiden Faktoren physiologische Erregung und Kognition vollständig miteinander verwoben. Durch eine unspezifische Erregung, die mit einer simultanen kognitiven Interpretation des auslösenden Ereignisses einhergeht, wird ein Gefühl hervorgerufen. Eine durch die physiologische Erregung verursachte Erregungsempfindung (die wahrgenommene Erregung) wird auf die Einschätzung der Situation zurückgeführt (Attribution von Erregung auf eine emotionale Einschätzung).

Die nicht alltägliche Form der Emotionsentstehung

Diese Form der Emotionsentstehung liegt nach Schachter und Singer [49] dann vor, wenn sich eine Person in einem Zustand von physiologischer Erregung befindet, für die es keine unmittelbare Erklärung gibt. Dennoch verspürt die erregte Person aber das Bedürfnis, ihre körperlichen Empfindungen zu verstehen und zu benennen. Dieses bewirkt eine Suche in der Umwelt beziehungsweise Situation nach den Ursachen der Erregung. Ist eine Ursache gefunden, und führt die Person ihre zunächst unerklärte Erregung auf diese Ursache zurück, so ist die Art und Weise des emotionalen Erlebens von der individuellen Einschätzung und Attribution und somit von kognitiven Prozessen abhängig.

Überträgt man diese Theorien nun auf den Arbeitsprozess, so sind auch die »Arbeitsemotionen« als Gefühle anzusehen. Diese sind eng mit dem Erleben, Wahrnehmen und Bewerten von Arbeit verbunden. Dies stellt ein komplexes Gefüge subjektiver und objektiver Aspekte dar.

Affektive arbeitsbezogene Erfahrungen führen zu kognitiven, emotionalen, physiologischen und verhaltensbezogenen Veränderungen und können

⇨ unterschiedliche Gefühle der Erregung oder der Lust beziehungsweise Unlust bewirken,
⇨ kognitive Prozesse, zum Beispiel emotional relevante Wahrnehmungseffekte, Bewertungen und Klassifikationsprozesse enthalten,

⇨ physiologische Anpassungen an die erregungsauslösenden Bedingungen in Gang setzen,
⇨ zu arbeitsbezogenem Verhalten führen, welches häufig expressiv, zielgerichtet und adaptiv ist [10].

Gerade bei Führungs- und Gruppenbeziehungen spielen diese sozialen Prozesse ein wichtige Rolle: Ohne Freude an der Arbeit beispielsweise oder manchmal auftretenden Stress wäre der Arbeitsalltag oft sehr eintönig. Im Gegensatz dazu können Angst und Neid den Alltag beeinträchtigen.

Eine weitere Arbeitsemotion beschreibt ein bewusst erlebtes, gehobenes Selbstwertgefühl, also ein Gefühl der eigenen Wertigkeit. Während Stolz als Voraussetzung für Selbstsicherheit und aufrechte Haltung zu sehen ist, ist fehlender Stolz die Ursache für starke Minderwertigkeitsgefühle. Auch in übersteigerter Form kann Stolz zu Eitelkeit, Hochmut, fehlender Bescheidenheit und mangelnder Demut führen [59].

Die Emotionen Freude und Stolz sind für die sorgfältige und qualitativ hochwertige Erfüllung von Arbeitsaufgaben und somit letztlich auch für die Betrachtung der Arbeitsfähigkeit von hoher Bedeutung.

Gesundheit

Nach dem Verständnis der Weltgesundheitsorganisation ist Gesundheit nicht allein das Fehlen von Krankheit und Gebrechen, sondern vielmehr ein Zustand eines körperlichen, psychischen und sozialen Wohlbefindens [61]. Man hat sich von einer rein physischen Betrachtung abgewandt und verfolgt ein ganzheitliches bio-psycho-soziales Konzept. Das Verständnis von Gesundheit kann auch als dynamisches Gleichgewicht gesehen werden. Die dichotome, pathogenetische Trennung zwischen gesund und krank weicht immer mehr einem salutogenetischen Verständnis, nach dem sich Krankheit und Gesundheit auf einem Gesundheits-Krankheits-Kontinuum befinden. Die primäre Fragestellung in diesem Zusammenhang ist nicht, ob jemand krank oder gesund ist, sondern wo er jeweils auf dem Gesundheits-/

Krankheitskontinuum im dynamischen Prozessgeschehen der ständigen Auseinandersetzung zwischen salutogenen und pathogenen Kräften einzuordnen ist [3; 4; 7]. Im salutogenetischen Verständnis der Einflussfaktoren nehmen Gesundheitsressourcen eine zentrale Position ein. Es wird zwischen internen Ressourcen oder auch personenbezogene Ressourcen (zum Beispiel Selbstvertrauen, kognitive und praktische Fähigkeiten) und den externen Ressourcen oder umweltbezogene Ressourcen (dazu zählen zum Beispiel Kontroll- und Entscheidungsspielräume, soziale Beziehungen) unterschieden.

Aktuelle Studien von Krankenkassen belegen in Untersuchungen zur Arbeitsunfähigkeit, dass eine deutliche Zunahme psychischer Erkrankungen im Arbeitsleben vorliegt. Wenn auch der Gesamtkrankenstand in jüngster Zeit sinkt, wird der Forschungsschwerpunkt der Krankenkassen immer deutlicher auf die Thematik der psychischen Belastungen verlagert [12; 13].

Psychische Erkrankungen zählen mittlerweile zu den wichtigsten Ursachen von Erwerbsunfähigkeit. In der Altersgruppe der unter 35-Jährigen ist ein überproportionaler Anstieg der psychischen Erkrankungen zu beobachten. In der Altersgruppe der 35- bis 44-Jährigen ist die Rate am höchsten. Diese Entwicklung unterstreicht die Notwendigkeit, den Prozess des Älterwerdens über den gesamten Verlauf zu betrachten, um so mögliche Einflussgrößen herausarbeiten zu können.

Weit verbreitet ist die Annahme, dass ältere Mitarbeiter häufiger krank sind als jüngere Kollegen, jedoch ist das in der Form nicht zutreffend. Ältere sind weniger, dafür aber länger krankgeschrieben als Jüngere.

Die Göteburgstudie hat gezeigt, dass es Beschäftigte im höheren Alter gab, die zehn Jahre »jünger« erschienen als ihre gleichaltrigen Kollegen [58; 57]. Dies könnte zum Beispiel an genetischen Informationen oder an mehr körperlich beziehungsweise kognitiven Aktivitäten in den früheren Jahren gelegen haben. Häufig zeigen sich jedoch gesundheitsschädliche Einflüsse im Lebenslauf durch Fehlbelastungen

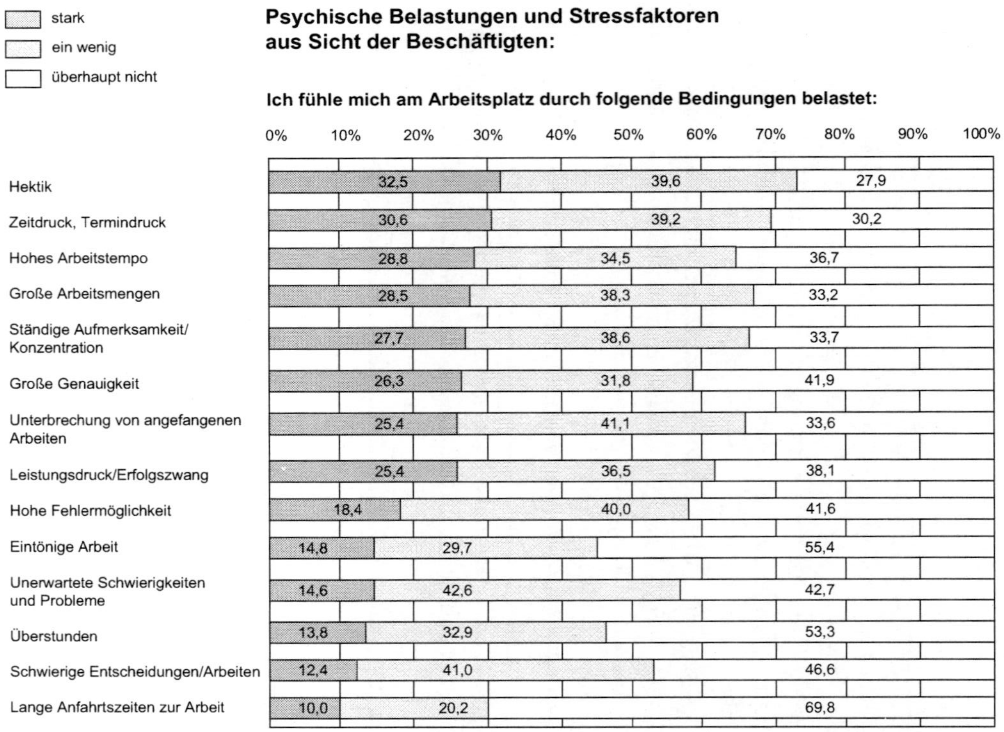

Psychische Belastungen und Stressfaktoren aus Sicht der Beschäftigten:

Ich fühle mich am Arbeitsplatz durch folgende Bedingungen belastet:

☐ stark
☐ ein wenig
☐ überhaupt nicht

Bedingung	stark	ein wenig	überhaupt nicht
Hektik	32,5	39,6	27,9
Zeitdruck, Termindruck	30,6	39,2	30,2
Hohes Arbeitstempo	28,8	34,5	36,7
Große Arbeitsmengen	28,5	38,3	33,2
Ständige Aufmerksamkeit/Konzentration	27,7	38,6	33,7
Große Genauigkeit	26,3	31,8	41,9
Unterbrechung von angefangenen Arbeiten	25,4	41,1	33,6
Leistungsdruck/Erfolgszwang	25,4	36,5	38,1
Hohe Fehlermöglichkeit	18,4	40,0	41,6
Eintönige Arbeit	14,8	29,7	55,4
Unerwartete Schwierigkeiten und Probleme	14,6	42,6	42,7
Überstunden	13,8	32,9	53,3
Schwierige Entscheidungen/Arbeiten	12,4	41,0	46,6
Lange Anfahrtszeiten zur Arbeit	10,0	20,2	69,8

Abb. 2: *Generelle Einflussfaktoren auf den Krankenstand (DAK, 2002/2005, S. 14ff.)*

des Organismus, Risikofaktoren, schädliche Umwelteinflüsse, frühere Erkrankungen oder seelische Belastungen erst im höheren Lebensalter.

Selbsteinschätzung

Nach Harter [25] bewerten sich Menschen hinsichtlich ihrer kognitiven Fähigkeiten, der körperlichen Fähigkeiten, der Akzeptanz von Menschen, die ihnen wichtig sind und hinsichtlich der sozialen Akzeptanz (Benehmen, Moral, Humor, Verantwortung). Dieser Prüfvorgang vollzieht sich immer auf Basis von Idealvorstellungen, die die Menschen bezüglich dieser Vergleichsebenen gespeichert haben. Je größer die Diskrepanz zwischen dem Erreichten und dem Ideal ist, umso geringer ist das daraus resultierende Selbstwertgefühl der Person. Die Qualität des Selbstwertgefühls ist fundamental wichtig für die persönliche Entwicklung, die Stabilität und für die Bewältigung von Herausforderungen.

Die positive Unterstützung des Selbstwertkonzeptes durch ein unmittelbares Erleben von Arbeitssituationen zeigt sich auch in der Expertiseforschung. In dieser besteht die so genannte Zehn-Jahres-Regel, das heißt, dass eine Person etwa zehn Jahre an gezielter, intensiver Übung braucht, damit sich Expertise entwickelt [22]. Nach dem unmittelbaren Erleben einer komplexen Erfahrungssituation ist Zeit zur Reflexion nötig, in der das Geschehene überdacht und Erklärungen für den Ausgang von Situationen gesucht werden können. Durch die parallel stattfindenden Reflexionsvorgänge kann ein differenzierteres und realistischeres Selbstwertkonzept erarbeitet werden.

Das Kohärenzgefühl entwickelt sich nach theoretischen Annahmen bis zum 30. Lebensjahr [4] und stabilisiert sich dann. Wenn unvorhersehbare gravierende Ereignisse eintreten (Partnerverlust, schwere Krankheit, chronische Erkrankungen, Arbeitsplatzverlust etc.) so wird ein geringerer SOC (sense of corporate identity) Wert vermutet.

Es wird angenommen, dass sich ein hohes Kohärenzgefühl positiv auf die subjektive Gesundheit auswirkt, während ein geringeres Ausmaß zu somatoformen Störungen führen kann. Das Kohärenzer-leben hat somit durch einen guten Umgang mit positiven wie negativen

Stressoren eine hohe nachhaltige Relevanz für die Gesundheit im Alter [53].

Kultur
Die Bildung von Vorurteilen wird stark durch das soziale Umfeld, also auch durch die Unternehmenskultur und Personalpolitik beeinflusst. Eine interessante Beobachtung wird in der Literatur durch den »Alters-Bias« in der Wahrnehmung und Bewertung von älteren Arbeitnehmern beschrieben: »Ältere Vorgesetzte und solche mit häufigem direkten Kontakt zu älteren Mitarbeitern beurteilen die Leistungsfähigkeit Älterer positiver als jüngere Vorgesetzte und solche mit weniger direkten Kontakten zu älteren Arbeitnehmern.« [36, S. 7]

Zusammengefasst können Stereotype folglich als spezifische und zeitlich andauernde Manifestationen von Einstellungen, die durch eine reduzierte Komplexität dieses Einstellungssystems und somit einer ökonomischen Strukturierung sozialer Phänomene gekennzeichnet sind, beschrieben werden.

Den Anstoß für die gesellschaftliche Individualisierung, verbunden mit der Individualisierung der Arbeitswelt, gab der Wertewandel [45; 56]. Die Individualisierung ist dabei durch das menschliche Streben nach Selbstbestimmung und Autonomie gekennzeichnet. Im Berufsleben wirkt sich dieses durch die individuelle Gestaltung der Berufs- und Lebensläufe und durch eine Anpassung an die jeweiligen Lebensphasen der Mitarbeiter aus [26]. Auch lässt sich eine Entwicklung von einer kollektiven zu einer individualisierten und an Lebensphasen orientierten Personalpolitik feststellen [65].

Eine Individualisierung der Führung stellt damit letzlich eine konsequente Weiterentwicklung dar [15; 55; 8; 16]. Diese zunehmende Individualisierung ist ein entscheidender Einflussfaktor für ein neues Führungsverständnis. Vorgesetzter und Mitarbeiter werden als Akteure der Führungssituation gesehen in der individuelle Werte und Bedürfnisse diese Situation maßgeblich beeinflussen. »Eine situative Differenzierung nach Alter und Geschlecht wäre Bestandteil einer Individualisierung der Führung.« [16, S. 580; 14]

Allerdings bleibt ungeklärt, warum einerseits die primäre Beachtung individueller Werte und Bedürfnisse wiederum in eine Klassifizierung wie zum Beispiel in Altersgruppen mündet. Aufgrund der bereits in vielen Studien nachgewiesenen Zunahme interindividueller Differenzen im Alter scheint dieser Ansatz deshalb fragwürdig. Realisierbar scheint daher eher, den Anfang für eine individuelle Führungsausrichtung in bestimmten Themenbereichen wie beispielsweise Kommunikation zu setzen.

Eine adäquate Unternehmenskultur, gemeinsame Werte und eine klare Zielstruktur unterstützen die individualisierte, interaktive Führung des Vorgesetzten. Individuelle Führung und Förderung der Mitarbeiter wird des Weiteren als Vorstufe zur Selbstführung »im Sinne einer Hilfe zur Selbsthilfe« [65, S. 88; 16] verstanden.

Dem individualisierten Führungsverhalten kommt insbesondere für den Erhalt und die Förderung der Arbeitsfähigkeit eine zentrale Rolle zu: »Erhöhte Zufriedenheit mit dem Verhalten des Vorgesetzten/Vorarbeiters verbesserte die Arbeitszufriedenheit im Vergleich mit denjenigen, die damit unzufrieden waren, um das 3,6-Fache.« [27, S. 246]

Eine altersgerechte Führung ist nach Ilmarinen und Tempel durch eine aufgeschlossene (nicht stereotype) Einstellung gegenüber dem Alter, Bereitschaft zu kooperieren, Fähigkeit zur individuellen Arbeitsplanung und Kommunikationsfähigkeit gekennzeichnet [27]. Die Fähigkeit zur Kooperation zeigt sich nach Auffassung dieser Autoren durch die Bereitschaft der Führungskraft zur Mitarbeit im Team, die Bevorzugung kooperativer gegenüber hierarchischer Arbeitsmethoden und die Teamorientierung. Die Forderung nach individuellen Arbeitslösungen sieht eine Anpassung der individuellen Arbeitsplanung und -organisation an die Arbeitsfähigkeit des Mitarbeiters vor. Diese individuellen Lösungen müssen Vorgesetzte, betroffene Mitarbeiter und Teamkollegen zusammen entwickeln. Im Umgang mit Beschäftigten, die zum Beispiel mehr Zeit brauchen, um sich an Veränderungen anzupassen [27], wird eine entsprechend offene, frühzeitige Kommunikation und eine intergenerative Arbeitskultur empfohlen.

Gestaltung der Arbeitswelt im Hinblick auf den Erhalt und die Förderung der Arbeitsfähigkeit

Durch die Internalisierung des Marktes [41; 42] werden wertschöpfende, planende und koordinierende Tätigkeiten in begrenztem Umfang immer mehr in selbststeuernde Einheiten der Organisation integriert. Die Beschäftigten selbst sind somit dem steigenden Wettbewerbsdruck spürbar stärker ausgesetzt. Des Weiteren findet man in flexiblen, dezentralisierten Organisationsformen, dass Handlungsspielräume erweitert werden, während Verhandlungsspielräume schrumpfen [21]. Dieser zunehmende Druck stellt ein erhöhtes Gesundheitsrisiko dar.

Der Wandel in der Arbeitswelt wird auf Dauer dazu führen, dass ältere Mitarbeiter länger in das Unternehmen eingebunden werden müssen und dass auch Personal über 45 Jahre eingestellt werden muss. Um dies umsetzen zu können, müssen alle aufgeklärt werden, damit Vorurteile gar nicht erst entstehen und zwischen Jung und Alt muss auch eine Wechselbeziehung aufgebaut werden.

Arbeitszeit

Die Arbeitszeitgestaltung ist ein weiterer Schlüsselfaktor zur Förderung und zum Erhalt der Arbeitsfähigkeit. Die Gestaltungsvariabilität dieses Kriteriums erstreckt sich von einem Tag, einer Woche, einem Monat, einem Jahr bis hin zum gesamten Berufsleben. Die Arbeitszeit in den verschiedenen Phasen des Berufslebens sollte so gestaltet werden, dass sie erstens den unterschiedlichen Bedürfnissen und Wünschen entgegen kommt und zweitens die Möglichkeiten eröffnet, länger im Erwerbsleben zu bleiben.

Barkholdt [6, S. 65] fordert einen ganzheitlichen Ansatzes des Lebensführungskonzeptes und kommt zu folgender Aussage: »Die flexible Reaktion auf sich wandelnde exogene und endogene Bedingungen und deren dauerhafte Integration in der Lebensführung, das heißt

deren Gelingen wird als Vorraussetzung für die Stabilität des Lebenslaufen angenommen.«
Barkholdt [6] unterscheidet zwischen folgenden Lebensphasen:
⇨ Ausbildung
⇨ Familiengründung
⇨ Erziehung
⇨ Pflege
⇨ Übergang

Die Untersuchung des Zeitverwendungsverhaltens in den verschiedenen Phasen macht deutlich, dass nur eine Destandardisierung der Lebensarbeitszeit zu einer besseren Bewältigung der nach Lebensphasen unterschiedlichen arbeits- und lebensweltlichen Belastungen möglich ist. (Zur alternsgerechten Arbeitszeitgestaltung siehe zum Beispiel [32].)

Ganzheitliche Betriebliche Strategie

Verhaltensorientierte Maßnahmen umfassen in der Regel »Information, Instruktion, Motivation und praktisches Training und zielen auf ein generell gesundheitsförderliches Verhalten ab«, wohingegen verhältnisorientierte Maßnahmen »eine gesundheitsförderliche Gestaltung der Arbeit und Arbeitsbedingungen mit ihren vielfältigen Aspekten der Arbeitsinhalte, Arbeitsorganisation, Kommunikation …« [2, S. 206f] beinhalten. Es muss ein ganzheitliches betriebliches Gesundheitsmanagement im Unternehmen integriert werden.
  Wichtig ist aber auch, dass man das individuelle Belastungs- und Beanspruchungsverhältnis über die gesamte Erwerbsbiographie beobachtet. Dabei müssen Konzepte so aufgebaut werden, dass sie nicht zu einer Stigmatisierung führen [29; 60].
  Im Unternehmen ist bisher die Betrachtung der Altersstrukturen nur dann von Bedeutung, wenn es um Themen wie Pensionierung oder Einarbeitung der Nachwuchskräfte geht. Wenn es um die reine

Personalentwicklung im Sinne der Erhaltung der Arbeitsfähigkeit geht, so ist es notwendig, sowohl den Status als auch die individuelle Entwicklung des einzelnen Mitarbeiters zu betrachten.

Zwar sind Maßnahmen, die sich nur auf ältere Mitarbeiter beziehen, wichtig und nötig, aber darüber hinaus sollten bereits zu Beginn der Erwerbstätigkeit Grundlagen geschaffen werden, welche die Leistungsfähigkeit und Gesundheit der Menschen im höheren Alter erhalten und fördern [54]. Dazu gehören beispielsweise Maßnahmen zur Gesundheitsförderung und zur Fort- und Weiterbildung. Dem neuen Arbeitsfähigkeitskonzept zufolge unterliegen die Determinanten intraindividuellen Veränderungen. Durch die engen Wechselbeziehungen dieser Determinanten können einerseits kompensatorische Effekte auftreten, andererseits aber auch Defizite hinsichtlich einer Determinante negative Einflüsse auf die anderen Einflussfaktoren zur Folge haben. Durch das komplexe Bedingungsgefüge und die Subjektivierung objektiv vorhandener Potenziale erhöht sich die Wahrscheinlichkeit interindividueller Differenzen im Alter.

Eine größere Akzeptanz der eigenen physischen Veränderungen im Alter kann das subjektive Gesundheitsempfinden und das Ergebnis der Arbeitsqualität verbessern. Man darf nicht nur die Arbeitsfähigkeit älterer Arbeitnehmer betrachten, sondern auch die der Berufsanfänger sind zu berücksichtigen. Nur so können differenziert präventive, korrektive und prospektive Strategien zum Erhalt und zur Förderung der Arbeitsfähigkeit abgeleitet werden.

In vielen Untersuchungen wurden keine signifikanten Unterschiede der Arbeitsfähigkeit zwischen Altersgruppen gefunden [28]. Ein Grund dafür ist, dass zwischen dem kalendarischen Alter und der Arbeitsfähigkeit kein monokausaler Zusammenhang besteht. Vielmehr sind komplexe Bedingungsgefüge für die Erforschung des Themenfeldes »Arbeitsfähigkeit« heranzuziehen.

Ein möglicher Ansatz wäre, aufbauend auf den bisherigen Erkenntnissen, den Aspekt der Subjektivität stärker in der Methodenauswahl und -entwicklung mit einzubeziehen. Der Erkenntnisgewinn wird um so größer sein, je stärker objektives Datenmaterial mit subjektivem Datenmaterial verglichen werden kann.

Für die Messung nachhaltiger Effekte von Strategien auf die Arbeitsfähigkeit empfiehlt es sich, zunächst mögliche Veränderungen auf den kognitiven, gesundheitlichen und emotionalen Ebenen zu messen, um in einem weiteren Schritt zu überprüfen, ob sich hinsichtlich bestimmter Altersgruppen signifikante Unterschiede in der Effektstärke zeigen.

Somit handelt es sich bei der Entstehung, dem Erhalt und der Förderung der Arbeitsfähigkeit um einen individuellen Prozess, dem sowohl in der Wissenschaft als auch in der Praxis durch eine personenzentrierte, integrierte Vorgehensweise Rechnung getragen werden muss. Für die Realisierung von Synergieeffekten ist interdisziplinäres Arbeiten unabdingbar.

Fazit

Der demografische Wandel führt zu einer zunehmenden Belastung insbesondere der heute jüngsten Generation der Arbeitnehmer. Für eine ökonomische, strategische Nutzung des Humankapitals und die Ableitung individueller präventiver Maßnahmen ist eine differenzierte prozessorientierte Analyse des Bedingungsgefüges unabdingbar.

Die Arbeitsfähigkeit der Mitarbeiter ist der zentrale Schlüsselfaktor für den erfolgreichen Umgang mit dem demografischen Wandel.

Die Verantwortung für die Entwicklung, den Erhalt und die Förderung der Arbeitsfähigkeit liegt sowohl beim Individuum als auch beim Unternehmen und in der Gesellschaftspolitik, denn von einer hohen Arbeitsfähigkeit und einer daraus resultierenden Arbeitsleistung profitieren letztlich alle, die Mitarbeiter, die Führungskräfte wie auch die Unternehmen und die Gesellschaft.

Literatur

[1] AHRENS, D.: *Erfahrungsbasiertes Wissen und experimentelles Lernen: Die Macht »unscharfen Wissens«*. In: Jenewein, K.; Knauth, P.; Zülch, G. (Hrsg.) Kompetenzentwicklung in Unternehmensprozessen, 373-383, Baden-Baden: Nomos Verlag, 2004

[2] AHRENS, D.: *Gesundheitsökonomische Betrachtung von Maßnahmen der betrieblichen Gesundheits¬förderung*. In: Schott, T. (Hrsg.): Eingliedern statt ausmustern, 203-222. Weinheim, München: Juventa Verlag, 2005

[3] ANTONOVSKY, A.: *Health, stress and coping. New perspectives on mental and physical well-being*. San Francisco: Jossey Bass Publishers, 1979

[4] ANTONOVSKY, A.: *Unravelling the mystery of health. How people manage stress and stay well*. San Francisco: Jossey-Bass, 1987

[5] BAuA, Bundesanstalt für Arbeitsschutz und Arbeitsmedizin : *Aging and Working Capacity: Altern und Arbeit*, in: Schriftenreihe der Bundesanstalt für Arbeitsmedizin. Bremerhaven: Wirtschaftsverlag NW, Verl. für neue Wiss., 1994

[6] BARKHOLDT, C.: *Destandardisierung der Lebensarbeitszeit: eine Chance für die Erwerbsgesellschaft?* Opladen: Westdeutscher Verlag, 1998

[7] BENGEL, J., STRITTMATTER, R., WILLMANN, H.: *Was erhält den Menschen gesund? Antonovskys Modell der Salutogenese - Diskussionsstand und Stellenwert*. Köln: Bundeszentrale für gesundheitliche Aufklärung (BZgA), 1998

[8] BRAEDEL-KÜHNER, C.: *Individualisierte, altersgerechte Führung*. Frankfurt a.M., Berlin, Bern, New York, Paris, Wien: Peter Lang Verlag, 2005

[9] BRANDIMONTE, M. A., EINSTEIN, G. O., McDANIEL, M. A. (EDS.): *Prospective memory: Theory and applications*. Mahwah, NJ: Erlbaum, 1996

[10] BREHM: *Emotionen in der Arbeitswelt*. Arbeit, Heft 3, Jg 10, 205-218, 2001

[11] BRUGGMANN, M.: *Die Erfahrung älterer Mitarbeiter als Ressource*. Wiesbaden: Deutscher Universitäts-Verlag, 2000

[12] *DAK Versorgungsmanagement (Hrsg.): Gesundheitsreport 2002, Hamburg, 2002*

[13] *DAK Versorgungsmanagement (Hrsg.): Gesundheitsreport 2005, Hamburg, 2005*

[14] DRUMM, H. J.: *Individualisierung in der Personalwirtschaft: Grundlagen, Lösungsansätze und Grenzen*. Bern: Haupt Verlag; 1989

[15]   DRUMM, H. J.: *Personalführung. In: Wittmann, W. (Hrsg.): Enzyklopädie der Betriebswirtschaftlehre, Bd. 1, Handbuch der Betriebswirtschaft, 3099-3112*. Stuttgart: Schäffer-Poeschel, 1993

[16]   DRUMM, H. J.: *Personalwirtschaft*. Berlin, Heidelberg, New York: Springer vERLAG, 2005

[17]   ELLIS, J., KVAVILAHVILI, L.: *Prospective memory in 2000: Past, present and future directions. In: Applied Cognitive Psychology, 14, 1-9, 2000*

[18]   FAULSTICH, P.: *Erwachsenenbildung: eine handlungsorientierte Einführung*. Weinheim; München: Juventa Verlag, 1999

[19]   FRERICHS, F. NAEGELE, G. (1998) *Strukturwandel des Alters und Arbeitsmarktentwicklung – Perspektiven der Alterserwerbsarbeit. In: Clemens, W. Backes, G.M. (Hrsg.): Altern und Gesellschaft. Gesellschaftliche Modernisierung durch Altersstrukturwandel.* Leske + Budrich, Opladen, S. 237 - 256.

[20]   GEORG, A.; FRERICHS, F: *Ältere Arbeitnehmer in NRW: Betriebliche Problemfelder und Handlungsansätze.* Münster, Hamburg, London: Literaturverlag, 1999

[21]   GLISSMANN, W., PETERS, K.: *Mehr Druck durch mehr Freiheit. Die neue Autonomie in der Arbeit und ihre paradoxen Folgen.* Hamburg: VSA-Verlag, 2001

[22]   GRUBER, H., MANDL, H.: *Expertise und Erfahrung. In: Gruber, H., Ziegler, A. (Eds.): Expertiseforschung. Theoretische und methodische Grundlagen.* Opladen: Westdeutscher Verlag, 1996

[23]   GUSSONE, M.; HUBER, A.; MORSCHHÄUSER, M.; PETRENZ, J.: *Ältere Arbeitnehmer: Altern und Erwerbsarbeit in rechtlicher, arbeits- und sozialwissenschaftlicher Sicht.* Frankfurt am Main: Bund-Verlag, 1999

[24]   HACKER, W. (1996): *Erwerbsarbeit der Zukunft auch für »Ältere«.* Zürich, Stuttgart: vdf Hochschulverlag, Teubner, 1996

[25]   HARTER, S.: *Causes, correlates, and the functional role of global self-worth: A life-span perspective. In: Sternberg, R. J., Kolligan, J. Jr. (Eds.): Competence considered.* New Haven, CT: Yale University Press, 67–97, 1990

[26]   HORNBERGER, S.: *Individualisierung in der Arbeitswelt aus arbeitswissenschaftlicher Sicht.* Frankfurt a.M., Berlin, Bern, New York, Paris, Wien: Peter Lang Verlag, 2005

[27]   ILMARINEN, J., TEMPEL, J.: *Arbeitsfähigkeit 2010 – Was können wir tun, damit Sie gesund bleiben?* Hamburg: VSA-Verlag, 2002

[28]   KARL, D.: *»Arbeitsfähigkeit«. Ein ganzheitlicher, integrativer Ansatz.* Frankfurt a.M., Berlin, Bern, New York, Paris, Wien: Peter Lang Verlag, 2008

[29] KLEMUSCH, M.: *Älter jünger bleiben oder jung altern.* In: HR Services, Heft 6/2005, 12-17, 2005

[30] KLIEGEL, M., MARTIN, M., MCDANIEL, M.A., EINSTEIN, G.O.: *Complex prospective memory and executive control of working memory: A process model.* In: Psychologische Beiträge, 44, 303-318, 2002

[31] KLIEGEL, M., MARTIN, M.: *Prospective memory research: Why is it relevant?* In: International Journal of Psychology, 38, 193-194, 2003

[32] KNAUTH, P., ELMERICH, K., KARL, D.: *Arbeitsgestaltung für alternde Belegschaften.* In: A. Wollert, P. Knauth (Hrsg.). Digitale Fachbibliothek Human Resource Mangement. Düsseldorf: Symposion Publishing, 2008

[33] KRÄMER, S., WALTER, K.-D.: *Konzentration und Gedächtnis: ein Trainingsprogramm für 30 x 20 Minuten.* München: Lexika-Verlag, 1991

[34] KULLMANN, H.-M., SEIDEL, E.: *Lernen und Gedächtnis im Erwachsenenalter.* W. Bertelsmann Verlag GmbH & Co. KG, Bielefeld, 2000

[35] LEHR, U. M., WILBERS, J.: *Arbeitnehmer, Ältere.* In: Gaugler, E.; Weber, W. (Hrsg.): Enzyklopädie der Betriebswirtschaftslehre. 203-212, 1992

[36] LEHR, U. M.; NIEDERFRANKE, A.: *Führung von älteren Mitarbeitern.* In: Kieser, A. (Hrsg.): Handwörterbuch der Führung. Stuttgart: Schäffer-Poeschel, 2-14, 1995

[37] MARTIN, H.: *Arbeitswissenschaftliche Aspekte.* In: Jansen, B., Karl, F., Radebold, H. (Hrsg.): Soziale Gerontologie - Ein Handbuch für Lehre und Praxis. Weinheim: Beltz Verlag, 551-568, 1999

[38] MAYER, H.: *Einführung in die Wahrnehmungs-, Lern- und Werbepsychologie.* München, Wien: Oldenbourg Verlag, 2000

[39] MEYER, W.-U., Schützwohl, A. und Reisenzein, R. *Einführung in die Emotionspsychologie.* Band 1. Bern: Huber Verlag, 1993

[40] *Mitteilungen aus der Arbeitsmarkt- und Berufsforschung: 36. Jg. Heft 2.*, Stuttgart, Berlin u.a., 2003

[41] MOLDASCHL, M.: *Internalisierung des Marktes: Neue Unternehmensstrategien und qualifizierte Angestellte.* In: IfS, INIFES, ISF, SOFI (Hrsg.): Jahrbuch Sozialwissenschaftliche Technikberichterstattung 1997, Schwerpunkt: Moderne Dienstleistungswelten. Berlin: sigma edition, 197-250, 1998

[42] MOLDASCHL, M., SAUER, D.: *Internalisierung des Marktes – Zur neuen Dialektik von Kooperation und Herrschaft.* In: Minssen, H. (Hrsg.): *Begrenzte Entgrenzungen. Wandlungen von Organisation und Arbeit.* Berlin: sigma edition, 205-225, 2000

[43] MORSCHHÄUSER, M.: *Gesundheit im Erwerbsverlauf.* In: Schott, T. (Hrsg.): *Eingliedern statt ausmustern.* Weinheim, München: Juventa Verlag, Seite 125-136, 2005

[44] MORSCHHÄUSER, M.; OCHS, P.; HUBER, A.: *Erfolgreich mit älteren Arbeitnehmern. Strategien und Beispiele für die betriebliche Praxis.* Gütersloh: Verlag Bertelsmann Stiftung, 2005

[45] PIETSCHMANN, B. P.; NICLAS, F.: *Impulse für erfolgreiche Führung.* In: Personal, 4, 16-22, 2003

[46] REINDL, J.: *Betriebliche Innovationsmillieus und das Alter(n) der technischen Intelligenz.* In: Köchling, A., Astor, M., Fröhner, K.-D. et al.(Hrsg.): *Innovation und Leistung mit älterwerdenden Belegschaften.* München, Mering: Hampp Verlag, , 2000

[47] RUMP, J.: *Der Demografische Wandel: Konsequenzen und Herausforderung für die Arbeitswelt.* In: Angewandte Arbeitswissenschaft, 9, H. 181, 49-65, 2004

[48] SANDEN, H.: *Entwicklung eines Modells zur Implementierung von Wissensmanagement in Organisationen.* Dissertation an der Gesamthochschule Paderborn, Fachbereich Wirtschaftswissenschaften, 2001

[49] SCHACHTER, S. UND SINGER, J.E.: *Cognitive, Social and Physiological Determinants of Emotional State.* In: Psychological Review, 69, 379-399, 1962

[50] SCHERER, K.R.: *Theorien und aktuelle Probleme der Emotionspsychologie.* In Scherer, K.R. (Hrsg.): *Psychologie der Emotion.* Göttingen: Hogrefe Verlag, 1990

[51] SCHERER, K.R.: *Emotion.* In W. Stroebe, M. Hewstone & G.M. Stephenson (Hrsg.), *Sozialpsychologie. Eine Einführung.* Berlin: Springer Verlag, 1997

[52] SCHMIEL, M., SOMMER, K.H.: *Lernförderung Erwachsener.* Heidelberg: Sauer, Schriftreihe moderne Berufsbildung Nr. 13, 1991

[53] SCHNELL-INDERST, P., JANSSEN, C., WEITKUNAT, R., CRISPIN, A., ABEL, T.: *»Sense of Coherence«: Eine explorative Analyse zu seinen soziodemographischen, sozioökonomischen und gesundheitlichen Korrelaten.* Manuskript, 2000

[54] SEMMER, N., RICHTER, P.: *Leistungsfähigkeit, Leistungsbereitschaft und Belastbarkeit älterer Menschen.* In: von Cranach, M., Schneider, H.-D., Ulrich, E., Winkler, R. (Hrsg.): *Ältere Menschen im Unternehmen.* Bern: Haupt Verlag, 95-116, 2004

[55] SPRENGER, R. K.: *Leadership Excellence – Führung muss neugedacht werden.* In: Personalführung, 34, H. 6, 82-83, 2001

[56] STRUCK, O.: *Individuenzentrierte Personalentwicklung: Konzepte und empirische Befunde.* Frankfurt/Main, New York: Campus Verlag, 1998

[57] SVANBORG, A.: *The Health of the elderly population: results from longitudinal studies with age-cohort comparisons. In: Evered, D. Wehlan, J. (eds.): Research and the ageing population,* 3-16, 1988

[58] SVANBORG, A. ET AL.: *Basic issues in Health care. In: Thomae, H., Maddox, G. (eds.): New perspectives on old age.* New York: Springer, 1982

[59] ULICH, D., MAYRING, P.: *Psychologie der Emotionen. In: Herbert Selg, Dieter Ulich (Hrsg.): Grundriß der Psychologie, Band 5.* Stuttgart/Berlin/Köln, 1992

[60] VOELPEL, S., STREB, C.: *Wettbewerbsfähig im demografischen Wandel. In: Personalwirtschaft,* 08/2006, 24-27, 2006

[61] WHO: *Ziele zur »Gesundheit für alle«. Die Gesundheitspolitik für Europa.* Kopenhagen, 1991

[62] WHO: *Ageing and working capacity, Report of a WHO Study Group. WHO Technical Report Series, 835, Genf,* 1993

[63] WITTERSTÄTTER, K.: *Soziologie für die Altenarbeit – Soziale Gerontologie.* Freiburg im Breisgau: Lambertus Verlag, 2003

[64] WOLFF, H.; SPIESS, K.; MOHR, H.: *Arbeit - Altern - Innovation.* Basel: Prognos-AG, 2001

[65] WOLLERT, A.: *Anpassungsreserve oder Potential für Innovationen. In: Personalführung, 31,* H. 1, 32-35, 1998

[66] WUNDERER, R.: *Führung und Zusammenarbeit: eine unternehmerische Führungslehre.* Neuwied, Kriftel: Luchterhand, 2001

Zusammenfassung
In diesem Beitrag wurde dargestellt, dass die Arbeitsfähigkeit als ein komplexer, interdependenter Entwicklungsprozess zu verstehen ist. Nur durch die ganzheitliche Betrachtung des Menschen hinsichtlich seines kognitiven, psychischen und physischen Zustands, seiner Entwicklungsgeschichte und durch die diesbezüglichen Selbstbewertungen wie auch die Fremdbewertungen wird es möglich werden, dieses Bedingungsgefüge tiefer zu analysieren und aus einem so gewonnenen Verständnis heraus wirkungsvolle Maßnahmen ableiten zu können. Letztlich führt dieses zu einer Abkehr von der primären Betrachtung der Altersgruppen hin zu einem Forschungsverständnis, das in erster Linie die Einflussgrößen spezifiziert und ihre Wechselwirkungen über längere Zeitspannen genauer untersucht. Die Bewertung der Arbeitsfähigkeit wird vor diesem Hintergrund zu einem realistischeren Abbild des Individuums führen und weniger von defizitären Vorannahmen geprägt sein.

Handlungsfelder

Demografischer Wandel in Unternehmenskulturen............... 75
CHRISTINE WATRINET, KATHRIN ELMERICH,
DOROTHEE KARL, PETER KNAUTH

Arbeitsgestaltung für alternde Belegschaften 109
PETER KNAUTH, KATHRIN ELMERICH, DOROTHEE KARL

Alternsgerechte Qualifizierung 147
KATHRIN ELMERICH, DOROTHEE KARL, PETER KNAUTH

Demografischer Wandel in Unternehmenskulturen

Zur Bewältigung des demografischen Wandels müssen die Beschäftigungsperspektiven älterer Arbeitnehmer verbessert werden. Unternehmen benötigen Konzepte, die sie in die Lage versetzen, die Fähigkeiten und Potenziale älterer Beschäftigten adäquat einzusetzen und weiterzuentwickeln.

> **In diesem Beitrag erfahren Sie:**
> - wie die Rahmenbedingungen für die Bewältigung des demografischen Wandels zielorientiert gestaltet werden können,
> - welche Wirkungsbeziehungen zwischen Unternehmenskultur und Leistungsgrad einer (alters-) heterogenen Arbeitsgruppe bestehen.

C. Watrinet, K. Elmerich, D. Karl und P. Knauth

Veränderte Qualifikationsstrukturen und Altersheterogenität

Der langfristige Trend einer alternden sowie schrumpfenden Gesellschaft ist unübersehbar und irreversibel. Begleitend ist eine Stagnation der altersspezifischen Qualifikationen zu beobachten, denn bei den jüngeren Bevölkerungsgruppen (bis 24 Jahre) ist ein anhaltender Anstieg des Anteils, der über keinen Berufsabschluss verfügt, zu beobachten [53]. In einigen Regionen zeigt sich bereits ein aus diesen Entwicklungen resultierender Fachkräftemangel für bestimmte Branchen. Langfristig bedeutet dies eine Gefährdung der Wettbewerbsfähigkeit des Hochtechnologiestandortes Deutschland. Diese kann nur gesichert werden, wenn alle Ressourcen des Arbeitsmarktes erschlossen und von den Unternehmen genutzt werden. Erforderlich werden somit unter anderem die Verbesserung der Beschäftigungsperspektiven älterer Arbeitnehmer und die Nachqualifizierung von Beschäftigten, die über inadäquate Qualifikationsprofile verfügen. Wie die Erfahrungen einiger Unternehmen zeigen, die quasi als Trendsetter die Integration älterer Beschäftigter propagieren, können Maßnahmen mit diesen Zielen relativ kurzfristig ergriffen und umgesetzt werden. In diesem Zusammenhang benötigen die Unternehmen Konzepte, mit denen sie in der Lage sind, gut ausgebildete (älter werdende) Beschäftigte an die Unternehmen zu binden, deren Fähigkeiten und Potenziale adäquat einzusetzen sowie entsprechend weiterzuentwickeln.

Die Motivation der Mitarbeiter wird nicht zuletzt durch die Wertschätzung beeinflusst, die die Organisation ihnen gegenüber zum Ausdruck bringt. Deshalb wird es wichtig werden, den Interessen und Bedürfnissen der älteren und aller anderen Mitarbeiter im Unternehmen Rechnung zu tragen. Die Wertschätzung der älteren Mitarbeiter muss in der Unternehmenskultur verankert sein. Heutige Unternehmenskulturen bezeichnet Menges [46] als wesentliche Hürde für die Gestaltung einer altersgerechten Arbeitsumgebung, da sie größtenteils als altersdiskriminierend bezeichnet werden können. Es ist ein Paradigmenwechsel erforderlich, denn bisher tragen Unternehmenskulturen entweder einem Senioritätsprinzip oder einer Jugendkultur Rechnung, selten aber einem notwendigen Generationenvertrag, um einen Ausgleich zwischen verschiedenartigen altersgruppenspezifischen Anforderungen zu schaffen [38]. Gerade in »Mittelbauchbetrieben« ist als Unternehmenskultur vielfach eine Mischung aus betrieblichen Regularien (Tarifvertrag, Betriebsvereinbarungen), fixiertem Senioritätsprinzip (Kündigungsschutz, Eingruppierung u.ä.) mit modernen Organisations-, Entlohnungs-, Zeit- und Arbeitsformen feststellbar, in denen sich Jüngere weitaus besser bewegen können.

Diese »Alterskulturen« bereiten den Boden für unterschwellige Bevorzugungen oder Benachteiligungen ausgewählter Arbeitnehmer und Altersgruppen bis hin zum Mobbing [38]. Durch die resultierenden Motivationsverluste der Beschäftigten entstehen diskriminierungsbedingte Opportunitätskosten.

Besonders die älteren Mitarbeiter sind häufig das Ziel von Diskriminierungen. Nicht zuletzt zeigt sich dies bei den Ausschreibungen offener Positionen, in denen bisher in der Regel ein Höchstalter von 45 Jahren genannt wird. Neben der Auswahl werden häufig auch Karrieremöglichkeiten und die Teilnahme an Weiterbildungsmaßnahmen vom kalendarischen Alter abhängig gemacht. Aber eine Änderung der Ausschreibungstexte allein wird hier nicht viel ändern.

Es ist ein ganzheitlicher Ansatz notwendig, der eine Sichtweise einnimmt, die den Einsatz älterer Mitarbeiter entsprechend ihren Fähigkeiten und Kenntnissen ermöglicht und der ihre Stärken sichtbar werden lässt. Denn ältere Mitarbeiter mit ihrer (Lebens-)Erfahrung tragen zu einer Stabilisierung der Arbeitsprozesse bei, wenn sie Arbeitstugenden sowie organisatorische und soziale Kompetenzen an jüngere Mitarbeiter weitergeben können [38].

Die Unternehmenskultur muss die Rahmenbedingungen für einen präventiven Umgang mit den Problemen des demografischen Wandels, der unweigerlich auf die Unternehmen zukommt, schaffen. Die Bedeutung kultureller Faktoren zeigt auch die Arbeitsbewältigungsforschung aus Finnland [68].

Das kalendarische Alter:
Eines von vielen individuellen Merkmalen

Ein entsprechender Ansatz muss sowohl auf die Unterschiede beziehungsweise die Vielfalt innerhalb der Gruppe »ältere Mitarbeiter« als auch auf die Gemeinsamkeiten der Gruppe beziehungsweise mit anderen Mitgliedern der Organisation eingehen. Zum Beispiel können sich kalendarisch Gleichaltrige hinsichtlich ihres biologischen Alters erheblich unterscheiden und ältere Mitarbeiter können durchaus auch Gemeinsamkeiten mit Jüngeren besitzen. Die zunehmende Altersheterogenität darf also nicht isoliert auf das kalendarische Alter bezogen werden, sondern der Fokus muss insgesamt auf die individuellen Alterungsprozesse gelegt werden. Es reicht nicht, die Gruppe der älteren

Mitarbeiter zu berücksichtigen, sondern innerhalb dieser Gruppe unterscheiden sich die Mitglieder unter anderem hinsichtlich Religion, Wert- und Lebenseinstellungen, Familienstand, Bildung und des biologischen Alters.

Diese Individualisierung drückt sich in vielen Bereichen, so zum Beispiel in unterschiedlichen Lebens- und Wertvorstellungen sowie Arbeitswerten aus [65]. In der Praxis wird dies sehr oft vernachlässigt. »(Wir) zwingen Menschen immer wieder in das Dogma der Gleichmacherei, wodurch ihnen […] das Einzige, was sie wertvoll macht, geraubt wird, nämlich ihre Individualität, ihre spezifischen Stärken und Fähigkeiten.« [44, S. 400] Nach Malik [44] sind die Nutzung der Effektivitätsvorteile einer vielfältigen Mitarbeiterzusammensetzung und die Reduzierung der eventuellen negativen Folgen der Vielfalt eine der größten Aufgaben des Managements: »Das größte Wissen, die besten Talente, alle Intelligenz und Fähigkeiten bleiben wertlos, wenn sie nicht genutzt werden.« [44, S. 400]

Es gilt, diese Vielfalt sowohl in die Unternehmensstrukturen als auch Leistungserstellungsprozesse zu integrieren [54]. Als Lösungsvorschlag für diese Aufgaben wird seit einigen Jahren das Diversity Management, ein Managementtool amerikanischen Ursprungs, in Forschung und Praxis diskutiert (zum Beispiel [39; 58]). »Unter Diversity Management ist die Leitung, Lenkung und Entwicklung der Prozesse und Systeme […] der Unternehmung, mit dem Ziel, die kulturelle Vielfalt, die individuellen Fähigkeiten sowie Kompetenzen der Mitarbeiter als Wettbewerbsfaktor zur Erreichung der Unternehmensziele zu nutzen und die möglichen Nachteile der Diversity durch eine entsprechende Unternehmenskultur zu minimieren, zu verstehen.« [65, S. 17]

Individuelle Fähigkeiten als Wettbewerbsvorteil nutzen

Gemeinsam ist den unterschiedlichen Ansätzen, die sich hinter dem Begriff »Diversity Management« verbergen, das Verständnis, dass die

Integration von Vielfalt, in diesem Fall der Altersvielfalt (age-diversity) eine entsprechende vielfaltschätzende Unternehmenskultur erfordert. Daher kann davon ausgegangen werden, dass die Umsetzung von Maßnahmen zur Integration älter werdender Beschäftigter unausweichlich mit einer Veränderung der Unternehmenskultur verbunden sind [61; 65].

Das gezielte Einsetzen der Gesamtheit des Wissens, Könnens und Verhaltens der Menschen in der Unternehmung wird zu einer Schlüsselrolle. Die »[…] eigentliche Metastrategie einer Unternehmung (ist) daher das strategische Management des Humanpotenzials« [9, S. 59f]. Dies bedeutet eine Überarbeitung und Erweiterung der Aufgaben und Funktionen des Human-Ressourcen-Managements. Alle Instrumente, insbesondere die individuelle Karriereplanung, die Personalentwicklung, Mentoring-Programme, Recruitingprozesse, Vergütungssysteme, Trainings- und Awarenesskonzepte sowie Maßnahmen zur Vereinbarkeit von Beruf und Privatleben müssen vor dem Hintergrund der Vielfalt der verschiedenen Beschäftigungsgruppen und deren Erwartungen sowie Bedürfnisse überprüft und gegebenenfalls modifiziert werden [28].

Ziel muss die Durchsetzung der Sichtweise sein, (Alters-) Vielfalt zu akzeptieren. Das bedeutet, über soziale Kategorisierungsprozesse hinweg, gemeinsam auf die Erreichung der Unternehmensziele hin zu arbeiten. Voraussetzungen sind das klare Bekenntnis, eine eindeutige Initiative und die Verankerung der Umsetzung einer entsprechenden vielfaltschätzenden Unternehmenskultur im Leitbild und darüber hinaus in den Zielvereinbarungen aller Mitarbeiter. Die Umsetzung kann nur gelingen, wenn auch die Mitarbeiter Verantwortung für die Umsetzung übernehmen, das heißt bereit sind, die im Leitbild formulierten Werte auf der operativen Ebene, das heißt im Tagesgeschäft umzusetzen und somit eine entsprechende vielfaltschätzende Unternehmenskultur mit zu gestalten.

Das Bekenntnis zu Vielfalt im Leitbild und in der gelebten Unternehmenskultur

Sowohl die Toleranz der Vielfalt als auch eine dauerhafte Bindung der Mitarbeiter an das Unternehmen können durch eine entsprechend gelebte Unternehmenskultur angestrebt und erreicht werden. Beide Aspekte sind wichtig, denn die »empirische Forschung verweist auf zwei wesentliche Bedingungen, unter denen sich (mögliche) [...] negative in positive Wirkungen (von individueller Vielfalt) umkehren lassen: wenn die Gruppenmitglieder in Wahrnehmung und im Umgang mit [...] (individueller) Vielfalt trainiert werden und wenn die heterogenen Gruppen genügend lange zusammenarbeiten« (Bissels et. al. 2001, S. 418).

Nach Triandis (1994) ist das Ziel einer solchen Unternehmenskultur die Wahrnehmung von Ähnlichkeiten trotz Unterschieden, was in einem positiven Sinne möglich ist, wenn die kontextspezifische Funktionalität kultureller Andersartigkeit nachvollzogen und verstanden werden kann.

Daher ist es das Ziel des vorliegenden Beitrags, die speziellen Gestaltungsfaktoren Leitbild und Führung für eine dementsprechende

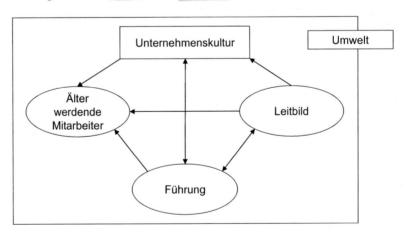

Abb. 1: *Integration älter werdender Beschäftigter im Unternehmen*

Unternehmenskultur, die die Wahrnehmung und Integration vielfältiger Mitarbeiter unterschiedlichsten Alters ermöglicht, zu beschreiben und Handlungsempfehlungen für die Realisierung in der Praxis zu formulieren (Abb. 1). Es erfolgt eine Fokussierung auf die Aspekte Leitbild und Führung, da die Arbeiten von Elmerich [20] und Watrinet [65] die herausragende Rolle des Leitbildes als Wegweiser für die Umsetzung eines Diversity Managements beziehungsweise einer vielfaltschätzenden Unternehmenskultur zeigen [21; 20; 65]. Darüber hinaus lässt sich für die erfolgreiche Umsetzung des Leitbildes insbesondere die Authentizität der Führungskräfte als notwendige Bedingung aufzeigen [65].

Wertschätzung älter werdender Mitarbeiter im Unternehmensleitbild

Leitbilder werden zunehmend seit Mitte der 70er-Jahre des 20. Jahrhunderts im Zusammenhang mit der Verbreitung von Konzepten zur Unternehmensführung und Unternehmenspolitik diskutiert [45]. Das wachsende Interesse ist vor allem durch gesellschaftliche Veränderungen, wie beispielsweise den demografischen Wandel zu erklären [25; 5; 59; 16; 18]. Zahlreiche empirische Untersuchungen belegen die zunehmende Befürwortung oder Einführung von Leitbildern und Unternehmensgrundsätzen [26].

Als Gründe für die Formulierung von Leitbildern sprechen neben außerbetrieblichen Gründen auf innerbetrieblicher Ebene der Wunsch nach einer stärkeren Beteiligung und Motivation der Mitarbeiter sowie einer einheitlichen Orientierungsgrundlage in wachsenden Organisationen [25; 8]. Hinsichtlich der Berücksichtigung der Vielfalt der Mitarbeiter und der Berücksichtigung derselben in Unternehmensleitbildern ist zunächst festzuhalten, dass »im Mittelpunkt der adressatenspezifischen Inhalte […] mit Abstand der Mitarbeiter (steht), […] (er wird) meist […] sehr ausführlich angesprochen« [25, S. 248].

Die unternehmensinternen Punkte sprechen für eine Leitbildformulierung aufgrund veränderter individueller Bedürfnisse und erfordern wirkungsvolle Handlungen. Leitbilder sind Absichtserklärungen, in denen die Werte festgelegt werden, »die die Unternehmensentscheidungen auf längere Sicht bestimmen sollen« [17, S. 24]. »Sie fungieren als Maßstab für das Verhalten im Unternehmen.« [17]

Nachteile für älter werdende Beschäftigte durch monokulturelle Leitbilder

Auch wenn in den Leitbildern mitarbeiterbezogene Werte wie Vertrauen und Selbstorganisation grundsätzlich berücksichtigt werden und in vielen Unternehmensgrundsätzen versucht wird, allen Anspruchsgruppen (Kunden, Mitarbeitern, Stakeholdern) gerecht zu werden, orientieren sie sich bezogen auf die Mitarbeiter häufig nach wie vor an einem homogenen Ideal und weniger an der Vielfalt der Mitarbeiter. Die Verfasser oder Befürworter dieser am »homogenen Ideal« orientierten Grundsätze, auch »cultural pragmatists« genannt, arbeiten auf eine monokulturelle Organisation hin [39, S. 249]. In diesem Sinn sollen die Mitarbeiter sich an die Organisation anpassen und durch ein entsprechendes Kultur-Management soll ein einheitliches, gleichmachendes Wir-Gefühl erreicht werden. Durch eine kulturorientierte oder auch ganzheitliche Personalauswahl und entsprechend formulierte Stellenanzeigen soll verhindert werden, dass sich jemand bewirbt, der gar nicht in das homogene Ideal passt. Vielfalt ist nicht erwünscht.

Diese monokulturelle Sichtweise hat für ältere Mitarbeiter folgende Konsequenzen:
- ⇨ Älter sein bedeutet, Defizite zu haben.
- ⇨ Vielfalt wird als eine Bedrohung für die Effektivität der Organisation angesehen.
- ⇨ Empfundenes oder geäußertes Unbehagen gegenüber vorherrschenden Werten wird als Überempfindlichkeit (der Älteren) gesehen.

⇨ Es wird eine Anpassung an die dominante Gruppe (mittleren Alters) insbesondere hinsichtlich der Verhaltens- und Denkmuster erwartet.
⇨ Alle werden gleich, nicht entsprechend ihrer Bedürfnisse, Leistungsfähigkeit und Kenntnissen behandelt.
⇨ Der (ältere) Mensch muss sich verändern und anpassen, nicht die Organisation.

Das heißt mit anderen Worten, dass der ältere Mitarbeiter sich unerwünscht fühlt. Er wird sich mit diesem Leitbild nicht identifizieren können. Die Diskriminierungsgefühle erhöhen den Krankenstand und die Ruhestandsbereitschaft. Es entstehen Kosten durch Demotivation.

Integration durch multikulturelle Leitbilder

Demgegenüber gibt es einen Trend bei der Formulierung von Unternehmensleitbildern, sicherlich begünstigt durch die Diskussion über das Diversity Management: Bei der Analyse vorhandener Leitbilder ist eine zunehmende Neuorientierung an personellen Potenzialen und an der Vielfalt der Mitarbeiter zu beobachten [49; 21]. Dies ist noch nicht lange der Fall. Gabele stellt noch 1981 fest, dass die Unternehmen mit Ausnahme forschungsintensiver Branchen selten in ihren Grundsätzen vorhandene und noch zu entwickelnde Potenziale einbeziehen. Die derzeit wachsende Bedeutung und notwendige Berücksichtigung der Mitarbeiterpotenziale drückt sich auch in der zunehmenden Relevanz so genannter Sozialbilanzen aus [33].

Diese Entwicklung trägt der grundsätzlichen Vielfalt der Mitarbeiter im Unternehmen Rechnung und ist somit auch ein Ansatz, der älteren Mitarbeitern gerecht werden kann. Böttcher [10] spricht in diesem Zusammenhang von einer nachhaltigen wertorientierten Neupositionierung der Unternehmen, die sich sowohl in der Formulierung neuer Grundsätze als auch in der Form ihrer Erarbeitung widerspiegelt. Es ist eine Abkehr von Top-down-Strategien hin zu einer partizipativen Erarbeitung von Unternehmensleitbildern unter Einbeziehung der Mitarbeiter zu beobachten. Durch die Integration der Mitarbeiter in den Gestaltungsprozess werden die identifikations- und motivationsfördernde Komponente des Leitbildes verstärkt und die Akzeptanz des Leitbildes gewährleistet. Das idealtypische Bild einer multikulturellen Organisation charakterisieren Emmerich und Krell [22] wie folgt:

⇨ Es herrscht Pluralismus.
⇨ Alle Beschäftigten sind vollständig in die informellen Netzwerke integriert.
⇨ Es gibt weder Vorurteile noch Diskriminierung.
⇨ Alle Beschäftigten identifizieren sich gleichermaßen mit der Organisation; das Ausmaß der Identifikation ist nicht abhängig von der Gruppenidentität.
⇨ Zwischen den Beschäftigten gibt es relativ wenige beziehungsweise nur schwach ausgeprägte Konflikte.

Optionale, der Literatur entnommene Inhalte können nur die Funktion einer Checkliste übernehmen. Bei der Überprüfung oder Überarbeitung eines Leitbildes zur Berücksichtigung der Interessen älterer Mitarbeiter können in Anlehnung an Böttcher [10, S. 74] beispielsweise folgende Ziele für die Organisation definiert werden:

⇨ Das Betriebsklima insbesondere für ältere Mitarbeiter verbessern.
⇨ Einen positiven Umgang der Führungskräfte mit älteren Mitarbeitern anstreben.
⇨ Den älteren Mitarbeiter die Identifikation mit dem Unternehmen und seinen Werten erleichtern.
⇨ Die Zusammenarbeit zwischen unterschiedlich alten und jungen Mitarbeitern verbessern.
⇨ Die Kooperationsfähigkeit der Mitarbeiter unterschiedlichen Alters steigern.
⇨ Die Mitarbeiter bewusst in das Innovationsgeschehen einbeziehen.

Die Erreichung dieser voneinander abhängigen Ziele kann nur auf eine ganzheitliche Art und Weise gelingen. Letztendlich kann nur dann das Leitbild die folgenden Funktionen für den (älter werdenden) Mitarbeiter bieten:
⇨ Motivations- und Sicherheitsfunktion
⇨ Leitlinie für das persönliche Verhalten
⇨ Identifikationsfunktion
⇨ Orientierungsfunktion
⇨ Organisationskulturelle Transformationsfunktion

Das schriftliche Leitbild als Grundlage für die gelebte Unternehmenskultur

Es reicht nicht aus, dass ein dem ethischen Grundsatz der Chancengleichheit und der Vielfalt der Mitarbeiter entsprechendes Unternehmensleitbild formuliert wird, sondern es muss auch gelebt werden. Das Bekenntnis zum Diversitätsgrundsatz, die gegenseitige Anerkennung der Menschen innerhalb und außerhalb des Unternehmens als Wesen gleicher Würde unabhängig von Herkunft, Alter, Geschlecht, Hautfarbe, Nationalität, Religion usw. ist nach Pless eine notwendige aber keine hinreichende Grundlage für tatsächliche Chancengleichheit [51, S. 160]. Damit das Leitbild und die darin verankerten Werte gelebt werden, ist es unabdingbar, dass es die Kriterien Spezifität und Authentizität erfüllt. Nur dann kann es die in Umbruch- und Veränderungsphasen notwendige Orientierung bieten. Die Unternehmenskultur und das Handeln der Mitglieder stehen in einem engen Verhältnis. Doch die Veränderung der Unternehmenskultur ist nur mittel- bis langfristig möglich. Neue Werte können über das Leitbild in das Unternehmen getragen werden, müssen dann aber von den Mitarbeitern akzeptiert und gelebt werden. So stehen Kultur und Leitbild in einer wechselseitigen Abhängigkeit [10, S. 61].

Insbesondere mit der Neuausrichtung der Unternehmenskultur ist unter Umständen eine Veränderung der Machtstrukturen innerhalb der Unternehmung verbunden. Durch die damit einhergehende Komplexität des Veränderungsprozesses kommt es wiederum zu verstärkten Machtkämpfen um Ressourcen [34]. Das Leitbild kann dann die Koordination zwischen Projektgruppen und Akteuren erleichtern und liefert darüber hinaus Argumentationsmuster, um die Reorganisation als gelungen und sinnvoll zu interpretieren [34]. Auch Gabele und Kretschmer [26] weisen auf die integrierende Funktion durch die Bereitstellung eines Basiskonsenses hin, der das Schlichten von Meinungsverschiedenheiten sowie Sachkonflikten erleichtert [29; 23].

Bergler [4] sieht einen weiteren Grund für die Formulierung von Leitbildern in der zunehmenden Differenzierung und Spezialisierung der Mitarbeiter. Es besteht die Gefahr einer Innenorientierung der vielfältigen Gruppen, was zu einer kommunikativen Distanz und einem erhöhten sozialen Konfliktniveau mit anderen Bereichen führen kann. Aus diesem Defizit an Kommunikation und verständlicher Information können negative Folgen für die betrieblichen Entscheidungsprozesse abgeleitet werden [4]. So ist es sinnvoll und notwendig, die entstehenden Subgruppen auf ein gemeinsames Oberziel auszurichten, um diesen Tendenzen entgegenzuwirken und eine Orientierung auf die Unternehmung als Ganzes zu erreichen [15; 4].

Das Leitbild kann als wichtige Orientierungshilfe für die Entwicklungsrichtung in organisatorischen Veränderungsprozessen angesehen werden. In Umbruchsituationen gibt es ein Gefühl von Sicherheit durch einen gemeinsamen Grundkonsens [18]. Leitbilder sind daher ein wichtiges Instrument bei der Umgestaltung von Unternehmenskulturen. Es ist offensichtlich, dass »Leitbilder [...] unternehmensspezifisch ausgeprägte Instrumente der Unternehmensführung sind. Sie können daher weder aus der Literatur beziehungsweise von anderen Unternehmen kopiert werden, noch können für deren Erarbeitung Rezepte angegeben werden, die [...] zum gewünschten Erfolg führen« [45, S. 9]. Ein Leitbild muss darüber hinaus ständig fortgeschrieben werden, damit es «nicht von der soziokulturellen Entwicklung überrollt wird und seine richtungweisende Funktion verliert« [35, S. 187].

Humble et al. [31, S. 28] stellen fest, dass »international business leaders recognize that defining and implementing the right corporate values is a top priority for them and a vital influence on the success of their organization«. Sie weisen weiter darauf hin, dass »Successful companies are able to adapt to new circumstances and challenges. Sometimes by retaining their fundamental values but modifying the emphasis and methods of implementation. Sometimes by introducing totally new values« [31, S. 39f].

Unternehmenskulturen als institutioneller Rahmen für Altersheterogenität

Die soziale Integration auf Basis eines multikulturellen Leitbildes und einer entsprechenden Unternehmenskultur hat für (älter werdende) Mitarbeiter zusammengefasst drei verschiedene Aspekte.

1) Zum einen hat der Umstand, dass ein älterer Mitarbeiter eine Beschäftigung in einem Unternehmen hat und nicht in den Vorruhestand geschickt wird, an sich schon eine sozial integrierende Funktion. Denn dieser Mitarbeiter fühlt Anerkennung innerhalb des gesellschaftlichen Systems und innerhalb der Organisation. »Having a job will give someone a sense of identity and partization, irrespective of the degree of disability or impairment.« [12, S. 367]
2) Ein weiterer Aspekt ist die Einbindung in das strukturelle System der Organisation mit Aufgaben und Verantwortlichkeiten.
3) Und der dritte Punkt ist die Einbindung in so genannte informelle Netzwerke.

Insbesondere für ältere Mitarbeiter ist die Integration in ein soziales, strukturelles Netzwerk von großer Bedeutung. Denn eine Einbindung allein in ein informelles Netzwerk reicht nicht aus. In der Regel entstehen enge kollegiale Beziehungen zu ähnlichen Kollegen, das heißt zu Kollegen, die zur eigenen Generation gehören. Aber gerade diese Mitarbeiter verlassen nach und nach die Unternehmung, wegen Wegzug, Ruhestand oder Tod. Dieser Vorgang kann tendenziell zur

Vereinsamung und Isolierung einzelner älterer Mitarbeiter führen. Um diesen emotionalen Verlust aufzufangen, ist eine Einbindung in multikulturelle Gruppen mit Mitgliedern unterschiedlichen Alters notwendig [55, S. 241]. Dabei ist zu beachten, dass grundsätzlich die Teamfähigkeit bei älteren Mitarbeitern in etwa gleich ausgeprägt ist wie bei jüngeren Mitarbeitern, allerdings scheint die »Funktionsfähigkeit und das Wachsen des sozialen Netzwerkes bei Frauen stärker ausgeprägt zu sein als bei Männern« [36, S. 5].

Bei der Betrachtung der Integrationsfunktion der Unternehmenskultur für älter werdende Beschäftigte gilt es, grundsätzliche gruppentheoretische Zusammenhänge zu beachten, damit die Leistungsfähigkeit bei zunehmender Heterogenität gewährleistet werden kann. Dabei wird unter Unternehmenskultur »ein verhaltenssteuerndes Wert-, Wissens- und Normensystem, welches von den Führungskräften mit dem Ziel der internen Integration und externen Anpassung entwickelt worden ist, verstanden. Dieses System wird den Mitarbeitern zum einen in organisationalen Sozialisations- und Lernprozessen vermittelt, zum anderen aber auch von deren Entscheidungen und Verhalten geprägt. Unternehmenskultur ist als Funktionsschema für das Sozialsystem Unternehmung zu verstehen« [65, S. 67].

In diesem Kulturverständnis wird die besondere Bedeutung der Führung und des organisationalen Lernens bei der Kulturgestaltung und Vermittlung deutlich. Durch das Element des Lernens wird hervorgehoben, dass eine Modifikation der individuellen, kulturellen Wertesysteme eintreten kann. Der Mensch wird durch die kulturellen Wahrnehmungs-, Denk-, und Verhaltensmuster der (Unternehmens-) Kultur in seinem Verhalten geprägt [65].

Unternehmenskultur zur Überwindung von Kommunikationsbarrieren

Auch wenn die bisherigen Ausführungen über das Diversity Management auf eine soziale und ökonomische Vorteilhaftigkeit hinweisen, ist eine kritische Betrachtung des Verhältnisses zwischen Heterogenität und Gruppenleistung erforderlich. Denn eine unzureichend betreute Vielfalt in Gruppen kann den Gruppenerfolg negativ beeinflussen.

Die Forschung über die Auswirkungen von (Alters-)Vielfalt in Teams und kleinen Gruppen zeigt sowohl negative als auch positive Auswirkungen von Heterogenität auf. Die empirische Literatur bestätigt nicht uneingeschränkt, dass vielfältige Teams, Gruppen oder Organisationseinheiten bessere Leistung bringen, sich dem Unternehmen verpflichteter fühlen oder über eine höhere Arbeitszufriedenheit verfügen [37].

Informations- und Entscheidungstheorien gehen von positiven Wirkungen heterogener Gruppen aus [1; 63]. Demgegenüber wird sowohl in den Theorien der sozialen Kategorisierung als auch in den Ausführungen zur Attraktionstheorie eher von negativen Auswirkungen der Vielfalt auf die Gruppenleistung ausgegangen [67]. Empirisch lässt sich dies als generelle Aussage aber nicht stützen [52; 6]. Nach Lorsch und Morse [42] erbringt die Heterogenität der Perspektiven einen Kreativitätsvorteil, verursacht aber gleichzeitig Kommunikationshindernisse. Gebert [27] beschreibt in diesem Zusammenhang durch soziale Kategorisierungsprozesse verursachte Beziehungs-, Ziel- und Wertkonflikte, die zu Kommunikations- und Kooperationsbarrieren zwischen älteren und jüngeren Mitarbeitern in Gruppen führen können. Diese Barrieren schränken die innovative Wirkung diverser Gruppen und Teams ein; verstärkt werden sie von individuell unterschiedlich ausgeprägten Wahrnehmungsfiltern. Diese Filter erfordern dezidierte Rückkoppelungsprozesse zwischen den Kommunikationspartner (Abb. 2).

Abb. 2: *Wahrnehmungsfilter im Kommunikationsprozess (in Anlehnung an [24])*

Letztendlich zeigt sich bei der erfolgreichen Umsetzung des Tagesgeschäftes, ob das von oben strategisch angestoßene Managementziel der Integration der verschiedenen Altersgruppen mit möglichst niedrigen Verlusten zum Beispiel in Form von Konflikten erreicht werden kann.

Die Gruppe muss trotz Heterogenität ein integriertes Ganzes sein, dies erreicht man beispielsweise durch eine adäquate Rollenstruktur, einen integrierend wirkenden Gruppenführer und gute Kommunikationsfähigkeiten der Gruppenmitglieder.

Nach Belbin [3] kann jedes Gruppen- oder Teammitglied über das Einbringen seiner Fachkenntnisse hinaus eine Funktion und zusätzlich eine Teamrolle übernehmen. Gelingt es dabei, die fünf wichtigsten der verschiedenen Teamrollen (Produzent, Resourcen-Ermittler, Koordinator, Gestalter und Implementierer) zu besetzen, ergänzen sich die Gruppenmitglieder in optimaler Weise und kompensieren gegenseitig eventuelle Schwächen einzelner Mitglieder [62; 66]. Dies kann eine Möglichkeit sein, mögliche negative Folgen der Heterogenität zu reduzieren. Der Gruppenzusammenhalt wird durch gemeinsame Werte und Grundeinstellungen erhöht, das heißt also eine gemeinsame Basis und ein gewisses Maß an einheitlichem Handeln sind wichtig für die Effektivität in Gruppen. Sowohl die Rollendifferenzierung als auch die gemeinsame Wertebasis sind entscheidende Merkmale von erfolgreichen Gruppen mit niedrigem Konfliktniveau.

Parallel ist die Vermittlung eindeutiger Kommunikationsregeln erforderlich. Kommunikationen dürfen nicht als »Gewinner-Verlierer-Konstellationen« [66, S. 420], sondern als »verständigungsorientiertes Austauschen von Argumenten« geführt werden. Eine verständigungsorientierte Kommunikation reduziert darüber hinaus die Gefahr, dass Sachkonflikte in Beziehungskonflikte übergehen. Insgesamt kann festgehalten werden, dass es mit Hilfe geeigneter Führungs- und Kommunikationsstrukturen, die auf die Entkoppelung möglicher Sach-, Ziel-, Wert- und Beziehungskonflikte fokussiert sind, auf der Gruppenebene möglich ist, den Kreativitäts- und Problemlösungsvorteil der Vielfalt zu nutzen. Letztendlich gilt es, durch die Vorbildfunktion der Führung und die Lenkung der Teamarbeit an sich, ein »gemeinsames Werte- und Normensystem in der Gruppe zu schaffen, das von allen Mitgliedern akzeptiert und gelebt wird« [24, S. 181], um die Vorteile der Vielfalt in Form ökonomischer Vorteile nutzen zu können.

Unternehmenskultur zur Vermeidung sozialer Kategorisierungsprozesse

Eine gering empfundene Ähnlichkeit zwischen Gruppenmitgliedern erschwert die Entwicklung einer gemeinsamen Identität und unterstützt soziale Kategorisierungsprozesse. Stereotypisierungen sowie Ingroup- und Outgroup-Aufsplittungen in Teams lösen Konflikte aus und behindern die Kommunikation. Die Folgen bei den Mitarbeitern reichen von Leistungsabfall, sinkender Motivation bis hin zu Kündigungen. Letzteres trifft vor allem auf Angehörige von Minoritäten zu [67].

Das Erzielen einer gemeinsamen sozialen Identität ist eng mit der Stützung gemeinsamer strategischer Oberziele verbunden. Konkret ist hiermit gemeint, »als Ingroup-Kriterium die Zugehörigkeit zu der [...] übergeordneten Organisationseinheit zu entwickeln und zu verankern« [27, S. 423]. Voraussetzung für derartige »Re-Kategorisierungen« ist eine hohe Aufgaben- und Ergebnisinterdependenz und eine symbolische Betonung der gemeinsamen sozialen Identität, zum Beispiel durch Corporate Identity Bemühungen und das Anstreben einer gemeinsamen Unternehmenskultur.

Insbesondere bei einer hohen demografischen, sichtbaren Vielfalt aufgrund einer großen Altersheterogenität ist die Erzielung einer gemeinsamen sozialen Identität von großer Bedeutung. Denn negative Stereotypisierungen und entsprechende Kommunikationsbarrieren haben sich in Teams mit vielen sichtbaren Unterschieden vor allem zu Beginn der Teamarbeit als problematisch erwiesen [27; 19].

Das Ermöglichen einer personalen Identität ist gleichbedeutend mit der positiven Bewertung von Unähnlichkeit. Eine große Gefahr von Stereotypisierungen und sozialen Kategorisierungen besteht in der Fehleinschätzung der Individualität und damit der Fähigkeiten der einzelnen Gruppenmitglieder. Fremd- und Eigenwahrnehmung stimmen nicht überein. Bei fehlender interpersonaler Kongruenz kann der einzelne nicht seinen Kompetenzen entsprechend die Erreichung des Gruppenziels mitgestalten. Nach den Ergebnissen von Chatman et al. [13] ist die Gruppenkreativität in stark heterogenen Teams niedriger als bei geringer demografischer Diversity, wenn es nicht gelingt, interpersonale Kongruenz herzustellen. Eine »unabgepufferte hohe demografische Diversität (gefährdet) den kreativitätsbezogenen Teamerfolg [...]« [27, S. 424].

Zusammenfassend kann festgehalten werden, dass es nahezu unmöglich ist, altersgerechte Unternehmenskulturen zu »machen«, sondern sie sind nur in langsamen Prozessen zu »kultivieren« [69, S. 168]; denn die Erfolgsaussichten einer gewaltsamen Kulturöffnung sind gering. Conrad und Sydow gehen davon aus, dass sich die Diskussion über die Möglichkeit oder Unmöglichkeit einer gezielten Gestaltung der Unternehmenskultur in »der Formel eines kulturbewussten Managements auflösen wird« [14, S. 95]. Im Rahmen einer Kulturmodifikation kommt somit insbesondere der Führung eine Schlüsselrolle zu [15; 41; 61]. »Unquestionably, culture within the corporation is difficult to pin down, nearly impossible to quantify or measure, and remarkably resistant to change. However, the culture can be positively influenced by consistent, thoughtful managerial action« [64, S. 17]. Welche Rolle die Führungskraft dabei spielt, hängt vom jeweiligen Führungs- und Organisationsverständnis ab.

Führung als wichtiger Gestaltungsfaktor einer alternsgerechten Unternehmenskultur

Eine einheitliche, allgemein anerkannte Begriffsbelegung für Führung liegt nicht vor. Was zum einen an der Komplexität des Phänomens an sich und zum anderen an der Abhängigkeit der Begriffsbelegung vom jeweiligen Kulturraum liegt. Eine sehr umfangreiche Übersicht über vorliegende Führungsdefinitionen ist bei Neuberger [47] zu finden. Sehr häufig anzutreffen sind in den Definitionen die Konstrukte Einflussbeziehung, Verhaltenssteuerung, Kommunikation, Interaktion, Prozess, Rolle, Zielorientierung, Handeln und Motivation. Beispielsweise versteht Steinle [60, S. 27] unter Führung einen »systematisch-strukturierten Einflussprozess der Realisation intendierter Leistungsergebnisse; Führung ist damit im Kern zielorientierte und zukunftbezogene Handlungslenkung, wobei diese Lenkung sich auf Leistung und Zufriedenheit richtet«. Wunderer und Grunwald [70, S. 62, Bd. I] beschreiben Führung als »zielorientierte soziale Einflussnahme zur Erfüllung gemeinsamer Aufgaben in und mit einer strukturierten Arbeitssituation«. Unter Berücksichtigung der individuellen Vielfalt älter werdender Beschäftigter kann unter Führung ein »sozialer, interaktiver, zukunftsgerichteter Einflussprozess, mit dem Ziel, über Einstellungs- und Verhaltensbeeinflussung einen kulturellen Raum zu gestalten und zu schützen, in dem die ergebnisorientierte Erfüllung gemeinsamer Aufgaben unter der Einbeziehung individueller Fähigkeiten möglich wird« [65, S. 93].

Leitbilder »und Führungsgrundsätze sind somit verbindendes formales Glied der Kette Unternehmensphilosophie, Unternehmenspolitik und Unternehmenskultur« [30, S. 169]. Die Führung übernimmt eine Moderationsrolle zwischen Leitbild und Kultur [30]. Zwischen Kultur und Führung besteht eine wechselseitige Beziehung. Zum einen entsteht Kultur durch Führung, andererseits ist Führung ein Teil der Unternehmenskultur und wird auch durch diese beeinflusst [15; 56; 57]. Eine vorrangige Aufgabe des Managements auf der normativen Ebene ist nicht nur die Formulierung der Basisannahmen oder Grundwerte, die meist in der Form von Leitbildern für Mitarbeiter und Kunden publiziert werden, sondern auch das eindeutige Bekenntnis zu diesen.

Die bisherigen Ausführungen über die Funktionen der Unternehmenskultur hinsichtlich Integration, Überwindung von Kommunikationsbarrieren und Vermeidung von sozialen Kategorisierungen weisen indirekt auf die exponierte Stellung der Führungskräfte in einem Kulturgestaltungsprozess hin. Eine ebenso herausragende Rolle kommt den Führungskräften bei der Implementierung des Leitbildes und Umsetzung desselben in gelebte Unternehmenskultur zu.

Bildung, Erhaltung und Fortentwicklung der Unternehmenskulturen sind zentrale Aufgabe der Führungskräfte auf allen Ebenen [15]. Unternehmenskulturen leben durch das konsequente Vorleben der Führungskräfte [23]. »Der Führung kommt bei der Entstehung einer Unternehmenskultur eine außerordentlich prägende Rolle zu. [...] Kulturen werden durch Vorleben der Führung für alle sichtbar [...]. Jedem Verhaltensakt kommt eine symbolische Bedeutung zu, die von den Mitarbeitern aufmerksam auf ihre Übereinstimmung mit in Leitlinien schriftlich deklarierten Grundsätzen hin überprüft wird.« [9, S. 186]. Das unmittelbare persönliche Vorleben der Werte und Verhaltensmuster spielt bei einer Kulturmodifikation eine wesentliche Rolle. Peters und Waterman [50] gehen sogar davon aus, dass der Aufbau eines klaren Wertesystems eine der größten Leistungen ist, die eine Führungspersönlichkeit überhaupt vollbringen kann. Vom Management wird im Rahmen der Veränderungsprozesse eine Neuausrichtung aller personalpolitischen Instrumente konform zur angestrebten Kultur erwartet. Hieraus ergeben sich neue Ansprüche an die Führungskräfte.

Neue Anforderungen an Führungskonzepte

Von den Führungskräften wird im Zusammenhang mit einer Kulturveränderung häufig ein Paradigmenwechsel verlangt [51]. Die Führung bewegt sich zwischen der Generalisierung und der Individualisierung der personalpolitischen Strategien. Im Rahmen der Generalisierung werden entsprechend dem Grundsatz der Gleichbehandlung beziehungsweise -stellung ähnliche Bedingungen für alle Mitarbeiter angestrebt. Differenzierung bedeutet in diesem Zusammenhang die Wahrnehmung und Berücksichtigung der Bedürfnisse von verschiedenen, in sich aber homogenen Beschäftigtengruppen. Eine Individualisierung der Führung sowie der Personalpolitik strebt die Ausrichtung sämtlicher Maßnahmen an den speziellen, individuell oft stark verschiedenen Bedürfnissen der einzelnen Mitarbeiter an [11]. In Abbildung 3 werden die verschiedenen Ansätze des oben erwähnten Diversity Managements aufgeführt, das jeweils zugrunde liegende Menschenbild, Organisationsform und Führungskonzept.

Ansätze	Resistenzperspektive	Fairness- & Diskriminierungsperspektive	Marktzutrittsperspektive	Lern- & Effektivitätsperspektive
Menschenbild	homogenes Ideal		Vielfalt	
Organisationsform	Hierarchische monokulturelle Organisation		flache multikulturelle Organisation	
Führungskonzept	Generalisierung	Differenzierung		Individualisierung

Abb. 3: *Kontinuum der Führungskonzepte ([65] in Anlehnung an [11])*

Die neuen Erwartungen an Führungskräfte und -konzepte zeigen sich in den Erfahrungen der letzten Zeit: Klassische, orientierte Führungskonzepte scheinen den aus Globalisierung und Wettbewerb erwachsenden hohen Anforderungen nicht mehr gerecht zu werden.

Die veränderten Wertestrukturen der Mitarbeiter bedingen neue Organisations- und Führungsverständnisse. Notwendig ist ein Managementverhalten zur Steigerung von Selbstwertgefühl und Wertschätzung, um ein Mehr an Kreativität und Innovation zu erhalten [48]. Dementsprechend gilt es, Führungskonzepte zu entwickeln, die den neuen Herausforderungen gerecht werden, um langfristig die Einsatzbereitschaft und Motivation der Beschäftigten zu sichern [23].

Eine Längsschnittstudie von Illmarinen und Tempel [32] zeigt einen signifikanten Zusammenhang zwischen dem Führungsverhalten und der Verbesserung der Arbeitsfähigkeit von Mitarbeitern zwischen dem 51. und 62. Lebensjahr.

Der Umgang mit beziehungsweise das Managen der Diversity und Gestalten einer dementsprechenden Diversity-gerechten Unternehmenskultur erfordern einen Paradigmenwechsel, weg von einem technokratischen hin zu einem Mitarbeiter-orientierten Führungsverständnis. Die Führungskraft muss den Mitarbeiter mit seiner sozialen Komplexität und innovativen Differenziertheit wahrnehmen. Das bedeutet, den demografischen, organisationsspezifischen, kognitiven sowie affektiven Merkmalen und denen der formellen, individuellen Expertise Rechnung zu tragen und die entsprechenden Potenziale zu fördern.

Der einzelne Mitarbeiter wird als kreativer, innovativer Entwicklungsträger angesehen und in die Entscheidungsprozesse einbezogen. Darüber hinaus muss die Führungskraft über Moderationsfähigkeit sowie ein hohes Maß an Kulturorientierung und -sensibilität verfügen. Sie muss Werte vorleben, um Verhalten und Einstellungen langfristig zu verändern.

Mit dieser Sichtweise sind auch Anforderungen an die Mitarbeiter verbunden: Sie übernehmen umfangreiche Verantwortung, zum einen hinsichtlich der Ausübung ihrer Tätigkeit und zum anderen bezüglich der Entwicklung ihrer Fähigkeiten und Potenziale. Letzteres ist vor allem vor dem Hintergrund der flexiblen, dynamischen unternehmensinternen und -externen Strukturen und der damit einhergehenden Veränderung der Qualifikationsprofile relevant.

Einige dieser beschriebenen Aspekte finden sich im kooperativ-delegativen Führungskonzept von Wunderer [69] wieder, in dem die zentralen Führungsfunktionen durch drei »F« symbolisiert werden können: Fordern, Fördern und Feedback geben.

Anzustreben ist aus der Diversity-Perspektive ein kooperativ-delegatives Konzept, welches den pluralistischen Wertvorstellungen der Mitarbeiter unterschiedlichen Alters gerecht werden kann. Diesem Führungsverständnis folgend, übernimmt die Führungskraft bei einer Kulturanpassung oder Neuausrichtung die Rolle eines »Herausgebers«. Die Führungskräfte konzentrieren sich auf die Formulierung der Mission, der Basis- beziehungsweise Grundannahmen und die Umsetzung in konkrete Wertorientierungen. Die Mitarbeiter übernehmen im »fachlich-professionellen (operativen) Bereich die zentrale Rolle für die inhaltliche Gestaltung« [69, S. 172]. An dieser Rollenzuweisung wird deutlich, dass im Rahmen dieser Prozesse »die Rolle unterschiedlicher Führungsinstrumente und der Ebenen der Unternehmensführung erkannt und nutzbar gemacht werden müssen« [15, S. 561]. Die oberste Führungsebene oder die Unternehmensleitung hat die Aufgabe, die Umwelt zu beobachten und zu analysieren, um gegebenenfalls eine Diskussion über eine Korrektur der (normativ vorgegebenen) Werte- und Verhaltensmuster einleiten zu können. »Führung hat damit explizit das zur Aufgabe, was sie schon immer intuitiv getan hat, nämlich einen starken und weitgehend geteilten Konsens über Grundwerte zu schaffen, diese aber nicht auf ewig festzuschreiben, sondern an die Veränderung im Umfeld des Unternehmens anzupassen« [15, S. 561]. Voraussetzung sind organisationale, strukturelle Bedingungen, die gegebenenfalls eine Überarbeitung im Sinne einer strategischen Kurskorrektur zulassen und Führungskräfte, die in der Lage sind, die normativ vorgegebenen Werte in den operativen Bereichen umzusetzen [43].

Zusammengefasst sind die wichtigsten Handlungsfelder einer an der Vielfalt der (älter werdenden Beschäftigten) orientierten Führung der Aufbau und die Pflege eines effektiven Kommunikationssystems, die Einstellung, die Motivation und die Erhaltung der Leistungsfähigkeit der Beschäftigten ([2] zitiert nach [68]). Diese hergeleiteten Einflussbereiche, die der systemischen Perspektive entsprechen, können als die relevanten Handlungsfelder der Führung im Rahmen eines erfolgreichen Diversity Managements bezeichnet werden:

- ⇨ Ein effektives Informations- und Kommunikationssystem, das alle Mitarbeiter erreicht, unabhängig von ihrer Diversität.
- ⇨ Einstellung von Mitarbeitern unter Berücksichtigung aller diversen Fähigkeiten, unabhängig von sozialen Kategorisierungen und Zuschreibungen.
- ⇨ Erhalt, Nutzung und Entwicklung der individuellen Kompetenzen und Fähigkeiten der Mitarbeiter.
- ⇨ Motivation durch entsprechende Gestaltung vielfaltberücksichtigender Zielbildungsprozesse und sozialer Interaktionen.

Zusammenfassende Handlungsempfehlungen

Positive Effekte heterogener Teams können genutzt werden, wenn adäquate Instrumente für den Umgang mit dieser Vielfalt in den Unternehmen vorhanden sind. Voraussetzung für den Einsatz derartiger Instrumente ist neben einer exakten Analyse der Ausgangssituation die Auseinandersetzung mit den relevanten Kosten, die durch die Nichtberücksichtigung der Vielfalt entstehen können. Ein alleiniges Bekenntnis zu einer Berücksichtigung der Altersheterogenität im Unternehmensleitbild reicht nicht aus, um einen strategisch orientierten Maßnahmenkatalog umzusetzen. Eine vergleichsweise intensive sowie offensive Umsetzung von Integrationsmaßnahmen für älter werdende Beschäftigte muss im Hinblick auf die Unternehmenstätigkeit und die vorhandene Personalstruktur bedarfsgerecht sein, das heißt ein systematischer Zusammenhang zwischen der Heterogenität der Personalstrukturen und der Intensität der Aktionen muss erkennbar sein.

Neben dem kalendarischen Alter müssen weitere Merkmale wie das Geschlecht, die ethnische Herkunft und das Aussehen als auch zum Beispiel die unterschiedlichen Wertvorstellungen berücksichtigt werden.

Führungskräfte müssen dahingehend befähigt werden, Konflikte auf eine Sachebene zu transformieren und Chancen beispielsweise in Form des Erfahrungswissens älterer Mitarbeiter zu nutzen und sich nicht vorrangig auf die Abwehr von Risiken zu konzentrieren. Das bedeutet, die strukturellen und technologischen Rahmenbedingungen für eine optimale Gruppengröße und damit indirekt für das Ausmaß der interindividuellen Kommunikation zu schaffen. Um gute Gruppenergebnisse zu erzielen, ist es sinnvoll, zum einen die Kohäsion und die Entwicklung von Gruppennormen zu fördern und eine Abstimmung der individuellen mit den Organisationszielen zu erreichen, zum anderen gilt es dabei, den Konformitätsdruck weitestgehend zu reduzieren. Grundlage beziehungsweise notwendige Voraussetzung hierfür ist eine entsprechende Unternehmenskultur, in der die Vielfalt als ein Wert an sich geschätzt wird.

Eine gegebenenfalls erforderliche Kulturtransformation muss durch eine Leitbildentwicklung oder -überarbeitung initiiert werden. Der Erfolg wird maßgeblich von der Vorgehensweise bei der Leitbildentwicklung und Implementierung bestimmt. Die Akzeptanz eines neuen oder modifizierten Leitbildes kann nur durch das tatsächliche leitbildkonforme Handeln im Unternehmen erhöht werden.

Traditionelle, in den Unternehmen etablierte Führungskonzepte werden den neuen Anforderungen nur unzureichend gerecht und müssen daher unter Berücksichtigung kooperativ-delegativer Elemente überarbeitet werden. Die neuen Führungskonzepte müssen in der Praxis den pluralistischen Wertvorstellungen der Mitarbeiter gerecht werden können. Dies setzt eine Sensibilisierung der Führungskräfte für die Themenstellungen Leitbild, Diversity und Kulturtransformation voraus. Die Führungskräfte müssen befähigt werden, die Grundwerte des Leitbildes in gelebte Kultur zu überführen und ein Verständnis für die (ökonomischen) Vorteile der Diversity zu entwickeln. Darüber hinaus gilt es, für den Umgang mit der Vielfalt, die unter Umständen erforderlichen, oben beschriebenen Konfliktlösungsstrategien zu erlernen. Führungskräfte müssen in die Lage versetzt werden, die Kompetenzen ihrer vielfältigen Mitarbeiter zu entdecken, zu fördern und im Sinne der Unternehmensziele einzusetzen. Hierfür sind ein hohes Maß an kommunikativen Fähigkeiten und die Kenntnis vielfaltsbedingter Wahrnehmungsfilter erforderlich.

Sinnvoll sind beispielsweise die Überarbeitung und Erweiterung der Aufgaben und Funktionen des Human-Ressourcen-Managements. Alle Instrumente, insbesondere die individuelle Karriereplanung, die Personalentwicklung, Mentoring-Programme, Recruitingprozesse, Vergütungssysteme, Trainings- und Awarenesskonzepte sowie Maßnahmen zur Vereinbarkeit von Beruf und Privatleben müssen vor dem Hintergrund des demografischen Wandels in den Unternehmen überprüft und gegebenenfalls modifiziert werden. Durch entsprechende Qualifizierungs- und Weiterbildungsprogramme muss die individuelle Personalentwicklung intensiviert werden. Dabei ist es wichtig, den Mitarbeitern eine Teilverantwortung für die Entwicklung ihrer Potenziale zu übertragen.

Um den Nutzen der integrativen Maßnahmen zu erfassen, werden das Einschätzen der Ergebnisse und die Messung des Fortschritts wichtige Elemente einer derartigen Kulturgestaltungsinitiative sein. Vor diesem Hintergrund müssen auch die Tätigkeiten der Verantwortlichen evaluiert und die Umsetzung der Diversity-Aktivitäten Gegenstand in den Mitarbeiterbeurteilungen werden. Der Kosten-Nutzen-Aspekt muss durch den Einsatz quantitativer Indikatoren in Ist-Analysen und Längsschnittstudien transparent werden, da die ökonomische Vorteilhaftigkeit integrativer Maßnahmen nicht direkt und kurzfristig erfassbar ist. Das Ausmaß der Zielerreichung kann kontinuierlich über Indikatoren für eine vielfalts- beziehungsweise Diversity-gerechte Unternehmenskultur abgeglichen werden [65].

Die Maßnahmen, die hinsichtlich der Integration älter werdender Mitarbeiter und zur Nutzung deren individueller Potenziale ergriffen werden, können in Anlehnung an Watrinet [65] wie folgt zusammengefasst werden.

Voraussetzung ist zunächst die Durchführung einer Ist-Analyse der Ausgangssituation hinsichtlich der Leitbildinhalte- und deren Wirkung, der gelebten Kultur, der relevanten Alterskategorien und Vielfaltsmerkmale. Darauf aufbauend gilt es, konkrete Ziele hinsichtlich des angestrebten Umgangs mit der Altersheterogenität zu definieren und eine Abgleichung der geplanten Sollvorstellung mit dem ermittelten Ist-Zustand vorzunehmen. Bei einer zu großen Soll-Ist-Diskrepanz sind die anvisierten Ziele eventuell zu überarbeiten und gegebenenfalls eine Leitbildüberarbeitung zu initiieren. Anschließend ist das konkrete Problemverhalten bezüglich des Umgangs mit der Altersheterogenität sowie der strategisch orientierten Werthaltungen unter Berücksichtigung der im Leitbild angestrebten institutionellen Ordnung und Einbeziehung der bereichsübergreifenden Kommunikation sowie der strategisch-strukturellen Führung zu entwickeln. Es muss eine strategische Abstimmung der Einzelmaßnahmen vorgenommen werden und eine Überprüfung und eventuelle Modifikation vorhandener personalpolitischer Instrumente durchgeführt werden. Die Befähigung der Führungskräfte zur Umsetzung der definierten Maßnahmen und zur Gestaltung einer alternsgerechten Unternehmenskultur sind zu fördern. Darüber hinaus ist die Befähigung der Mitarbeiter zur Entwicklung ihrer Potenziale (unter anderem Übernahme von Verantwortung) zu planen.

Letztendlich gilt es, die konkrete Umsetzung der angestrebten Handlungsmuster im Tagesgeschäft umzusetzen. Dieser Prozess kann nur erfolgreich sein, wenn es gelingt, die Gestaltung der interaktiv-personalen Führung mit einer bewussten Dialogorientierung zur Verbesserung der Qualität der sozialen Interaktionen und der wahrgenommenen Unternehmenskultur zu verwirklichen. Dabei ist es sinnvoll, eine kontinuierliche Überprüfung des Forschritts der Gestaltung der alternsgerechten Unternehmenskultur mittels geeigneter Indikatoren vorzunehmen.

Literatur

[1] ANCONA, D.G.; CALDWELL, D. *Demography and Design: Predictors of new product team performance*. Organization Science, 3, 321-341 (1992)

[2] BARNARD, CH. J. *The Functions of the Executive Harvard Business Press, Cambridge MA, 1938*

[3]   BELBIN, R.M. *Management Teams - Why They Succeed or Fail*. Butterworth-Heinemann, Oxford, 1981

[4]   BERGLER, R. *Welche Bedeutung hat die wachsende Distanz zwischen Führendem und Geführten für die Willensbildung im Unternehmen? In: Die Bedeutung gesellschaftli-cher Veränderungen für die Willensbildung im Unternehmen*. Schriften des Vereins für Sozailpolitik, Gesellschaft für Wirtschafts- und Sozialwissenschaften. Duncker und Humblot, Berlin, 1976

[5]   BERNET, B. *Das Unternehmensleitbild als Führungsinstrument*. Managementzeitschrift io, 51, 3, 137-132 (1982)

[6]   BHAWNK, D.P.S.; PODSIADLOWSKI, A.; GRAF, J.; TRIANDIS, H.C. *Corporate strategies for managing diversity in the global workplace. In: Ferries, G.R.; Buckley, M.R.; Fedor, B.D. (eds.), Human resource management: Perspectives, context, functions and out-comes*. Prentice-Hall, Englewood Cliffs, NJ, 112-145, 2002

[7]   BISSELS, S.; SACKMANN, S.; BISSELS, T. *Kulturelle Vielfalt in Organisationen-Ein blinder Fleck muss sehen lernen*. Soziale Welt, 52, 403-426, 2001

[8]   BLEICHER, K. *Normatives Management – Politik, Verfassung und Philosophie des Unternehmens*. Campus, Frankfurt, New York, 1994

[9]   BLEICHER, K. *Das Konzept Integriertes Management*. Campus, Frankfurt, New York, 1996

[10] BÖTTCHER, T. *Unternehmensvitalisierung durch leitbildorientiertes Change Management*. Rainer Hampp, München, Mehring, 2002

[11] BRAEDEL-KÜHNER, C. *Individualisierte, alternsgerechte Führung*. Peter Lang, Frankfurt am Main, Berlin, Bern, Bruxelles, New York, Oxford, Wien, 2005

[12] BRZOKOUPIL, K. *Aged and disabled employees – successful business and rehabilitation: experiences from Samhall AB. In: Snel, J. & Cremer, R. (eds.): Work and Aging, A European Perspective*. Taylor & Francis, Salisbury, 365-381, 1994

[13] CHATMAN, J.A.; POLZER, J.T.; BARSADE, S.G.; NEALE, M.A. *Beeing different yet feeling similar: the influence of demographic composition and organizational culture on work processes and outcomes*. Administrative Science Quarterly, 43. Jg., 749-780, (1998)

[14] CONRAD, P.; SYDOW, J. *Organisationskultur, Organisationsklima und Involvement. In: Dülfer. E. (Hrsg.): Organisationskultur, Phänomen – Philosophie – Technologie*. Poeschel, Stuttgart, 93-110, 1981

[15] DIERKES, M. *Unternehmenskultur und Unternehmensführung – Konzeptionelle Ansätze und gesicherte Erkenntnisse*. Zeitschrift für Betriebswirtschaft, 58. Jg., 1988, Nr. 5 und 6, 554-575, (1988)

[16] DIERKES, M.; HÄHNER,K. *Sozio-ökonomischer Wandel und Unternehmensleitbilder. Ein Beitrag zur Untersuchung der Wahrnehmungsprozesse und Reaktionsweisen von Unternehmen auf Umfeldanforderungen. In: B. Strümpel, M. Dierkes (Hrsg.), Innovation und Beharrung in der Arbeitspolitik*, Schäffer-Poeschel, Stuttgart 1993, 277-309

[17] DIERKES, M.; HÄHNER, K.; BERTHOIN ANTAL, A. *Das Unternehmen und sein Umfeld: Wahrnehmungsprozesse und Unternehmenskultur am Beispiel eines Chemiekonzerns*. Campus Verlag, Frankfurt, New York, 1997

[18] DIESCHBURG, B.; MAINTZ, M. *Das Leitbild als Ariadnefaden im Wandel. In Personalführung 9, 28-34, (2000)*

[19] EARLY, PC; MOSAKOWSKI, E. *Creating Hybrid Team Cultures: An Empirical Test of Transnational Team Functioning. Academy of Management Journal, Vol. 43 No. 1, 26-40. (2000)*

[20] ELMERICH, K. *Personenbezogene Wahrnehmung des Diversity Managements. In: P. Knauth (Hrsg.) Arbeitswissenschaft in der betrieblichen Praxis. Peter Lang, Frankfurt am Main, 2007*

[21] ELMERICH, K.; WATRINET, CH. *Diversity Management und Unternehmensleitbilder - Handlungsfelder für die Praxis. In: Vedder, G. (Hrsg.), Diversity-orientiertes Personalmanagement. Band 6 der Trierer Beiträge zum Diversity Management. Rainer Hampp, München, Mehring, 77-159, 2006*

[22] EMMERICH, A.; KRELL, G. *Diversity Trainings: Verbesserung der Zusammenarbeit und Führung einer vielfältigen Belegschaft. In G. Krell (Hrsg.), Chancengleichheit durch Personalpolitik – Gleichstellung von Frauen und Männern in Unternehmungen und Verwaltungen – Rechtliche Regelungen – Problemanalysen – Lösungen*, 3. Auflage, Gabler, Wiesbaden, 59 – 75, 2001

[23] FEHLAU, E.G. *Moderne Unternehmensführung: Unternehmenskultur als Wettbewerbsvorteil. Gablers Magazin 3, 24-27, (1997)*

[24] FRANKEN, S. *Verhaltensorientierte Führung – Individuen, Gruppen, Organisationen*. Gabler, Wiesbaden, 2004

[25] GABELE, E. *Unternehmensgrundsätze. Ein Spiegelbild innerbetrieblicher und gesellschaftlicher Entwicklungen. ZO, 5, 245-252, (1981)*

[26] GABELE, E.; KRETSCHMER, H. *Unternehmensgrundsätze. Empirische Erhebungen und praktische Erfahrungsberichte zur Konzeption, Einrichtung und Wirkungsweise eines modernen Führungsinstrumentes*. Peter Lang, Frankfurt am Main, Bern, New York, 1986

[27] GEBERT, D. *Durch diversity zu mehr Teaminnovativität? – Ein vorläufiges Resümee der empirischen Forschung sowie Konsequenzen für das diversity Management. DBW, Band 64, 412-430 (2004)*

[28] GILBERT, J.A.; STEAD, B.A.; IVANCEVICH, J.M. *Diversity Management: A new orgaisational paradigm*. In: *Journal of Business Ethics 21, 61-76 (1999)*

[29] GLÜCKSBURG, K.; OCHSNER, M. *Unternehmenskultur, Image, Leitbild, Strategie*. io Management Zeitschrift, 58, 95-96, (1989)

[30] HOFFMANN, F. *Unternehmens- und Führungsgrundsätze. Ergebnisse einer empirischen Untersuchung*. In: ZfbF. Nr. 3, 1989, 167-185, (19989)

[31] HUMBLE, J.; JACKSON, D.; TOMSON, A. *The strategic power of corporate values*. In: Long Longe: Range Planning, 27. Jg., 1994, Heft 6, 28-42

[32] ILLMARINEN, J.; TEMPEL, J. *Arbeitsfähigkeit 2010. Im Auftrag des DGB-Bildungswerks*. VSA Verlag, 2002

[33] JÄGER, W.; SCHÜTTE, M.; TRAUT-MATTAUSCH, E. *Humankapital in der aktuellen (Geschäfts-) Berichterstattung am Beispiel der deutschen DAX-30-Unternehmen*. In: Dürndorfer, M.; Friedrichs, P. (Hrsg.), Human Kapital Leadership. Wettbewerbsvorteile für den Erfolg von morgen. Hamburg: Murmann, 287-300, 2004

[34] KIESER, A. *Moden und Mythen des Organisierens*. In: DBW 56, S. 21-39 (1996)

[35] KIPPES, S. *Der Leitbilderstellungsprozess. Weichenstellung für Erfolg oder Misserfolg von Unternehmensleitbildern*. In: Zfo, Nr. 3, S. 184-188 (1993)

[36] KNAUTH, P.; BRAEDEL-KÜHNER, C.; KARL, D. *Ältere Mitarbeiterinnen und Mitarbeiter: hilfreich oder hilfsbedürftig?* Universität Karlsruhe, 2002

[37] KOCHAN, T.; BEZRUKOVA, K.; ELY, R.; JACKSON, S.; JOSHI, A., JEHN; K., LEONARD; J., LEVINE; D-; THOMAS, D. *The effects of diversity on business performance: Report of the diversity research network*. URL: http//www.shrm.org/foundation/kochan_fulltext.pdf, [Stand: 13.12.2004], 2000

[38] KÖCHLING, A. *Betriebliche Altersstrukturen als Gestaltungsfeld der Zukunft*. In Rothkirch von, Ch. (Hrsg.), Altern und Arbeit, Herausforderung für Wirtschaft und Gesellschaft, Beiträge, Diskussionen und Ergebnisse eines Kongresses mit internationaler Beteiligung. Rainer Bohn, Berlin, 362-373, 2001

[39] KRELL, G. *Mono- oder multikulturelle Organisationen? Managing Diversity auf dem Prüfstand*. In: Industrielle Beziehungen, 3. Jg., Heft 4, 334-350 (1996)

[40] KRELL, G. *Chancengleichheit durch Personalpolitik: Von »Frauenförderung« zu »Diversity Management«*. In G. Krell (Hrsg.), Chancengleichheit durch Personalpolitik – Gleichstellung von Frauen und Männern in Unternehmungen und Verwaltungen – Rechtliche Regelungen – Problemanalysen – Lösungen, 3. Auflage, 17 – 37, Gabler, Wiesbaden, 2001

[41]   LORSCH, J.W. *Managing Culture: The invisible barrier of strategic change. In: California Management Review,* 28, 2, 95-109 (1986)

[42]   LORSCH, J. W.; JOHN MORSE *Organizations and Their Members: A Contingency Approach.* Harper and Row, New York, 1974

[43]   LYNN, I. *Culture, Key Events and Corporate Social Responsibility. In Research in Corporate Social Performance and policy,* Bd. 8; L. Preston, (Hrsg.) Grennwich, Connecticut, 1986

[44]   MALIK, F. *Große Aufgaben für das Personalmanagement. In: Das Wirtschaftsstudium,* Nr. 4, 400-402, 1999

[45]   MATJE, A. *Unternehmensleitbilder als Führungsinstrument: Komponenten einer erfolgreichen Unternehmensidentität.* Gabler, Wiesbaden, 1996

[46]   MENGES, U. *Ältere Mitarbeiter als betriebliches Erfolgspotential.* Bachem, Köln, 2000

[47]   NEUBERGER, O. *Führen und Führen lassen.* Lucius und Lucius, Stuttgart, 2002

[48]   OSTERHOLD, G. *Veränderungsmanagement – Wege zum langfristigen Unternehmenserfolg.* Gabler, Wiesbaden, 2002

[49]   OSTERMANN, R. *Der Wandel von Leitbildern bei Managementstrategien und personellen Potentialen. Konzeptionelle Ansätze im Vergleich.* Peter Lang, Frankfurt, Berlin, Bern, New York, Paris, Wien, 1996

[50]   PETERS, T.J.; WATERMAN, R.H. *Auf der Suche nach Spitzenleistungen.* Moderne Industrie, Landsberg a. L. , 1984

[51]   PLESS, N. *Von der Dominanz zur Partnerschaft – Erfolgreiches Diversitätsmanagement erfordert einen Paradigmenwechsel. Die Unternehmung,* 53. Jg., 159 – 175 (1999)

[52]   PODSIADLOWSKI, A. *Multikulturelle Arbeitsgruppen in Unternehmen: Bedingungen für erfolgreiche Zusammenarbeit am Beispiel deutscher Unternehmen in Südostasien.* Münster u.a.: Waxmann, 2002

[53]   REINBERG, A.; HUMMEL, M. (2004): *Fachkräftemangel bedroht Wettbewerbsfähigkeit der deutschen Wirtschaft. In: Beilage zur Wochenzeitschrift Das Parlament.* B28, 2004. Bonn: Bundeszentrale für politische Bildung, 3-10 (2004)

[54]   ROTT, M.: *Einflussfaktoren auf den Erfolg von Telearbeit.* Peter Lang, Frankfurt am Main, Berlin, Bern, Bruxelles, New York, Oxford, Wien, 2006

[55]   SCHABRACQ, M.J. *Motivational and cultural factors underlying dysfunctioning of older employees in Snel, J. & Cremer, R.* (Hrsg.), Work and Aging, A European Perspective, Taylor & Francis, Salisbury, 235-249, 1994

[56]   SCHOLZ, CH. *Personalmanagement. Franz Vahlen, München, 1989*

[57]   SCHOLZ, CH. *Personalcontrolling und Unternehmenskultur als widersprüchliche Führungsinstrumente? In: J. Kienbau (Hrsg.), Visionäres Personalmanagement. Schäffer Poeschel, Stuttgart, 423-455, 1994*

[58]   SEPEHRI, P. *Diversity and Managing Diversity in internationalen Organisationen, Wahrnehmungen zum Verständnis ökonomischer Relevanz. Rainer Hampp Verlag, München, Mehring 2002*

[59]   SIEBERT, C.J. *Inhalt und Bedeutung strategischer Leitbilder – eine empirische Untersuchung. In: JfB, Nr. 3 und 4, 179-189 (1992)*

[60]   STEINLE, C. *Führungsstilforschung in der Sackgasse: Konzepte und ein alternativer Lösungsweg für hohe Mitarbeiterleistung und Zufriedenheit. In: Schriftenreihe wirtschaftswissenschaftliche Dokumentation, TU Berlin, Nr. 41, Institut für Wirtschaftswissenschaften, 1978*

[61]   THOMAS, R. R. *Beyond Race and Gender. Unleashing the Power of Your Total Work Force by Managing Diversity. Amacom, New York, 1991*

[62]   THUNIG, K. *Erfolgsfaktoren für die Zielerreichung in Teams. Peter Lang, Frankfurt am Main, Berlin, Bern, Bruxelles, New York, Oxford, Wien, 1999*

[63]   TRIANDIS, H. C.; KUROWSKI, L. L.; GELFAND, M. J. *Workplace Diversity. In: Triandis, H.C, Dumette, M.; Hough, L. (Hrsg.): Handbook of Industrial and Organizational Psychology, Vol. 4, 769-827, Palo Alto, Consulting Psychologists Press (1994)*

[64]   TUNSTALL, B.W. *Cultural Transition a AT und T. In: Sloan Management Review, Jg. 25, 1, 15-29, 1983*

[65]   WATRINET, C. *Indikatoren einer diversity-gerechten Unternehmenskultur, http://www.ubka.uni-karlsruhe.de/cgi-bin/psview?document=2007/wiwi/17, 2007*

[66]   WILDENMANN, B. *Professionell Führen. Luchterhand, Neuwied-Kriftel, Berlin, Basel, 1995*

[67]   WILLIAMS, K. Y.; C. A. O'REILLY *Demography and diversity in organizations: A review of 40 years of research. In B. M. Staw and L. L. Cummings (eds.), Research in Organizational Behavior, 20, 77-140, JAI Press, Greenwich, CT, Green (1998)*

[68]   WOLFF, H.; SPIESS, K.; MOHR, H. *Arbeit Altern Innovation. Universum, Basel, 2001*

[69]   WUNDERER, R. *Führung und Zusammenarbeit. Luchterhand, Neuwied, Kriftel, 2001*

[70]   WUNDERER, R.; GRUNWALD, W. *Führungslehre. de Gruyter, Berlin, 1980*

Zusammenfassung
Positive Effekte (alters-) heterogener Teams können genutzt werden, wenn adäquate Instrumente für den Umgang mit dieser Vielfalt in den Unternehmen vorhanden sind. Voraussetzung für den Einsatz derartiger Instrumente ist neben einer exakten Analyse der Ausgangssituation die Auseinandersetzung mit den relevanten Kosten, die durch die Nichtberücksichtigung der Vielfalt entstehen können. Ein alleiniges Bekenntnis zu einer Berücksichtigung der Altersheterogenität auf normativer Ebene, beispielsweise im Unternehmensleitbild, reicht nicht aus, um einen strategisch orientierten Maßnahmenkatalog umzusetzen. Eine vergleichsweise intensive sowie offensive Umsetzung von Integrationsmaßnahmen für älter werdende Beschäftigte muss im Hinblick auf die Unternehmenstätigkeit und die vorhandene Personalstruktur bedarfsgerecht sein und sich an der Vielfalt der unterschiedlichen Lebensphasen der Beschäftigten orientieren.

Arbeitsgestaltung für alternde Belegschaften

Damit die alternde Belegschaft in Zukunft länger produktiv im Erwerbsleben bleiben kann, muss die Passung zwischen Arbeitsanforderungen und der individuellen Arbeitsfähigkeit immer wieder neu angestrebt werden. Ein Patenrezept für »die« älteren Mitarbeiter gibt es dabei nicht.

In diesem Beitrag erfahren Sie:
- welche Bedeutung die ergonomische Gestaltung von Arbeitsplätzen hat,
- wie Arbeitszeit alternsgerecht gestaltet werden kann.

Peter Knauth, Kathrin Elmerich, Dorothee Karl

Einleitung

Die Streuung der Arbeitsfähigkeit zwischen verschiedenen Menschen nimmt mit dem Alter zu [19]. Daher gibt es arbeitsgestalterisch kein Patentrezept für »die« älteren Mitarbeiter. Vielmehr muss – wie in Abbildung 1 skizziert – der Fit zwischen Arbeitsanforderungen und der individuellen Arbeitsfähigkeit immer wieder neu angestrebt werden. Damit die alternde Belegschaft in Zukunft länger produktiv und ohne Gesundheitseinbußen im Erwerbsleben bleiben kann, muss die Arbeitsgestaltung zudem bereits bei den jungen Mitarbeitern beginnen und sich über das gesamte Berufsleben erstrecken. Zur Unterstützung des Vergleichs der Arbeitsanforderungen mit den individuellen Fähigkeitsprofilen gibt es mehrere Verfahren. Bei der Ford AG wurde zum Beispiel das IMBA-Verfahren (Integration von Menschen mit Behinderungen in die Arbeitswelt) erfolgreich eingesetzt, um eine große

Zahl von Mitarbeiter, die vorher an Schonarbeitsplätzen gearbeitet hatten, wieder zu 100 Prozent in den Produktionsablauf am Fließband zu integrieren [1]. Diese Maßnahme brachte der FORD AG eine Einsparung von sechs Millionen Euro Zusatzkosten jährlich.

Ein weiteres Beispiel ist ein Arbeitsbewertungs- (ABBA Tech) und ein Fähigkeitsbewertungsverfahren (ABBA Med), das bereits vor längerer Zeit in der BMW AG entwickelt wurde und hilft, ein Fit zwischen beiden Profilen zu finden.

Auch am Institut für Arbeitswissenschaft der TU Darmstadt wurde ein so genanntes »Ergo-Frühwarnsystem« entwickelt [52]. Dieses rechnergestützte Verfahren wird zur Arbeitsplatzbewertung, zur Erstellung von Gefährdungsanalysen und zum fähigkeitsgerechten Mitarbeitereinsatz verwendet.

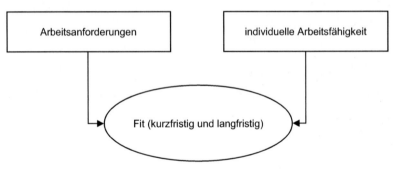

Abb. 1: *Arbeitswissenschaftliche Gestaltungsbereiche*

Die zwei gleichrangigen Ziele der Arbeitswissenschaft lauten: Arbeit menschengerecht und gleichzeitig wirtschaftlich gestalten. In Tabelle 1 sind beispielhaft einige Teilziele genannt, die für die Arbeitsgestaltung bei einer alternden Belegschaft von besonderer Bedeutung sind.

Zur Erreichung dieser Ziele gibt es eine Reihe von betrieblichen Maßnahmen in den beiden Gestaltungsfeldern »Arbeitsanforderungen« und »individuelle Arbeitsfähigkeit«. In Tabelle 2 sind darauf basierend die wichtigsten betrieblichen Maßnahmen zur Gestaltung der Arbeitsanforderungen für die alternde Belegschaft aufgelistet.

Tabelle 1: Arbeitswissenschaftliche Ziele der Arbeitsgestaltung für die alternden Belegschaften
Erhalt bzw. Förderung der individuellen Arbeitsfähigkeit, z.B. in Bezug auf: ⇨ körperliche Leistungsfähigkeit   ⇨ Wissens- und Erfahrungsaufbau   ⇨ Innovationsfähigkeit   ⇨ flexible Einsetzbarkeit   ⇨ Arbeitsmotivation
Vermeidung bzw. Reduzierung von Arbeitsanforderungen, die folgende negative Auswirkungen haben: ⇨ Dequalifizierung   ⇨ eingeschränkte Einsetzbarkeit   ⇨ Monotonieempfinden   ⇨ Perspektivlosigkeit

Tabelle 2: Betriebliche Maßnahmen zur Gestaltung der Arbeitsanforderungen für die alternden Belegschaften
⇨ ergonomische Gestaltung von Arbeitsplätzen, -mitteln und -umgebung   ⇨ Tätigkeitswechsel (sowohl kurzfristig als auch über die Berufslebensphasen)   ⇨ Erweiterung von Handlungsspielräumen (z.B. Arbeitsinhalt, Arbeitsprozess, Arbeitszeit)   ⇨ altersgemischte Teams   ⇨ neue Arbeitsaufgaben mit weniger »alterskritischen« Belastungen und mit besserer Nutzung der Erfahrung   ⇨ Telearbeit   ⇨ alternsgerechte Arbeitszeitgestaltung   ⇨ Partizipation der Mitarbeiter bei der Arbeitsgestaltung

Nachfolgend werden diese Maßnahmen ausführlich erläutert.

Ergonomische Arbeitsplatzgestaltung, Arbeitsinhalt, altersgemischte Teams

Die ergonomische Gestaltung von Arbeitsplätzen, -mitteln und -umgebung hat präventiven Charakter und kommt sowohl den älteren als auch den jüngeren Mitarbeitern zugute.

Im Rahmen des Forschungsprojektes RESPECT wurden die Maßnahmen »ergonomische Arbeitsplatzgestaltung« und »Partizipation der Mitarbeiter« in der Vormontage eines LKW-Werkes kombiniert [32]. In von den Wissenschaftlern moderierten Workshops entwickelten die Arbeiter selbst zahlreiche Verbesserungsvorschläge zur ergonomischen Gestaltung ihrer Arbeitsplätze, zum Beispiel verstellbare Anpassung der Arbeitshöhe an die Körpergröße, Verwendung kleinerer Wannen zum Tragen von Schüttgut (zum Beispiel für Schrauben, Kleinteile), Verbesserung der KANBAN-Karten und -Regale in Bezug auf bessere Übersichtlichkeit sowie Schutzmaßnahmen gegen Windzug. Etwa 30 kg bis 40 kg schwere Tanks mussten in zum Teil ungünstiger vorgebeugter oder gestreckter Körperhaltung von Paletten entnommen werden. Da diese schwere Arbeit vor erfolgter Umgestaltungsmaßnahme nur von jüngeren Mitarbeitern zu bewältigen war, wurde mit einer neuen hydraulischen Hebebühne für eine gleichbleibende Entnahmehöhe gesorgt, so dass die Arbeit auch von älteren Mitarbeitern ausgeübt werden konnte. Sehr ungünstige Körperhaltungen kamen auch bei der Entnahme schwerer Teile aus dem untersten Regalfach und beim Hinauflangen zu dem obersten Regalfach vor. Daher wurden die für diesen Arbeitsbereich zur Verfügung stehende Fläche erweitert und mehr Regale gekauft. Danach konnten das unterste und das oberste Fach leer bleiben, wodurch Zwangshaltungen vermieden wurden. Durch alle diese Maßnahmen wurden ungünstige Arbeitsbelastungen reduziert und die Arbeit erleichtert.

Im oben bereits erwähnten Projekt bei der Ford AG gibt es ein so genanntes Integrationsteam, das sich aus Fachleuten der Produktion, des Gesundheitswesens, der Schwerbehindertenvertretung, des Betriebsrats und der Personalabteilung zusammensetzt und das sich regelmäßig trifft [1]. Aufbauend auf den oben zitierten Profilvergleichen, wird der passgenaue Einsatz eines Mitarbeiters auf einen Arbeitsplatz, der seinen Fähigkeiten entspricht, ermöglicht. Bei geringeren Abweichungen zwischen Fähigkeits- und Anforderungsprofil können durch Schulungen der Mitarbeiter und ergonomische Verbesserungen der Arbeitsplätze größere Übereinstimmungen zwischen den Profilen erzielt werden. Während in den meisten Automobilwerken immer noch leistungsgewandelte Mitarbeiter vom Fließband abgezogen und zum Beispiel in der Vormontage eingesetzt werden, ist die Ford AG den umgekehrten und für die alternden Belegschaften zukunftsweisenden Weg gegangen mit dem Ergebnis, dass 263 der leistungsgewandelten und meist älteren Mitarbeiter wieder nach entsprechenden Maßnahmen am Fließband integriert werden konnten. 60 weitere Mitarbeiter erhielten 50-Prozent-Teilzeitarbeitsplätze und circa 150 Mitarbeiter wurden in Arbeitsplätze außerhalb der Produktion, in zum Teil früher ausgelagerte und wieder zurückgeholte Tätigkeiten integriert.

Weitere wichtige in Tabelle 2 erwähnte Maßnahmen stellen der »Tätigkeitswechsel« und die »Erweiterung von Handlungsspielräumen« dar. Durch regelmäßige Belastungswechsel sollen einseitige Belastungen abgeschwächt werden. Einseitige Belastungen können sich zum Beispiel bei überwiegend statischer Muskelarbeit, beim Heben und Tragen schwerer Lasten, bei monotoner, repetitiver Arbeit, Arbeit in ungünstiger Körperhaltung, Zeitdruck, Hitze- und Kältearbeit ergeben [18]. Durch Tätigkeitswechsel können sowohl Über- als auch Unterforderungen vermieden werden. Darüber hinaus können durch job rotation und job enrichment Lernchancen eröffnet und die Arbeit interessanter gestaltet werden (siehe auch DFG Schwerpunktprogramm SPP 1184 »Altersdifferenzierte Arbeitssysteme«). Neben kurzfristigen Tätigkeitswechseln ist auch die Übernahme neuer herausfordernder Tätigkeiten im Laufe des Berufslebens für das lebenslange Lernen und die Persönlichkeitsentwicklung wichtig. Auch der Wechsel zwischen Berufstätigkeit und Weiterbildungsphasen zum Beispiel im Rahmen eines Sabbaticals ist sinnvoll. Seifert [50] beschreibt ungewöhnliche Modellversuche in europäischen Nachbarstaaten, in denen Beschäftigte der Stammbelegschaft für berufliche Weiterbildungsmaßnahmen freigestellt werden. Während dieser Zeit erhalten Arbeitslose eine befristete Stellvertreterbeschäftigung, die von der Arbeitsverwaltung subventioniert wird.

Im Rahmen der lernförderlichen Arbeitsgestaltung ist die Erweiterung von Handlungsspielräumen von großer Relevanz. Die Forderung nach größeren Handlungsspielräumen für ältere Mitarbeiter basiert unter anderem auf Studien von Ilmarinen (zum Beispiel [18]). Diese ermittelten, dass eine schlechte Arbeitsorganisation einen ernst zu nehmenden Risikofaktor für die Arbeitsbewältigungsfähigkeit darstellt. Typische Merkmale einer schlechten Arbeitsorganisation waren unter anderem

⇨ Beaufsichtigung der und Einmischung in die Arbeit,
⇨ erhöhtes Arbeitstempo sowie
⇨ Mangel an Möglichkeiten, auf die Arbeit Einfluss zu nehmen.

Das erwähnte Risiko kann zum Beispiel durch die Möglichkeit von Kurzpausen, den Abbau von zu engen Arbeitsanweisungen und zu standardisiertem Tempo sowie die Möglichkeit, die Reihenfolge von Arbeitsaufgaben, Arbeitsmethode und Arbeitsgeschwindigkeit möglichst individuell anzupassen, reduziert werden.

Eine weitere in Tabelle 2 erwähnte Maßnahme ist die Förderung altersgemischter Teams. Diese wurden bereits in einigen Unternehmen systematisch eingeführt. Einschränkend muss jedoch darauf hingewiesen werden, dass in vielen Fällen die teilautonome und altersgemischte Gruppenarbeit nicht adäquat eingeführt wurde (zum Beispiel [44]). Die Autoren einer kürzlich veröffentlichen Studie, in der Fehler in der Produktion ausgewertet wurden, kamen zu folgendem Schluss: »Altersgemischte Teams machen deutlich mehr Fehler und sind weniger produktiv als altershomogene Teams« [6, S. 79]. Kritisch muss aber darauf hingewiesen werden, dass in dem untersuchten Werk die Gruppenarbeit eben nicht optimal eingeführt wurde und die Teilnahme an Weiterbildungsmaßnahmen mit zunehmendem Alter deutlich abnimmt, so dass das Potenzial der Älteren nicht effektiv genutzt werden kann. Erfolgsfaktoren sind folglich zum Beispiel eine systematische Schulung und Information aller Gruppenmitglieder, Zielklarheit, Partizipation an der Zielverfolgung durch die Teammitglieder, Dispositionsspielräume, verständigungsorientierte Kommunikation, Anreize zur Rotation in der Gruppe und zur Integration Leistungsschwächerer sowie adäquate Entlohnungssysteme (zum Beispiel [54], [44], [22], [53], [57]).

Eine bessere Passung von Arbeitsanforderungen und individueller Arbeitsfähigkeit kann auch über neue Arbeitsaufgaben mit weniger körperlichen (»alterskritischen«) Belastungen und mit einer besseren Nutzung der Erfahrung älterer Mitarbeiter gefunden werden [21]. Komplexe Innovationsvorhaben müssen zunehmend von interdisziplinären Expertenteams realisiert werden. Dabei ist die Tatsache, dass ältere Mitarbeiter neben betriebsspezifischem Wissen, Überblick über die Anforderungen der Kunden und des Marktes, auch häufig eine gute Kommunikations- und Organisationsfähigkeit haben, hilfreich. In der Regel reagieren sie des Weiteren gelassener und umsichtiger in Projektkrisen.

Eine in Deutschland noch nicht verbreitete, aber sinnvolle Maßnahme bezieht sich auf die Nutzung des Expertenwissens von älteren Menschen, die so behindert sind, dass sie nur von zu Hause aus arbeiten können, oder die in entlegenen strukturschwachen Gegenden wohnen, über Telearbeit. Beispiele alternierender Telearbeit, bei denen die Mitarbeiter sowohl zu Hause als auch im Betrieb arbeiten, werden zum Beispiel von Zimmermann [58], Weisheit [56] und Rott [48] beschrieben.

Im Anschluss an die bisher diskutierten Maßnahmen (Tabelle 2) soll im Folgenden auf eine alternsgerechte Arbeitszeitgestaltung eingegangen werden.

Alternsgerechte Arbeitszeitgestaltung

Eine besondere Bedeutung zur Erreichung eines Fits zwischen Arbeitsanforderungen und Arbeitsfähigkeit kommt der Arbeitszeitgestaltung zu, wobei auch dieses Gestaltungsfeld immer im Zusammenhang mit anderen Bereichen wie Führungskultur, Weiterbildung, Arbeitsinhalt und Gesundheitsförderung zu sehen ist.

Mit einer lebensphasenorientierten Arbeitszeitgestaltung können sehr unterschiedliche Ziele zum Beispiel zeitliche Begrenzung körperlich anstrengender Tätigkeit, Verbesserung der Vereinbarkeit von Beruf und Privatleben, Zeiten für lebenslanges Lernen oder längere Nutzung von Erfahrung verfolgt werden. Die Palette der Gestaltungsmöglichkeiten von lebensphasenorientierter Arbeitszeit wird in Abbildung 2 als Übersicht dargestellt und soll im Folgenden erläutert werden.

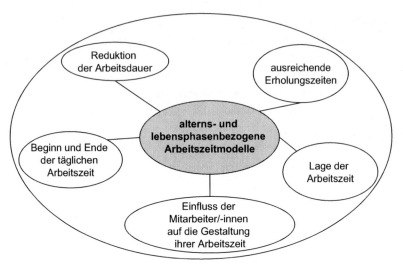

Abb. 2: *Gestaltungsfelder für Lebensarbeitszeitmodelle*

Reduktion der Arbeitsdauer

Da die Arbeitsfähigkeit nicht grundsätzlich mit zunehmendem Alter geringer wird, aber die interpersonelle Streuung der Arbeitsfähigkeit steigt, macht eine pauschale Verkürzung der Arbeitsdauer für alle Älteren keinen Sinn. Es muss also im Einzelfall geprüft werden, ob zum

Beispiel in Abhängigkeit von einem körperlichen Verschleiß durch die bisherige Erwerbstätigkeit, Krankheit, kaum veränderbaren hohen Arbeitsbelastungen wegen der gegenwärtigen Tätigkeit oder Wünsche der Arbeitnehmer eine Verkürzung der Arbeit empfehlenswert ist. Eine Verkürzung der Arbeitszeit kann sich auf sehr unterschiedliche Aspekte beziehen, zum Beispiel:

⇨ Verkürzung der täglichen Arbeitszeit
⇨ Wahl zwischen verschiedenen Wochen- oder Jahresarbeitszeiten
⇨ zusätzliche Freizeit als Kompensation für ungünstige Dienste und Arbeitsbelastungen
⇨ Altersteilzeit als Stufenmodell

Wie in der Prinzipskizze (Abb. 3) von Ilmarinen [17] gezeigt, ist es sinnvoll, bei schwerer körperlicher Arbeit auch eine Verkürzung der täglichen Arbeitsdauer für ältere Arbeitnehmer in Betracht zu ziehen.

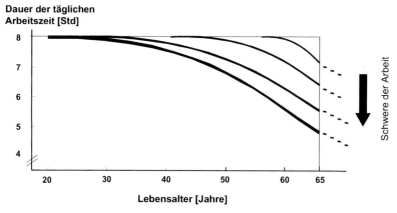

Abb. 3: *Prinzipdarstellung für den Bedarf an einer Verkürzung der täglichen Arbeitszeit in Abhängigkeit vom Lebensalter und der physischen Arbeitsbelastung [17, S. 205]*

Bei zunehmender unternehmensorientierter Flexibilisierung der Arbeitszeit ist jedoch immer öfter der umgekehrte Weg, das heißt eine Verlängerung der Arbeitsdauer über acht Stunden, zum Beispiel auf neun, zehn oder sogar zwölf Stunden zu beobachten. Wie zahlreiche

Studien gezeigt haben, resultieren aus besonders langen täglichen Arbeitszeiten folgende mögliche negative Konsequenzen ([23] Literaturübersicht über 105 Studien s. [28]):
⇨ überdurchschnittliche Ermüdung, Schläfrigkeit
⇨ schlechtere Leistung
⇨ erhöhtes Unfallrisiko
⇨ Akkumulation von toxischen Arbeitsstoffen
⇨ höhere Krankheitsraten

Daher sind überlange Arbeitszeiten nur in Ausnahmefällen und nur für eine begrenzte Dauer aus arbeitswissenschaftlicher Sicht akzeptabel (Checkliste s. [28])

Eine individuelle Wahl zwischen verschiedenen Wochen- oder Jahresarbeitszeitstunden, wie sie inzwischen von einer Reihe von Unternehmen realisiert wird, ermöglicht es, unterschiedliche Bedürfnisse der Arbeitnehmer in verschiedenen Lebensphasen zu berücksichtigen. Ein Beispiel für Wahlarbeitszeit sogar bei kontinuierlicher Schichtarbeit wird weiter unten beschrieben.

Wenn betriebsbedingt ungünstige Dienste und Arbeitsbelastungen nicht vermeidbar sind, ist ein Ausgleich über zusätzliche Freizeit sinnvoll. Für ambulante Pflegedienste und Außendienstmitarbeiter einer Fernsehanstalt wurden so genannte »Bonuspunkte-Systeme« entwickelt [4], [38]. Bei der Fernsehanstalt erhält ein Mitarbeiter immer dann Bonuspunkte auf sein Konto, wenn in den letzten vier Wochen bestimmte Schwellenwerte von arbeitswissenschaftlichen Kriterien zur Bewertung von Dienstplänen überschritten wurden. Beispiele für solche Kriterien sind durch den Arbeitgeber veranlasste kurzfristige Änderungen des Dienstplanes, viele hintereinanderliegende Arbeitstage und Nachtschichten oder mehrere Dienste über neun Stunden. Für die Bonuspunkte erhält der Mitarbeiter zusätzliche Freizeit. Das System hat folgende Vorteile:
⇨ mehr Transparenz im Bezug auf ungünstige Merkmale der Dienstplangestaltung

⇨ ein Anreiz für den Arbeitgeber so »gute« Dienstpläne zu realisieren, dass die Auslöseschwellen für Bonuspunkte möglichst wenig überschritten werden und dass dadurch Kosten gespart werden
⇨ positive Auswirkungen auf das Sozialleben der Angestellten
⇨ positive Langzeiteffekte für die Gesundheit der Mitarbeiter

Maßnahmen, die die Arbeitsdauer betreffen, können sich auch nur auf das Ende des Berufslebens beziehen. Allerdings ist das bisher noch weit verbreitete Blockmodell der Altersteilzeit (zum Beispiel über 2,5 Jahre 100 Prozent Arbeit und 2,5 Jahre 0 Prozent Arbeit bis zum Rentenalter) aus arbeitswissenschaftlicher Sicht nicht sinnvoll. Viel besser wäre ein stufenweiser Ausstieg aus dem Berufsleben.

Im Gesundheitswesen der Schweiz wurde ein so genanntes Stufenmodell realisiert (Abb. 4). Bei diesem Modell wachsen ältere Mitarbeiter sukzessive aus dem Arbeitsprozess heraus und jüngere sukzessiv hinein. Durch den gestuften Ausstieg der älteren Mitarbeiter werden der Erfahrungstransfer erleichtert, das Arbeitspensum schrittweise verringert und Zeiträume zur Entwicklung neuer Betätigungsfelder eröffnet (zum Beispiel private Weiterbildung, Ehrenamt, Pflege von

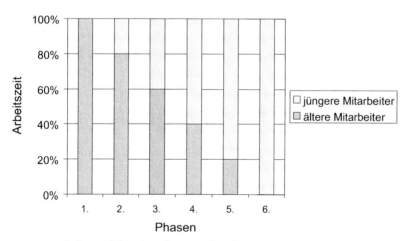

Abb. 4: *Stafettenmodell im Gesundheitswesen der Schweiz [46]*

Verwandten, Betreuung von Enkelkindern, Pflege von Hobbys). Natürlich ist auch eine geringere Anzahl von Stufen für den Ausstieg sinnvoll. Selbst eine Stufe ist besser als das Blockmodell.

Allerdings geben zurzeit ältere Mitarbeiter noch eine Reihe von Gründen an, die nach ihrer Ansicht gegen ein stufenweises Aussteigen aus dem Berufsleben sprechen [58], [57]:

⇨ Die älteren Arbeitnehmer möchten ihren Arbeitsplatz nicht mit einem jüngeren Kollegen teilen.
⇨ Sie haben ihr ganzes Arbeitsleben in einem rigiden Vollzeitjob gearbeitet und haben Probleme, mit reduzierten oder flexibilisierten Arbeitszeiten zurecht zu kommen.
⇨ Die Teilzeitarbeit bedeutet Statusverlust.
⇨ Spezielle Sonderregelungen für ältere Mitarbeiter können sie als problematische Gruppe stigmatisieren.
⇨ Sie fühlen sich fit genug für Vollzeitarbeit.
⇨ Die finanziellen Auswirkungen sind nicht zu verkraften.

Unterbrechung der täglichen und wöchentlichen Arbeitszeit

Ältere Menschen brauchen im Allgemeinen mehr Zeit für Erholung als jüngere, da die Erholungsmechanismen auf Zellniveau mit dem Alter verlangsamen [17]. Wie in Abbildung 5 schematisch dargestellt, ist der Umfang der zusätzlich benötigten Erholungszeit von der Arbeitsschwere abhängig.

Dies wird auch aus der Studie von Shepherd und Walker [51] ersichtlich, deren Ergebnisse in Tabelle 3 zusammengestellt wurden. Folgende Effekte wurden beobachtet:

⇨ je schwerer die Arbeit ist, desto wirkungsvoller sind Pausen
⇨ je mehr Pausen, desto weniger Produktionsverluste
⇨ bei älteren Mitarbeitern (> 45 Jahre) wurde unter den Bedingungen »ohne Pause« und »einige Pausen« größere Produktionsverluste gemessen als bei jüngeren (< 45 Jahre)

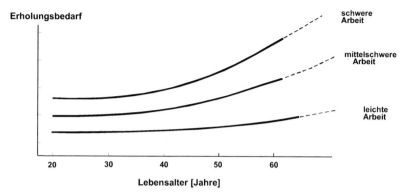

Abb. 5: *Erholungsbedarf in Abhängigkeit vom Alter und von der Arbeitsschwere (nach [18, S. 197])*

Tabelle 3: Jährliche Produktionsverluste pro Schicht (%) in Abhängigkeit von der Arbeitsschwere, Lebensalter und von der Pausenhäuflgkeit [nach 51]			
	Art der Arbeit		
	Schwerstarbeit	schwere Arbeit	mittel-leichte Arbeit
Arbeiter unter 45 Jahren			
• Ohne Pausen	6,77	3,74	2,49
• Einige Pausen	4,36	3,36	2,67
• Häufige Pausen	3,64	3,86	2,70
Arbeiter über 45 Jahren			
• Ohne Pausen	7,55	5,99	4,60
• Einige Pausen	5,19	4,22	3,94
• Häufige Pausen	3,51	4,74	3,39

Da die ersten Pausenanteile, zumindest bei überwiegend körperlicher Arbeit, den größten Erholungswert haben, gilt die allgemeine Empfehlung »viele kurze Pausen sind besser als wenige lange« [27]. Dabei ist die optimale Pausenlänge vor allem vom Aufgabenkontext aber auch von sozialen Erwägungen abhängig. So wurde zum Beispiel von Fließbandarbeitern, denen fünf Minuten Pause nach jeweils 55 Minuten Arbeit zustanden, die Regelung zehn Minuten Pause nach 110 Minuten Arbeit vorgezogen, weil die Kurzpause dann gemeinsam im Pausenraum verbracht werden konnte.

In einer neueren Pausen-Studie im Rahmen des Forschungsprojektes KRONOS wurde gezeigt, dass der Erholungswert der Pausen mit steigendem Alter schlechter beurteilt wird [30].

Fasst man die bisherigen Erkenntnisse zusammen, so spricht viel dafür, älteren Mitarbeitern bei anstrengender Arbeit zusätzliche Kurzpausen zu gewähren. Allerdings ist in Deutschland eher die Tendenz zu beobachten, Kurzpausen zu streichen.

In manchen Fällen kann auch schon eine andere Aufteilung des Arbeitszeit-Pausen-Regimes hilfreich sein. Im Rahmen des europäischen Forschungsprojektes RESPECT, das sich mit der Verbesserung der Arbeitsfähigkeit und Gesundheit älterer Mitarbeiter befasste, wurde in der Vormontage eines Automobilwerkes ein Versuch mit Kurzpausen realisiert. Die Mitarbeiter der Vormontage arbeiteten im Einzelakkord. Wie in vergleichbaren anderen Betrieben, waren die Mitarbeiter bestrebt, ihr »Tagespensum« so schnell wie möglich zu erfüllen. Nach circa 7,5 Stunden hatten sie in der Regel ihr Ziel erreicht und ruhten sich erschöpft die verbleibenden 30 Minuten bis Schichtende aus. Die Begleitforscher konnten eine von drei Gruppen überzeugen, von diesen 30 Minuten zehn Minuten abzuzweigen und vorher in die Schicht als Kurzpause zu integrieren. Die Versuchsgruppe fühlte sich nach dieser Umstellung am Schichtende nicht mehr so erschöpft und hatte ihr »Tagessoll« trotzdem erreicht. Ursprünglich war die Dauer von einem Jahr für den Pilotversuch vorgesehen, aber bereits nach einem halben Jahr stimmten alle Mitarbeiter für die Beibehaltung der neuen Kurzpausenregelung.

Bisher wurde nur die Unterbrechung der täglichen Arbeitszeit durch Pausen thematisiert. Aber auch regelmäßige und ausreichende Ruhezeiten innerhalb der Woche, am Wochenende und im Urlaub sind für die alternde Belegschaft von großer Bedeutung [27]. Für die Erholungsmöglichkeiten in der Freizeit und am Wochenende ist die Gestaltung der Schichtpläne nach arbeitswissenschaftlichen Empfehlungen von besonderer Relevanz. Zur Vermeidung einer Anhäufung von Schlafdefiziten im Laufe der Woche sind zum Beispiel schnell und vorwärts rotierende Schichten sowie ein Beginn der Frühschicht, der nicht zu früh ist, empfehlenswert [26]

Lange tägliche Arbeitszeiten können wie dargestellt zu einer Reihe negativer Auswirkungen führen, die zum Teil zusätzliche Erholungszeiten erforderlich machen. In einer Befragung von circa 12.000 Arbeitnehmern [19] wurde der arbeitsbedingte Erholungsbedarf unter anderem in Abhängigkeit von der täglichen und der wöchentlichen Arbeitsdauer untersucht. Der Erholungsbedarf war bei neun bis zehn Stunden täglicher Arbeit hochsignifikant größer als bei acht Stunden. Entsprechend war der Erholungsbedarf bei einer wöchentlichen Arbeitszeit über 40 Stunden deutlich höher als bei 40 Stunden und weniger.

Lage der Arbeitszeit – alternsgerechte Schichtarbeit

Nacht- und Schichtarbeit können sowohl bei jüngeren als auch bei älteren Mitarbeitern eine Reihe von Problemen verursachen [25], [49], zum Beispiel Leben gegen die innere Uhr, Schlafstörungen, Gesundheitsbeschwerden und Erkrankungen, Störungen des sozialen Lebens sowie Fehlleistungen und Unfälle. Das Arbeitszeitgesetz (§ 6, Abs. 1) fordert daher, dass die Arbeitszeit der Nacht- und Schichtarbeiter nach den gesicherten arbeitswissenschaftlichen Erkenntnissen über die menschengerechte Gestaltung der Arbeit festzulegen ist.
Die wichtigsten arbeitswissenschaftlichen Empfehlungen zur Schichtplangestaltung lauten [26], [49]:

⇨ Begrenzung der Anzahl aufeinanderfolgender Nachtschichten auf maximal drei
⇨ schnelle Rotation von Früh- und Spätschichten
⇨ Vorwärtswechsel der Schichten (Früh-/Spät-/Nachtschichten)
⇨ Frühschichtbeginn nicht zu früh (das heißt 6 Uhr 30 ist besser als 6 Uhr, 6 Uhr besser als 5 Uhr usw.)

⇨ keine Massierung von Arbeitszeiten. Mehr als achtstündige tägliche Arbeitzeiten sind nur dann akzeptabel, wenn
  – die Arbeitsinhalte und die Arbeitsbelastungen eine länger dauernde Schichtzeit zulassen,
  – ausreichende Pausen vorhanden sind,
  – das Schichtsystem so angelegt ist, dass eine zusätzliche Ermüdungsanhäufung vermieden werden kann,
  – die Personalstärke zur Abdeckung von Fehlzeiten ausreicht,
  – keine Überstunden hinzugefügt werden,
  – die Einwirkung gesundheitsschädlicher Arbeitsstoffe und das Unfallrisiko begrenzt sind
  – eine vollständige Erholung nach der Arbeitszeit möglich ist,
⇨ geblockte Wochenendfreizeiten, das heißt mindestens Samstag und Sonntag frei und einmal im Schichtzyklus Freitag bis Sonntag oder Samstag bis Montag frei,
⇨ ungünstige Schichtfolgen vermeiden (zum Beispiel Nachtschicht/frei/Frühschicht oder Nachtschicht/frei/Nachtschicht oder einzelne Arbeitstage zwischen freien Tagen),
⇨ kurzfristige Schichtplanänderungen durch Arbeitgeber vermeiden,
⇨ ein freier Abend an mindestens einem Wochentag (Montag bis Freitag),
⇨ mitarbeiterorientierte Flexibilisierung und Individualisierung der Arbeitszeit, insbesondere möglichst Freiwilligkeit bei der Aufnahme beziehungsweise Fortsetzung von Nachtarbeit.

Ein diskontinuierlicher Schichtplan, der diesen Empfehlungen weitgehend entspricht, wird später in Abbildung 8 gezeigt. Ein Beispiel für einen kontinuierlichen altersgerechten Schichtplan wird weiter unten dargestellt (Abb. 10).

Im Rahmen des europäischen Forschungsprojektes RESPECT wurde der alte langsam, rückwärts rotierende Schichtplan durch einen schnell vorwärts rotierenden Schichtplan bei dem Wartungspersonal einer Fluggesellschaft umgestellt. Bei der Befragung am Ende des Pilotjahres gaben sowohl die jüngeren (<45 Jahre) als auch die älteren

(>45 Jahre) Schichtarbeiter an, dass der neue Schichtplan im Vergleich zum alten Schichtplan als besser empfunden wurde (Abb. 6). Allerdings ergaben sich kleine Unterschiede zwischen den Altersgruppen in Bezug auf die Bereiche, in denen die stärksten Verbesserungen empfunden wurden. Generell können also die oben genannten arbeitswissenschaftlichen Empfehlungen zur Schichtplangestaltung sowohl für die jüngeren als auch für die älteren Schichtarbeiter Vorteile bringen.

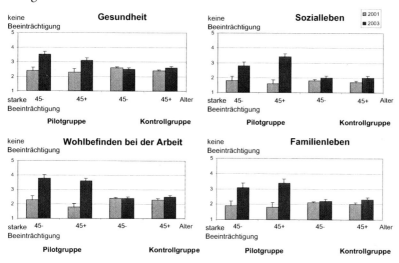

Abb. 6: *Auswirkungen eines neuen schnell und vorwärts rotierenden Schichtsystems (FSN ---)* [14]

Im Finnischen Institut für Arbeitsmedizin (FIOH, Prof. Ilmarinen) wurde ein Fragebogen zur Ermittlung der Arbeitsfähigkeit entwickelt, der von dem jeweiligen Individuum selbst oder von einem Arzt ausgefüllt wird (www. arbeitsfähigkeit.net). Mit diesem so genannten Work Ability Index (WAI) können die langfristigen Auswirkungen unterschiedlich gut gestalteter Schichtpläne untersucht werden.

In dem Forschungsprojekt KRONOS wurden daher die Auswirkungen zweier kontinuierlicher Schichtsysteme auf den Work Ability Index untersucht (Abb. 7). Das Schichtsystem im Unternehmen A entsprach nicht den oben genannten arbeitswissenschaftlichen Empfehlungen zur Schichtplangestaltung, weil die Schichten rückwärts rotierten und immer sechs gleiche Schichten (das heißt Nacht-, Spät- und Frühschichten) hintereinander lagen. Im Unternehmen B entsprach der Schichtplan mit dem Grundmuster FFSSNN---- dagegen den arbeitswissenschaftlichen Empfehlungen. In allen Altersklassen wurde der Schichtplan des Unternehmens B von den betroffenen Mitarbeitern signifikant günstiger beurteilt als der Schichtplan des Unternehmens A.

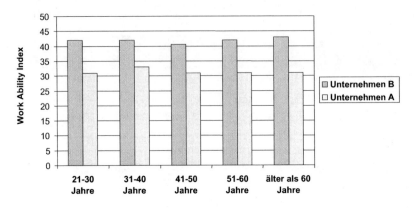

Unternehmen A: N N N N N N - - S S S S S S - - F F F F F F - - - - - - - -
Unternehmen B: F F S S N N - - - -

Abb. 7: *Subjektive Gesundheit (WAI) in Abhängigkeit vom Alter in Unternehmen A mit ungünstigem und in Unternehmen B mit aus arbeitswissenschaftlicher Sicht günstigem kontinuierlichen Schichtplan [40]*

Costa (2005) hat in einer Literaturrecherche gezeigt, dass viele epidemiologische Studien eine reduzierte Schichtarbeitstoleranz etwa ab der Alterklasse zwischen 40 und 50 Jahren nachgewiesen haben. Als Begründung werden u.a. angeführt:
⇨ chronobiologische Faktoren (Schwächung des zirkadianen Systems, frühere Phasenlage des zirkadianen Systems bei Älteren)
⇨ psycho-physische Bedingungen (körperliche Fitness, Schlafeffizienz, Gesundheitsbeeinträchtigungen bei Älteren)

Es gibt allerdings eine Reihe methodischer Probleme bei Langzeitstudien, zum Beispiel den »healthy worker effect« (nur die relativ Gesunden bleiben in Schichtarbeit) oder die offene Frage, welche Älteren entwickeln bessere Stressbewältigungsstrategien und haben bessere Wohnbedingungen und welche Älteren kommen wegen der oben genannten Gründe schlechter mit Nacht- und Schichtarbeit zurecht.

In der Praxis wird manchmal mit dem Argument, älteren Mitarbeitern Nachtarbeit zu ersparen, das folgende kombinierte Schichtsystem realisiert: Zwei Gruppen wechseln zwischen Früh- und Spätschicht, während eine dritte Gruppe in Dauernachtschicht arbeitet. Da Dauernachtschicht aus arbeitswissenschaftlicher Sicht als die schlechteste Alternative bewertet werden muss, ist diese Lösung nicht akzeptabel. Die finanziellen Vorteile der Nachtschichtzulage und die Tatsache, dass nachts, wenn weniger Vorgesetzte anwesend sind, eigenverantwortlicher und ruhiger gearbeitet werden kann, können die zahlreichen Nachteile nicht aufwiegen. Als Nachteile sind zum Beispiel zu nennen: permanente Umstellungsarbeit des Körpers und damit Störung der biologischen Rhythmik, Anhäufung von Schlafdefiziten während der Nachtschichtwoche, zum Teil soziale Isolierung, Zunahme des Unfallrisikos, vor allem nach der dritten Nachtschicht, betrieblich eingeschränkte Kommunikation mit Betriebsrat und Betriebsarzt, eingeschränkte Möglichkeiten für betriebliche Weiterbildung, chronische Schlafstörungen auch nach Ausstieg aus jahrelanger Dauernachtarbeit, mehr gesundheitliche Probleme (wenn keine Fremd- oder Selbstauslese stattfindet) sowie niedriges Sterbealter.

Anstelle der Kombination von Zweischicht- und Dauernachtarbeit sind daher andere Lösungen wie zum Beispiel generelle Ausdünnung der Nachtschichtbesetzung oder Wahlarbeitszeiten für Schichtarbeiter empfehlenswert. Im Rahmen des Forschungsprojektes KRONOS wurde in der Montageabteilung eines Motorenwerkes ein Konzept zur Verschiebung einiger Tätigkeiten aus der Nachtschicht in die Früh- beziehungsweise Spätschicht entwickelt. Dadurch kann die Besetzung der Nachtschicht um 33 Prozent ausgedünnt werden. Wie aus Abbildung 8 zu ersehen ist, sind pro Tag drei Untergruppen in der Früh-

und Spätschicht, aber nur zwei Untergruppen in der Nachtschicht vorgesehen. Somit wird die Nachtschichtbelastung, die die kritischste von allen ist, reduziert. Darüber hinaus sind der schnelle Wechsel und die so genannte Vorwärtsrotation der Schicht (erst Früh, dann Spät- und danach Nachtschichten) für die biologische Rhythmik und damit langfristig für die Gesundheit besser als der Rückwärtswechsel der Schichten (erst Nacht-, dann Spät- und danach Frühschichten). Als Nachteil des Plans sind zum Beispiel die längeren Früh- und Spätschichtblöcke in der neunten und zehnten Woche zu nennen.

F	Frühschicht
S	Spätschicht
N	Nachtschicht
	frei

Woche / Mitarbeiter	Mo	Di	Mi	Do	Fr	Sa	So
1	F	F	S	S	S		
2			F	F			
3	N	N			F	F	
4	S	S	N	N	N		
5	F	F	S	S	S		
6			F	F			
7	N	N			F	F	
8	S	S	N	N	N		
9	F	F	F	F	F	F	
10	S	S	S	S	S		

Abb. 8: *Diskontinuierliches Schichtsystem mit um 33 Prozent ausgedünnter Besetzung der Nachtschicht*

Neben der adäquaten Schichtplangestaltung empfiehlt Costa [7] unter anderem eine Reduzierung der Arbeitsbelastung, mehr Arbeitspausen, häufigere Gesundheitschecks (mindestens alle zwei Jahre) für ältere Schichtarbeiter. Außerdem schlägt er eine intensive Beratung und Schulung in Bezug auf Bewältigungsstrategien vor, vor allem für Schlaf, Ernährung, Stress und Freizeitaktivitäten (mehr flankierende Maßnahmen siehe [35], [31]).

Bei fixen Schichtsystemen kann man nur begrenzt auf individuelle Bedürfnisse eingehen. Daher soll im Folgenden gezeigt werden, wie der Einfluss der Mitarbeiter auf die Arbeitszeit vergrößert werden kann.

Arbeitszeitautonomie

Durch mehr Einfluss auf die Arbeitszeitgestaltung bis hin zu individualisierten Arbeitszeiten können die Präferenzen und Wünsche der Mitarbeiter, die innerhalb von Altersklassen stark variieren und die sich individuell im Laufe des Berufslebens ändern, besser berücksichtigt werden als durch starre Arbeitszeitsysteme oder eine rein unternehmensorientierte Flexibilisierung der Arbeitszeit.

In dem europäischen Forschungsprojekt SALTSA wurden die Auswirkungen flexibler Arbeitszeiten auf das Wohlbefinden und die subjektive Gesundheit untersucht [8]. Die Häufigkeiten von Gesundheitsproblemen waren bei unternehmensorientierten flexiblen Arbeitszeiten statistisch bedeutsam größer als bei fixen Arbeitszeiten. Auf der anderen Seite ergaben diese und eine andere Studie folgenden Zusammenhang zwischen Einfluss auf die Arbeitszeit und der subjektiven Gesundheit: Je mehr Einfluss die Mitarbeiter auf ihre Arbeitszeit hatten, desto geringer waren die Gesundheitsbeeinträchtigungen. Eine mitarbeiterorientierte Flexibilisierung der Arbeitszeit kann sich sehr positiv, zum Beispiel auf die Vereinbarkeit von Beruf und Familie, die Anpassung der Arbeitszeit an den Biorhythmus, Freizeitaktivitäten, außerberufliche Weiterbildung, ehrenamtliche Tätigkeiten und die Zufriedenheit auswirken [24].

Einschränkend wird aber von Janßen und Nachreiner [20] darauf hingewiesen, dass mitarbeiterbestimmte Flexibilität alleine noch keine Garantie für Beeinträchtigungsfreiheit darstellt. Vielmehr sollten auch selbstbestimmt gewisse Grenzen der Flexibilität eingehalten werden.

In Abbildung 9 sind einige flexible Arbeitszeitmodelle zusammengestellt, die sowohl für die Unternehmen als auch für die Mitarbeiter Nutzen bringen können. Vor allem, wenn für den Arbeitgeber »leere« ungenutzte Zeiten ausgeglichen oder anderweitig sinnvoll genutzt werden, wenn die Attraktivität der Arbeitsplätze bei der Rekrutierung oder Bindung von Fachkräften durch mehr Zeitautonomie gesteigert wird oder wenn das Engagement und die Arbeitsmotivation der Mitarbeiter durch ein adäquates Arbeitszeitsystem verbessert werden,

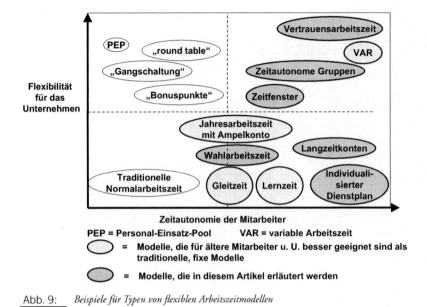

Abb. 9: *Beispiele für Typen von flexiblen Arbeitszeitmodellen*

ergibt sich eine Win-win-Situation sowohl für das Unternehmen als auch für die Mitarbeiter (zum Beispiel [15], [37], [36]).
Im Folgenden sollen praktische Beispiele zu einigen der in Abbildung 9 erwähnten Arbeitszeitmodelltypen vorgestellt werden.

Wahlarbeitszeit
Ein Betrieb, der Glasfasern herstellt, verfolgte mehrere Ziele bei der Neugestaltung des Schichtplanes [37]:
a) betriebliches Ziel
– Umstellung von einem diskontinuierlichen auf einen kontinuierlichen Schichtplan
b) mitarbeiterbezogene Ziele
– den Wünschen einiger älterer und jüngerer Mitarbeiter nach einer Reduzierung der Wochenarbeitszeit und trotzdem Verbleib im gewohnten Team zu entsprechen

- Verringerung von Akzeptanzproblemen, mit denen bei jeder Schichtplanumstellung zu rechnen ist [33], [34], durch umfangreiche Information und Mitarbeiterbeteiligung bei der Lösungserarbeitung in Workshops
c) arbeitswissenschaftliches Ziel
- Berücksichtigung arbeitswissenschaftlicher Empfehlungen zur Schichtplangestaltung (wie in § 6, Abs. 1 ArbZG gefordert).

Gruppe	Woche	Mo	Di	Mi	Do	Fr	Sa	So	Mo	Di	Mi	Do	Fr	Sa	So
A	1+2	F	F	S	S	N	N	N					F	F	F
B	3+4	S	S	N	N				F	F			S	S	S
C	5+6	N	N			F	F	S	S	N	N	N			
D	7+8			F	F	F	S	S	N	N					
E	9+10		F	F	S	S	S	N	N						

F	Früh
S	Spät
N	Nacht
	frei

Kombination	Arbeitszeit pro Woche	Länge des Jahresurlaubs	Anzahl der Zusatzschichten
1. Vollzeit	37,5 Std.	30	22
2. Vollzeit	37,5 Std.	25	17
3. Teilzeit	35,0 Std.	30	14
4. Teilzeit	35,0 Std.	25	9
5. Teilzeit	33,6 Std.	30	0

Abb. 10: *Kontinuierlicher Schichtplan eines Glasfaserherstellers mit Wahlarbeitszeiten [37]*

In Zusammenarbeit mit den Mitarbeitern wurde das in Abbildung 10 dargestellte Schichtsystem entwickelt und eingeführt. Der dargestellte Grundplan mit 168 Wochenstunden geteilt durch fünf Teams ergibt eine durchschnittliche Wochenarbeitszeit von 33,6 Stunden. Mitarbeiter, die die volle tarifliche Wochenarbeitszeit von 37,5 Stunden arbeiten wollen, müssen 22 zusätzliche Schichten pro Jahr leisten. Alle Mitarbeiter können zwischen den fünf dargestellten Arbeitszeitkombinationen wählen. Zur Zeit arbeiten etwa 25 Prozent der Mitarbeiter in Teilzeit, das heißt 33,6 Stunden oder 35,0 Stunden/Woche. Auch die jetzigen Vollzeitarbeiter schätzen die Möglichkeit, später einmal bei Bedarf in Teilzeit zu wechseln. Eine Befragung der Mitarbeiter nach dem Pilotjahr zeigte, dass bei den älteren Mitarbeitern vor allem diejenigen, die vorher häufiger über Magen-Darm-Beschwerden und ungenügenden Schlaf geklagt hatten, Teilzeitarbeit gewählt hatten. Bei den jüngeren Teilzeitmitarbeitern stand dagegen der Wunsch nach mehr Freizeit im Vordergrund. Das Unternehmen konnte durch diese Wahlarbeitszeit erstens das Know-how älterer, erfahrener und zum Teil gesundheitlich beeinträchtigter Mitarbeiter im Team halten. Zweitens hatte es keine Probleme mehr, junge qualifizierte Mitarbeiter für die Schichtarbeit zu gewinnen.

Da – wie bereits mehrfach betont – die Arbeitsfähigkeit und Gesundheit der Mitarbeiter mit zunehmendem Lebensalter zwischen den Personen stärker variieren, werden Wahlarbeitszeiten in Zukunft an Bedeutung gewinnen, wenn das Know-how älterer Mitarbeiter länger im Unternehmen gehalten werden muss.

Individualisierte Dienstpläne

Ein großer Teil der Fahrer im Öffentlichen Personennahverkehr (ÖPNV) musste vor dem Erreichen der »normalen« Altersgrenze (63 beziehungsweise 65 Jahre) aus dem aktiven Fahrdienst ausscheiden, weil er fahrdienstuntauglich war (zum Beispiel [10], [13], [3]). Daraus ergaben sich gravierende Probleme sowohl für die Betriebe als auch für die betroffenen Mitarbeiter. Als Ursachen für die Fahrdienstuntauglichkeit sind zum Beispiel Dienstplangestaltung, Stressbelastung und die Arbeitsplatzergonomie zu nennen. Im Rahmen eines Verbund-Forschungsprojektes stand die Verbesserung der Dienstplangestaltung im Vordergrund [41]. Um den Einfluss der Fahrer auf die Dienstplangestaltung zu erhöhen, wurde in Zusammenarbeit mit den Fahrern das innovative Arbeitszeitmodell »individualisierte Dienstpläne« entwickelt, eingeführt und evaluiert [11], [12]. Alle zwei Monate werden individualisierte Dienstpläne neu gestaltet. Kurz skizziert sieht die Vorgehensweise dabei folgendermaßen aus:

⇨ Jeder Fahrer gibt seine grundsätzlichen Arbeitszeitpräferenzen an
(»Fahrerprofil«), zum Beispiel bevorzugte Dienstart, Rhythmus der
Arbeits- und freien Tage.
⇨ Jeder Fahrer schreibt für die nächsten zwei Monate seinen
Wunschplan in den Kalender.
⇨ Wünsche, die ihm besonders wichtig sind, werden mit Punkten
markiert (zehn pro zwei Monate).
⇨ Mit Hilfe eines speziellen EDV-Programms erstellt der Dienstzuteiler für jeden Fahrer einen eigenen Dienstplan.

Die Einführung der individualisierten Dienstpläne führte zu einer
Reihe von positiven Auswirkungen:
⇨ Im Pilotjahr konnten circa 80 Prozent der Fahrerwünsche (gemessen am »Wunscherfüllungsgrad«) erfüllt werden.
⇨ Die Kundenbeschwerden verringerten sich in der Pilotgruppe um
52 Prozent und die Verkehrsunfälle reduzierten sich um 20 Prozent, während diese Zahlen in der Kontrollgruppe, die weiter nach
dem traditionellen Dienstplan arbeitete, in demselben Jahr leicht
anstiegen.

Wegen der positiven Auswirkungen des Modells »individualisierte
Dienstpläne« sowohl auf den Fahrer als auch auf das Unternehmen
wurde das Modell inzwischen in mehr als zehn weiteren Verkehrsbetrieben eingeführt.
Während in vielen Service-Bereichen individualisierte Dienstpläne denkbar sind, werden im Produktionsbereich überwiegend fixe
Schichtsysteme verwendet. Aber auch dort ist, wie bei den folgenden
Beispielen gezeigt, eine Vergrößerung des Einflusses der Mitarbeiter
auf ihre Arbeitszeit möglich.

Zeitfenster
Bei schwankendem Personalbedarf ist es ökonomisch sinnvoll, die Arbeitszeiten adäquat anzupassen. Wie oben dargestellt, kann allerdings
eine rein unternehmensorientierte Flexibilisierung der Arbeitszeiten

negative Folgen für die Gesundheit und das soziale Leben haben. Die entscheidende Frage lautet daher, wie kann durch eine Vergrößerung des Einflusses der Mitarbeiter eine Win-win-Situation für das Unternehmen und die Mitarbeiter geschaffen werden? Beispiele hierfür sind im rechten oberen Quadrat der Abbildung 9 zu finden (siehe auch [24], [29]).

Ein relativ einfaches Modell, bei dem sowohl der Betrieb als auch die Mitarbeiter von der Flexibilität der Arbeitszeit profitieren, sind so genannte »Zeitfenster«. Wenn zu viel gearbeitete Zeit über Freischichten ausgeglichen werden muss oder wenn wegen geringer Nachfrage weniger Personen als laut Schichtplan vorgesehen, benötigt werden, kann der Betrieb mit einer entsprechenden Ankündigungsfrist »Zeitfenster« öffnen [42]. Wenn zum Beispiel von Montag bis Freitag einer bestimmten Woche von zehn Personen einer Schichtgruppe nur acht Personen benötigt werden, öffnet der Betrieb zwei Zeitfenster an jedem Tag dieser Woche, das heißt zwei Personen der Gruppe müssen frei nehmen. Die Gruppe entscheidet selbst, wer frei nimmt. So können jeden Tag zwei andere Kollegen oder die ganze Woche nur zwei bestimmte Kollegen frei nehmen. Die Gruppen müssen natürlich lernen, mit dieser Autonomie umzugehen. Für den Streitfall hat es sich bewährt, gemeinsam Spielregeln festzulegen (zum Beispiel nach alphabetischer Namensliste). Allein die Existenz solcher »Rückfall-Regeln« führt im Allgemeinen zu Konsenslösungen. Wenn der Betrieb alle verfügbaren Mitarbeiter benötigt, werden alle Zeitfenster geschlossen.

Zeitautonome Gruppe

In zeitautonomen Gruppen verpflichten sich die Mitglieder vorgegebene betriebliche Ziele zu erreichen und bekommen dafür die Möglichkeit, ihre Arbeitszeit in Absprache mit den Gruppenmitgliedern weitgehend selbst zu gestalten. Im Dienstleistungsbereich bedeutet die betriebliche Vorgabe zum Beispiel Anwesenheit nach Kundenfrequenz. Wer wann und wie lange arbeitet, wird in diesem Rahmen von der Gruppe im Einvernehmen festgelegt.

Obwohl im Schichtbetrieb der Handlungsspielraum für die Flexibilisierung der Arbeitszeit eingeschränkt ist, gibt es dennoch interessante Beispiele mit Elementen zeitautonomer Gruppen. Ein Betrieb der chemischen Industrie führte im ersten Schritt ein diskontinuierliches Schichtsystem ein, dass den arbeitswissenschaftlichen Empfehlungen zur Schichtplangestaltung entspricht (Abb. 11, nur Schichten in weißen Feldern). Wegen periodenweiser hoher Kundennachfrage, wollte der Betrieb bei Bedarf zusätzliche Schichten am Wochenende einplanen (Abb. 11, Schichten in schraffierten Feldern). Als Gegenleistung wurden eine entsprechende Ankündigungsfrist und eine hohe

Woche	Mo	Di	Mi	Do	Fr	Sa	So
1	F	F	S	S	N	N	
2			F	F	S	S	N
3	N	N			F	F	S
4	S	S	N	N			F

F = Früh   Betriebszeit   144 Std./Woche
S = Spät   168 Std./Woche
N = Nacht   Erweiterungsspanne F,S,N
   = frei   Ankündigungsfrist 1 Monat

- Zeitkonto +/- 150 Std., Ausgleichszeitraum 1 Jahr
- Ampelregelung:
    - bei +/- 80 Stunden: Gespräch mit dem Vorgesetzten
    - bei +/- 120 Stunden: Maßnahmen mit dem Vorgesetzten ausarbeiten
- individuelle Flexibilität z.B.:
    - gleitende Schichtübergabe
    - max. zul. tägl. Arbeitszeit von 10 Std. ausschöpfen
    - Übernahme von Arbeitszeit während geplanter Freischichten
    - verkürzte Arbeitszeiten
    - freie Tage

Abb. 11: *Flexible Arbeitszeit im Schichtbetrieb eines Unternehmens der Chemischen Industrie [16]*

individuelle Flexibilität, die im unteren Teil der Abbildung 11 stichwortartig angedeutet ist, vereinbart [16].

Vertrauensarbeitszeit
Bei dem Grundmodell der Vertrauensarbeitszeit wird auf eine formelle Anwesenheitspflicht und -kontrolle verzichtet. Dadurch wird dem Mitarbeiter im positiven Fall ein deutlich erweiterter Handlungsspielraum eingeräumt. Bisher gibt es allerdings nur relativ wenige Beispiele in der Praxis, in denen den Mitarbeitern dadurch eine bessere Vereinbarkeit von Beruf und Privatleben ermöglicht wurde (zum Beispiel [45], [2], [5]). Bei diesen positiven Beispielen war eine adäquate Unternehmens- und Führungskultur wichtigster Erfolgsfaktor.

Allerdings wird in der Praxis auch Missbrauch mit dem Modell Vertrauensarbeitszeit getrieben. So haben Betriebe zwar die Anwesenheitskontrolle formal aufgegeben, gleichzeitig aber die Arbeitsziele so hoch gesetzt, dass immer weit über die tarifliche Arbeitszeit gearbeitet werden musste, mit entsprechend negativen Folgen bis hin zum »burn-out« (zum Beispiel [47]). Das Modell Vertrauensarbeitszeit kann nur bei entsprechender Vertrauenskultur im Unternehmen und bei einer Reihe flankierender Maßnahmen funktionieren (zum Beispiel [36]).

Langzeitkonten
Wenn Langzeitkonten nur als Ersatz für die 2009 auslaufende Altersteilzeitregelung eingerichtet werden und nur in der Kategorie »Blockmodell« gedacht wird, sind sie aus arbeitswissenschaftlicher Sicht vor allem dann bedenklich, wenn permanent große Überstundenmengen ohne kurzfristigen Freizeitausgleich gefahren werden.

Wenn dagegen Sabbaticals von zum Beispiel vier Wochen, zwei bis sechs Monaten oder sogar einem Jahr ermöglicht werden, können die Mitarbeiter etwas für ihre Erholung, die Vereinbarkeit von Beruf und Familie oder private Weiterbildung tun.

Im Rahmen des KRONOS-Projektes wurden im gewerblichen Bereich eines Pharmaunternehmens Langzeitkonten eingeführt und

54 Mitarbeiter etwa ein halbes Jahr nach der Einführung zu ihren Meinungen befragt. Das auslaufende Modell der staatlich unterstützten Altersteilzeit erfreute sich großer Beliebtheit und weckte auch Erwartungen bei den Arbeitnehmern, die nicht mehr in den Genuss dieser Regelung kommen können. Daher ist nicht erstaunlich, dass der vorgezogene Ruhestand von den Befragten am häufigsten als sehr wichtige Entnahmemöglichkeit aus dem Langzeitkonto gesehen wurde (Abb. 12). Die Entnahme von Zeit für die Familie in Form von Sabbaticals kam jedoch unmittelbar an zweiter Stelle. Da Sabbaticals in Deutschland noch nicht sehr verbreitet sind, gibt es noch viele Bedenken sowohl der Führungskräfte als auch der Mitarbeiter über die Realisierbarkeit solcher bezahlter Auszeiten. In Zukunft ist jedoch zu erwarten, dass Sabbaticals zunehmend zu einer Selbstverständlichkeit werden, zum Beispiel um phasenweise mehr Zeit für die Familie, Weiterbildung oder Hobbys zu haben. Voraussetzung ist eine Unternehmenskultur, in der die Vielfalt der Mitarbeiter unterstützt wird und in der gute Mitarbeiter im Unternehmen gehalten werden sollen.

Bei der Beurteilung der Nutzungsmöglichkeiten des Langzeitkontos gab es große Unterschiede zum Beispiel zwischen Vollzeit- und Teilzeitkräften sowie zwischen jüngeren und älteren Mitarbeitern. Personengruppen, die angaben, dass es schwierig sei, Geld oder Zeit

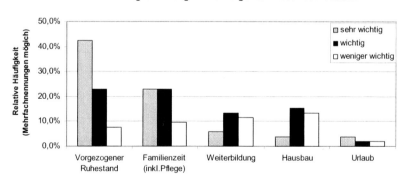

Abb. 12: *Befragung im gewerblichen Bereich zur gewünschten Nutzung von Entnahmemöglichkeiten aus dem Langzeitkonto*

anzusparen, waren vor allem Teilzeitarbeiter, Arbeitnehmer mit jüngeren Familien, Arbeitnehmer mit Zeitverträgen und Geringverdiener. Wegen unterschiedlicher Bedürfnisse und Ansparmöglichkeiten verschiedener Mitarbeitergruppen, müssen differenzierte Anspar- und Entnahmemöglichkeiten für Langzeitkontenmodelle entwickelt werden, um die Potenziale der Langzeitkonten zu nutzen.
Weitere Erfahrungen mit Langzeitkonten und Sabbaticals in vier Betrieben werden zum Beispiel von Zimmermann [58], [59] beschrieben.

Beginn und Ende der täglichen Arbeitszeit

Wie aus Abbildung 13 zu erkennen ist, wird die Schlafdauer vor der Frühschicht umso mehr verkürzt, je früher die Frühschicht beginnt. Bei langen Anfahrtswegen zum Betrieb wird diese Sachlage noch verschärft.

Extreme Abendtypen leiden besonders unter sehr frühem Arbeitsbeginn. Trotz eines frühen Frühschichtbeginns gehen die meisten Schichtarbeiter aus zwei Gründen nicht früher ins Bett: Erstens hat Lavie [43] entdeckt, dass jeder Mensch ein individuelles abendliches »Schlaftor« hat, das heißt, wenn er sich vor diesem Zeitpunkt ins Bett

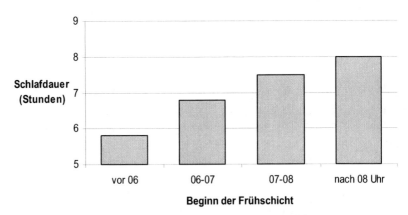

Abb. 13: *Abhängigkeit der Schlafdauer von der Uhrzeit des Frühschichtbeginns [9]*

legt, hat er Schwierigkeiten einzuschlafen. Wenn also ein Schichtarbeiter sein »Schlaftor« zum Beispiel um etwa 23 Uhr hat und er für die Frühschicht um 4 Uhr aufstehen muss, ist ein Schlafdefizit vorprogrammiert. Ein zweiter Grund für relativ spätes Zubettgehen trotz frühen Frühschichtbeginns ist der Wunsch der Schichtarbeiter, am abendlichen Familienleben oder am weiteren Sozialleben teilzunehmen.

Im Rahmen des Forschungsprojektes KRONOS wurde in einem Betrieb der Stahlindustrie der Frühschichtbeginn von 5 Uhr 20 auf 6 Uhr verschoben. Die Auswertung von insgesamt 1.757 Schlafprotokollen sowohl vor als auch vier Monate nach der Umstellung ergab, dass sich dadurch die Schlafdauer tendenziell (nicht signifikant) im Durchschnitt um etwa 30 Minuten verlängerte ([55]; zu Änderungen von Schichtwechselzeiten siehe weitere Information bei [26]).

Da Menschen sehr unterschiedliche Bedürfnisse in Bezug auf den Arbeitsbeginn haben, die sich im Laufe des Berufslebens ändern, ist generell eine stärkere Individualisierung des Arbeitsbeginns empfehlenswert.

Zusammenfassend bietet die Arbeitszeitgestaltung eine Fülle von Möglichkeiten, die alternde Belegschaft bei Bedarf stärker zu entlasten sowie zur Erhaltung und Förderung der Arbeitsfähigkeit und Gesundheit beizutragen.

Literatur

[1] ADENAUER, S.: *Die (Re-)Integration leistungsgewandelter Mitarbeiter in den Arbeitsprozess – Das Projekt FILM bei FORD Köln. Angew. Arbeitswiss. 181,1-18, 2004*

[2] AHRENS, H.-J. UND GOTTSCHALK, CH.: *Vertrauensarbeitszeit bei der Stadtverwaltung Wolfsburg.* In: S. Wingen und T. Schulze (Hrsg.), Vertrauensarbeitszeit – Herausforderung und Lösungen für die Praxis. Dokumentation zur Fachtagung am 3. Juli 2003 in der DASA – Deutsche Arbeitsschutzausstellung Dortmund, 32-41. Dortmund: 2003

[3] BAILER, H. UND TRÄNKLE, U.: *Fahrerarbeit als Lebensarbeitsperspektive. Bundesanstalt für Arbeitsschutz, 94-98. Bremerhaven: Wirtschaftsverlag NW, 1989*

[4] BERTELS, S., FAHLE, T., HOKEMEIER, S., KLOMPP, H., KNAUTH, P., ROTT, M. UND TEMPLIN, M.: *Partizipative Personaleinsatzplanung für den ambulanten Pflegedienst. Anschlussbericht des BMBF-Forschungsprojektes PARPAP. Lohmar – Köln : Josef Eul, 2003*

[5] BÖHM, S., HERRMANN, CH. UND TRINCZEK,R.: *Herausforderung Vertrauensarbeitszeit. Berlin : Edition Sigma, 2004*

[6] BÖRSCH-SUPAN, A., DÜZGÜN ,I. UND WEISS, M.: *Altern und Produktivität. Personalführung 7, 74-81, 2006*

[7] COSTA, G.: *Some considerations about aging, shift work and work ability.* In: G. Costa, W.J.A. Goedhard and J. Ilmarinen (eds.): Assessment and Promotion of Work Ability, Health and Well-being of Ageing Worker, 67-72. Amsterdam: Elsevier B.V., 2005

[8] COSTA, G., AKERSTEDT, T., NACHREINER, F., BALTIERI, F., CARVALHAIS, J., FOLKARD, S., FRINGS DRESEN, M., GADBOIS, C., GÄRTNER, J., GRZECH-SUKALO, H., HÄRMÄ, M., KANDOLIN, I., SARTORI, S. AND SILVERIO, J.: *Flexible working hours, health, and well-being in Europe: some considerations from a SALTSA Project. Chronobiology International 21, 6, 831-844, 2004*

[9] FOLKARD, S. UND BARTON, J.: *Does the 'forbidden zone' for sleep onset influence morning shift sleep duration? Ergonomics 36, Nos. 1-3, 85-91, 1993*

[10] GARBE, C.: *Gesundheitszustand und gesundheitliche Risiken von Linienbusfahrern in Berlin (West). SozEp-Berichte 2/1981. Schriftenreihe des Institutes für Sozialmedizin und Epidemiologie des Bundesgesundheitsamtes. Berlin, 1981*

[11] GAUDERER, P.C.: *Individualisierte Dienstplangestaltung. Ein partizipativer Ansatz zur Flexibilisierung der Arbeitszeit des Fahrpersonals im Öffentlichen Personennahverkehr (ÖPNV). Frankfurt am Main, Berlin, Bern, Bruxelles, New York, Oxford, Wien: Peter Lang, 2002*

[12] GAUDERER, P.C. UND KNAUTH, P.: *Pilot study with individualized duty rotas in public transport. Le Travail Humain, 67,1, 87-100, 2004*

[13] HAAS, J., PETRY, H., SCHÜHLEIN, W.: *Untersuchung zur Verringerung berufsbedingter Gesundheitsrisiken im Fahrdienst des öffentlichen Personennahverkehrs. Bundesanstalt für Arbeitsschutz (Hrsg.): Bremerhaven: Wirtschaftsverlag NW, 1989*

[14] HÄRMÄ, M., HAKOLA, T., KANDOLIN, I., SALLINEN, M., VIRKKOLA, J., BONNEFOND, A. UND MUTANEN, P.: *A controlled intervention study on the effects of a very rapidly forward rotating shift system on sleep – wakefulness and well-being among young and elderly shift workers. International Journal of Psychophysiology 59,70-79, 2006*

[15] HEMETSBERGER, A.: *Arbeitszeit und Lebenskontext. Gestaltungshinweise für das Management. Wiesbaden: DUV Deutscher Universitätsverlag, 1997*

[16] HORNBERGER, S. UND KNAUTH, P.: *Innovative Flexibilisierung der Arbeitszeit. In: P. Knauth und G. Zülch (Hrsg.): Innovatives Arbeitszeitmanagement, 23-49. Bruxelles, Aachen: Shaker Verlag, Bd. 22-2000, 2000*

[17] ILMARINEN, J.: *Ageing workers in the European Union – status and promotion of work ability, employability and employment. Finnish Insitute of Occupational Health, Ministry of Social Affaires and Health, Ministry of Labour, Helsinki, 1999*

[18] ILMARINEN J. UND TEMPEL, J.: *Arbeitsfähigkeit 2010. Was können wir tun, damit Sie gesund bleiben? Marianne Giesert (Hrsg.): im Auftrag des DGB-Bildungswerk e.V. Hamburg: VSA-Verlag, 2002*

[19] *Jansen NWH, Kant I, van Amelsvoort LGPM, Nijhuis FJN and van den Brandt PA.: Need for recovery from work: evaluating short-term effects of working hours, patterns and schedules. Ergonomics, 46:664-80, 2003*

[20] JANSSEN, D. UND NACHREINER, F.: *Flexible Arbeitszeiten. Schriftreihe der Bundesanstalt für Arbeitsschutz und Arbeitsmedizin, Fb 1025. Dortmund, Berlin, Dresden: 2004*

[21] KARL, D.: *Erfahrungsaufbau und –transfer. Empirische Studie in einer Großbank. Frankfurt am Main, Berlin, Bern, Bruxelles, New York, Oxford, Wien: Peter Lang, 2005*

[22] KERN, E.: *Entwicklung und Anwendung eines Systems zur Lenkung von teilautonomen Gruppen – Analyse der betriebswirtschaftlichen und sozialwissenschaftlichen Auswirkungen am Beispiel eine Maschinenbauunternehmens. Frankfurt a.M., Berlin, Bern, New York, Paris, Wien: Peter Lang, 1998*

[23] KNAUTH, P.: *Arbeitsschutz und Arbeitszeit. In: P. Knauth und G. Zülch (Hrsg.): Innovatives Arbeitszeitmanagement, 5-22. Aachen: Shaker Verlag, Bd. 22-2000, 2000*

[24] KNAUTH, P.: *Arbeitszeitflexibilisierung aus arbeitswissenschaftlicher Sicht. In: G. Zülch, P. Stock und T. Bogus (Hrsg.): Arbeitszeitflexibilisierung im Dienstleistungsbereich, 51-74. Aachen: Shaker Verlag, Bd. 28-2002, 2002*

[25] KNAUTH, P.: *Schichtarbeit, Nachtarbeit. In: G. Triebig, M. Kentner und R. Schiele (Hrsg.): Arbeitsmedizin, Handbuch für Theorie und Praxis, 733-742. Stuttgart: Gentner Verlag, 2003*

[26] KNAUTH, P.: *Arbeitswissenschaftliche Kriterien der Schichtplangestaltung, überarbeiteter Artikel. In: J. Kutscher, E. Eyer und H. Antoni, (Hrsg.): Das flexible Unternehmen: Arbeitszeit, Gruppenarbeit, Entgeltsysteme. Loseblattwerk. Wiesbaden: Gabler-Verlag, 2005*

[27] KNAUTH, P.: *Erholung. In: K. Landau (Hrsg.): Best Practice im Arbeitsprozess, Lexikon der Arbeitsgestaltung, 499-502. Stuttgart: Gentner Verlag, 2006*

[28] *Extended Work Periods. Industrial Health No. 1, Vol. 45, 125-136, 2007a. Available from: http://www.jstage.jst.go.jp/article/indhealth/45/1/45_125/_article plus Erratum in following issue. Available from: http://www.jstage.jst.go.jp/article/indhealth/45/2/E1/_errata/brief (21.05.2007)*

[29] KNAUTH, P.: *Kombination von Flexibilisierung und Individualisierung der Arbeitszeit. In: A. Dilger, I. Gerlach und H. Schneider (Hrsg.): Betriebliche Familienpolitik. Potenziale und Instrumente aus multidisziplinärer Sicht, 141-158. Sonderdruck. Wiesbaden: WS Verlag für Sozialwissenschaften / GWV Fachverlag GmbH, 2007b*

[30] KNAUTH, P.: *Arbeitszeitgestaltung für die alternde Belegschaft. In: GfA (Hrsg.): Die Kunst des Alterns, Herbstkonferenz 2007 der Gesellschaft für Arbeitswissenschaft, E.ON Mitte AG, Kassel, 13. und 14. September 2007. GfA-Press, 27-44, 2007c*

[31] KNAUTH, P.: *Schichtarbeit. In: S. Letzel und D. Nowak (Hrsg.): Handbuch für Arbeitsmedizin, 5. Erg.Lfg. 12/07, B IV-2, S. 1-29. ecomed Medizin, Verlagsgruppe Hüthig, Jehle Rehm GmbH, Landsberg/Lech, 2008*

[32] KNAUTH, P., ELMERICH, K. UND KARL, D.: *Verbesserung der Arbeitsfähigkeit von älteren gewerblichen Mitarbeitern. In: P. Knauth und A. Wollert (Hrsg.): Human Resource Management. NEUE Formen betrieblicher Arbeitsorganisation und Mitarbeiterführung, 58. Erg.-Lig. 7.49/1 – 7.49/20. Köln: Deutscher Wirtschaftsdienst Wolters Kluwer Deutschland, 2005*

[33] KNAUTH, P. UND HORNBERGER, S.: *Einführung flexibler Arbeitszeitmodelle. Widerstände (Teil I). iomanagement, Jg. 69, Nr. 7/8, 68-73, 2000a*

[34] KNAUTH, P. UND HORNBERGER, S.: *Einführung flexibler Arbeitszeitmodelle. Die Überwindung der Widerstände (Teil II). iomanagement, Jg. 69, Nr. 9, 52-59, 2000b*

[35] KNAUTH, P. UND HORNBERGER, S.: *Preventive and compensatory measures for shift workers. Occupational medicine 53, 109-116, 2003*

[36] KNAUTH, P. UND HORNBERGER, S.: *Gesundheitliche Belastungen und flexible Arbeitszeiten.* In: F. Lorenz und Schneider, G. (Hrsg.): Vertrauensarbeitszeit, Arbeitszeitkonten, Flexi-Modelle, Konzepte und betriebliche Praxis, 77-116. Hamburg: VSA-Verlag, 2005

[37] KNAUTH, P., HORNBERGER, S. UND SCHEUERMANN, G.: *Wahlarbeitszeit für Schichtarbeiter.* In: K. Landau (Hrsg.): Good Practice, Ergonomie und Arbeitsgestaltung, 387-395. Stuttgart: Ergonomie Verlag, 2003

[38] KNAUTH, P., JUNG, D., BOPP, W., GAUDERER, P. UND GISSEL, A.: *Compensation for Unfavorable Characteristics of Irregular Shift Rotas.* Chronobiology International, No. 6, Vol. 23, 1277-1284, 2006

[39] KNAUTH, P., KARL, D. AND BRAEDEL-KÜHNER, C.: *How to improve the work ability of elderly workers: The European research project RESPECT.* In: Assessment and Promotion of Work Ability, Health and Well-being of Ageing Workers. International Congress Series, Vol. 1280, 11-16. Amsterdam: Elsevier, 2005

[40] KNAUTH, P., KARL, D., ELMERICH, K., WATRINET, C. UND ROTT, M.: *Lebensarbeitszeitmodelle.* In: GfA (Hrsg.): Kompetenzentwicklung in realen und virtuellen Arbeitssystemen. 53. Kongress der Gesellschaft für Arbeitswissenschaft, Otto-von-Guericke-Universität Magdeburg und dem Fraunhofer Institut Magdeburg IFF, 28. Februar – 02. März 2007, S. 817-820, GfA-Press, 2007

[41] KNAUTH, P., MINSSEN H., BRINKMANN, A., CHWALISZ-KONIECZKA, M, FEITNER, P., FIDORRA, J., GAUDERER, P. UND HORNBERGER, S.: *Betriebs- und mitarbeiterbezogene Dienstplangestaltung.* In: BG-Bahnen – Berufsgenossenschaft der Straßen-, U-Bahnen und Eisenbahnen (Hrsg.): Werkstattberichte, Wissenschaft + Technik, WB 20. Bremerhaven: Wirtschaftsverlag NW, Verlag für Neue Wissenschaft GmbH, 1999

[42] KUTSCHER, J., WEIDINGER, M. UND HOFF, A.: *Flexible Arbeitszeitgestaltung. Praxis - Handbuch zur Einführung innovativer Arbeitszeitmodelle.* Wiesbaden: Gabler, 1996

[43] LAVIE, P.: *Ultrashort Sleep-Waking Schedule. III. 'Gates' and 'Forbidden Zones' for Sleep.* Electoencephalography and clinical neurophysiology,63, 414-425, Amsterdam: Elsevier, 1986

[44] LEMKE, S.: *Auswirkungen der Einführung teilautonomer Gruppenarbeit auf ausgewählte sozialpsychologische und betriebswirtschaftliche Kenngrößen. Eine Untersuchung in einem Automobilwerk.* Frankfurt a.M., Berlin, Bern, New York, Paris, Wien: Peter Lang, 1995

[45] MARKENS, A.: *Vertrauensarbeitszeit bei der Sachtleben Chemie GmbH.* In: S. Wingen und T. Schulze (Hrsg.): Vertrauensarbeitszeit. Herausforderungen und Lösungen für die Praxis. Dokumentation zur Fachtagung am 3. Juli 2003 in der DASA – Deutsche Arbeitsschutzausstellung Dortmund, 12-31. Dortmund: 2003

[46] PETER, S. UND STROHM, O.: *Beschäftigungswirksame Arbeitszeitmodelle – Erfahrungen aus dem Gesundheitsbereich: In: E. Ulich (Hrsg.): Beschäftigungswirksame Arbeitszeitmodelle, 129-164. ETH Zürich, vdf Hochschulverlag AG, 2001*

[47] PETERS, K.: *Wie Krokodile Vertrauen schaffen. Die neue Selbstständigkeit im Unternehmen: Arbeit ohne Ende? In: F. Lorenz und G. Schneider (Hrsg.) Vertrauensarbeitszeit, Arbeitszeitkonten, Flexi-Modelle, Konzepte und betriebliche Praxis, 63-76. Hamburg: VSA-Verlag, 2005*

[48] ROTT, M.: *Einflussfaktoren auf den Erfolg von Telearbeit. Eine empirische Studie. Frankfurt a.M., Berlin, Bern, Bruxelles, New York, Oxford, Wien: Peter Lang, 2006*

[49] SEIBT, A., KNAUTH, P. UND GRIEFAHN, B.: *Arbeitsmedizinische Leitlinie der Deutschen Gesellschaft für Arbeitsmedizin und Umweltmedizin e.V.: Nacht- und Schichtarbeit, Arbeitsmedizin – Sozialmedizin – Umweltmedizin (ASU), 41. Jg., 8, 390-397 (2006), http://www.dgaum.med.uni-rostock.de/leitlinien/Nacht_uSchichtarbeit%20280205.pdf*

[50] SEIFERT, H.: *Job-Rotation-Baustein für ein Konzept des lebenslangen Lernens. In: R. Dobischat und H. Seifert (Hrsg.): Lernzeiten neu organisieren. Lebenslanges lernen durch Integration von Bildung und Arbeit. 201-222. Berlin: Edition Sigma, 2001*

[51] SHEPHERD UND WALKER ZIT. BEI JANSEN G, HAAS J (HRSG.): *Kompendium der Arbeitsmedizin. Köln: TÜV Rheinland, 1991*

[52] SINN-BEHRENDT A., SCHAUB, K. UND STORZ, W.: *Ergo-FWS: Ein ergonomisches Frühwarnsystem und seine Anwendung in der Praxis. In: GfA (Hrsg.): Kompetenzentwicklung in realen und virtuellen Arbeitssystemen. 53. Kongress der Gesellschaft für Arbeitswissenschaft, Otto-von-Guericke-Universität Magdeburg und dem Fraunhofer Institut Magdeburg IFF, 28. Februar – 02. März 2007, 493-496. GfA-Press, 2007*

[53] THUNIG, K.: *Erfolgsfaktoren für die Zielerreichung in Teams. Eine empirische Untersuchung am Beispiel von teilautonomen Fertigungsteams. Frankfurt a.M., Berlin, Bern, New York, Paris, Wien: Peter Lang, 1999*

[54] TRIANDIS, H.C., KUROWSKI, L.L. UND GELFAND, M.J.: *Workplace Diversity. In: H.C. Triandis, M. Dumette and L. Hough (Eds.): Handbook of Industrial and Organizational Psychology, Vol. 4, 769-827 Palo Alto: Consulting Psychologists Press, 1994*

[55] WATRINET, C., ROTT, M., ELMERICH, K., KARL, D. UND KNAUTH, P.: *Auswirkungen der Verschiebung des Schichtwechselzeitpunktes und der Einführung von Kurzpausen auf die Schlafdauer und -qualität, die subjektive und objektive Ermüdung. In: GfA (Hrsg.): Kompetenzentwicklung in realen und virtuellen Arbeitssystemen. 53. Kongress der Gesellschaft für Arbeitswissenschaft, Otto-von-Guericke-Universität Magdeburg und dem Fraunhofer Institut Magdeburg IFF, 28. Februar – 02. März 2007. GfA-Press, 651-654, 2007*

[56] WEISHEIT, J: *Veränderung der innerbetrieblichen Kommunikation bei der Einführung von alternierender Telearbeit. Zwei Felduntersuchungen in der Großindustrie. Frankfurt a.M., Berlin, Bern, New York, Paris, Wien, Peter Lang, 2001*

[57] WOLF, H., SPIESS, K. UND MOHR, H.: *Arbeit – Altern – Innovation. Wiesbaden: Universum Verlagsanstalt, 2001*

[58] ZIMMERMANN, E.: *Alternativen zur Entberuflichung des Alters – Chancen und Risiken für Arbeitnehmer aus innovativen Arbeitszeitmodellen. In: J. Behrens, M. Morschhäuser, H. Viebrok und E. Zimmermann(Hrsg.): Länger erwerbstätig – aber wie? 116-172. Opladen/ Wiesbaden: Westdeutscher Verlag, 1999*

[59] ZIMMERMANN, E.: *Chancen und Risiken innovativer Arbeitszeitmodelle für ältere Arbeitnehmer. In: B. Badura, H. Schellschmidt und C. Vetter (Hrsg.): Fehlzeiten – Report 2002, 167 – 183. Berlin, Heidelberg, New York, Hongkong, London, Mailand, Paris, Tokio: Springer, 2003*

Zusammenfassung

Wenn die Arbeitsfähigkeit und Gesundheit der alternden Belegschaft erhalten beziehungsweise verbessert werden sollen, ist eine Palette von betrieblichen Maßnahmen notwendig, die neben der Arbeitsorganisation auch das Führungsverhalten, die Qualifizierung und Gesundheitsförderung betrifft, erforderlich. Gestaltungsansätze beziehen sich erstens auf die Arbeitsanforderungen, zweitens die individuelle Arbeitsfähigkeit und drittens den Abgleich zwischen diesen beiden.

Die individuelle Arbeitsfähigkeit kann zum Beispiel dadurch gefördert werden, dass ein kontinuierlicher Wissens- und Erfahrungsaufbau ermöglicht, die flexible Einsetzbarkeit erhöht, körperlicher Verschleiß vermieden, die Arbeitsmotivation vergrößert und die Vereinbarkeit von Beruf und Familie verbessert werden.

Dies kann nur gelingen, wenn die Arbeitsaufgabe Lernmöglichkeiten eröffnet, wenn Führungskräfte zur Weiterbildung anregen und Perspektiven aufzeigen, ergonomische Arbeitsplatzgestaltung realisiert wird und Mitarbeiter bei der Arbeitsgestaltung beteiligt werden.

Alle diese Maßnahmen müssen bereits in frühen Berufsphasen beginnen und unter Berücksichtigung der verschiedenen Lebensphasen und interindividueller Unterschiede modifiziert werden.

Alternsgerechte Qualifizierung

Der Personalabbau älterer Mitarbeiter und jugendzentrierte Personalentwicklungsstrategien werden dem demografischen Wandel und den damit verbundenen Konsequenzen nicht gerecht. Verschiedene Studien untersuchen, welche Konzepte zur Qualifizierung älterer Mitarbeiter erfolgreich sind.

> **In diesem Beitrag erfahren Sie:**
> - wie sich das Lerngeschehen im Alter ändert,
> - welche Lernhemmnisse auftreten können,
> - wie ein Konzept zur Unterstützung der Qualifizierung Älterer aussehen könnte.

Kathrin Elmerich, Dorothee Karl, Peter Knauth

Einführung

Das Thema Qualifizierung im Alter gewinnt mehr und mehr an Bedeutung. Der Hauptgrund für diese Tendenz ist die demografische Entwicklung. Ein kurzer Blick auf die aktuelle und zukünftige Altersstruktur in den Betrieben verdeutlicht, welche Herausforderungen unweigerlich entstehen werden: Jüngere Generationen werden länger erwerbstätig bleiben müssen und somit werden die Begriffe Beschäftigungsfähigkeit, lebenslanges Lernen, selbstorganisiertes Lernen, Flexibilität durch Mehrfachqualifikation zum einen zunehmend bedeutender und zum anderen zeigen sie die Notwendigkeit auf, bisherige Fort- und Weiterbildungsmaßnahmen im Hinblick auf die qualitative Erfüllung der neuen resultierenden Anforderungen detailliert zu betrachten. Der Mangel an gut ausgebildeten Fachkräften ist ein drängendes Problem, dass sich durch den demografischen Wandel in

Zukunft vermutlich über den gesamten Arbeitsmarkt erstrecken wird. Dieser Entwicklung muss präventiv begegnet werden. Die proaktive Vermeidung der Risiken muss durch gezielte Entwicklung der Potenziale und Kompetenzen der älteren wie auch der jüngeren Mitarbeiter erreicht werden. Bislang wurden jedoch oftmals nur die jüngeren Mitarbeiter konsequent weitergebildet. Diese häufige Ausgrenzung älterer Menschen führte zur Lernentwöhnung dieser Personengruppe. Aufgrund einer großen, zeitlichen Distanz zwischen Erstausbildung und späteren Qualifikationen sind Lernstrukturen und -techniken meist nur fragmentarisch vorhanden [36]. Ältere Bildungsgewohnte hingegen verfügen über unterschiedliche Lerntechniken und weisen unterschiedliche Lerngewohnheiten auf. Insbesondere nutzen ältere Lernende ihre Erfahrungen und versuchen, an bereits bestehendes Wissen anzuknüpfen.

Mit der notwendigen alternsorientierten Neubetrachtung der Zielgruppe Lernender müssen zudem Trainingskonzepte, Methoden und Einstellung der Lehrenden gegenüber älter werdenden Lernenden hinsichtlich ihrer Konsequenzen bezüglich der veränderten Anforderungen neu betrachtet werden. Zentrale Themen dieses Beitrags sind daher: Vorstellung des zentralen Begriffs des Lernens, die Betrachtung des Lerngeschehens und der alternsbezogenen Besonderheiten wie auch die Berücksichtigung der zentralen Aspekte in einer alternsgerechten Konzepterstellung für eine adäquate Lehr-Lernsituation in der Praxis.

Henry Ford (1863 – 1947)
»Nimm die Erfahrung und die Urteilskraft der Menschen über 50 heraus aus der Welt, und es wird nicht genug übrig bleiben, um ihren Bestand zu sichern.«

Der zentrale Begriff Lernen

Entgegen früherer Theorien und Annahmen wird Lernen als Abgleich erstellter Hypothesen mit der Umwelt nicht mehr als vorab objektiv bestimmbar, sondern als aus unterschiedlichen und individuellen Faktoren resultierend angesehen.

Daraus folgt, dass dem Lernenden Subjektivität und somit auch eine aktive Rolle zugesprochen werden muss. Die Selbstverantwortung jedes Individuums tritt in den Vordergrund mit der Aufforderung, das eigene Lernen nicht nur auf die Aneignung von aktuell benötigten Fähigkeiten und Fertigkeiten, sondern auch auf Möglichkeiten der Selbstentfaltung auszurichten. Lernen ist demnach keine bloße Nachahmung, sondern durch die Erfahrungen des Individuums und seine Kreativität gekennzeichnet.

Lernen ist somit ein bewusster oder unbewusster Veränderungsprozess, der sich auf alle Bereiche des Menschen bezieht. Da dieser Prozess vielen Einflüssen unterliegt, ist eine multiperspektivische Betrachtungsweise hilfreich und notwendig. Daher wird im folgenden Text das Lernen aus der kognitiven, der emotionalen und handlungsbezogenen Perspektive betrachtet und erläutert.

Lernen und Alter

Lernen als bewusst oder unbewusst stattfindender, nicht vordefinierbarer, lebenslanger Prozess, ist eine auf den subjektbezogenen Voraussetzungen und Einwirkungen der Umwelt beruhende Veränderung geistiger und körperlicher Eigenschaften. Denn es gibt nicht *die* klassische Lern- und Berufsbiografie, da mit zunehmendem Alter die interindividuelle Streuung diesbezüglich zunimmt (siehe Abb. 1).

Basis für ein alternsgerechtes und individuumorientiertes Konzept ist folglich die Betrachtung des Lerngeschehens aus verschiedenen Perspektiven, das Aufzeigen von möglichen Lernhemmnissen sowie der daraus resultierenden Einflussgrößen auf den Lernprozess.

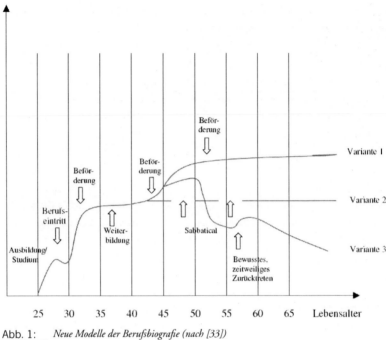

Abb. 1: *Neue Modelle der Berufsbiografie (nach [33])*

Multiperspektivische Betrachtung des Lerngeschehens

Kognitive Perspektive

Bislang bestätigen Forschungsergebnisse, dass kein signifikanter Zusammenhang zwischen kognitiver Leistungsfähigkeit und chronologischem Alter besteht [6].

Zum Teil können veränderte zentral-nervöse Prozesse beobachtet werden, die unter Umständen zu einer Verlangsamung des Lerntempos, der Reaktionszeit und Leitungsgeschwindigkeit führen [36; 31]. Mögliche Ursachen für diese Verlangsamung können fehlende Anlässe sein, gewisse Gedächtnisinhalte tiefer verarbeiten zu müssen oder diese überhaupt zu verwenden.

Zudem kann eine geringere Effektivität des Arbeitsgedächtnisses (Sekundärgedächtnis), also eine abnehmende Leistungsfähigkeit des Arbeitsgedächtnisses bei lernungewohnten Menschen beobachtet werden [31; 6]. Des Weiteren können die Gedächtnisleistungen und somit die Lernleistungen durch eine verteilte Konzentration störanfälliger sein [13; 15] als bei Lerngewohnten.

Keine biologischen Veränderungen sind hingegen bei der Aufmerksamkeit und Merkfähigkeit – bezogen auf die Speicherung im Langzeitgedächtnis – zu beobachten, wenn sich der ältere Mensch nicht mit völlig neuen Merkmalen einer Lernsituation konfrontiert sieht. So konnten Chase und Ericsson [8] in ihrer Studie mit erwachsenen Probanden eindeutig nachweisen, dass eine eventuell nachlassende Merkfähigkeit durch eine bessere Organisation des Speichervorgangs kompensiert oder sogar deutlich verbessert werden kann. Basis dieser Studie ist die »skilled-memory«-Theorie, die durch drei Merkmale charakterisiert ist [21]:

a) *Bedeutungshaltiges Enkodieren*
   Bedeutungshaltige Informationen werden durch Assoziationen mit bereits abgespeichertem Material in die Wissensstruktur des Langzeitgedächtnisses eingearbeitet.

b) *Geordnete Abrufstruktur*
   Nicht nur Inhalte werden abgespeichert, sondern gleichzeitig auch Hinweise, die zum Wiederauffinden des gespeicherten Materials nötig sind.

c) *Geschwindigkeitserhöhung*
   Je häufiger und intensiver gespeicherte Informationen abgerufen werden, umso schneller stehen diese Informationen zur Verfügung.

Die Entscheidung, ob die einströmenden Informationen im Langzeitgedächtnis dauerhaft gespeichert werden sollten, wird vor allem mit Hilfe der folgenden Fragen getroffen:

Sind die Informationen

⇨ außerordentlich intensiv,
⇨ von außerordentlichem Interesse,
⇨ derart, dass sie an Bekanntes anschließen können?

Diese selektiven Fragen verdeutlichen, dass die kognitive Verarbeitung immer ein individuelles Geschehen ist. Jeder Mensch nimmt eine Situation unterschiedlich wahr und aufgrund der längeren Lernbiografie älterer Lernender kann die Beurteilung hinsichtlich der Bedeutung des Lernmaterials interindividuell stark differieren. Auch die Frage, ob das neue Informationsmaterial an Bekanntes anschließen kann, zeigt, dass bereits abgespeicherte Informationen einen großen Einfluss auf den Speicherungsprozess haben. Die unterschiedliche Lernhistorie ist somit eine Hauptursache für interindividuelle Differenzen. Ferner wird deutlich, dass Erfahrungswissen, welches sich in der Lernhistorie entwickelt, nicht nur eine Anhäufung von Wissen ist, sondern in erster Linie die Organisation des Zugangs zu Informationen regelt [1].

Emotionale Perspektive
Im Lernprozess spielen zudem Emotionen eine immens wichtige Rolle. »Am Anfang jedes Erfahrungsprozesses steht der Erlebnisstrom des Einzelnen«, [9, S. 11] beziehungsweise die »Wahrnehmungsinhalte des Individuums sowie deren Verarbeitung und Verknüpfung« [12, S.236], oder anders formuliert das stetige Umweltgeschehen des Individuums.

Ein zentraler Ausgangspunkt im Lernprozess ist die sinnliche Wahrnehmung. Die sensorische Aufnahme von Informationen kann je nach Tätigkeit auditiv, visuell, haptisch, olfaktorisch oder gustatorisch erfolgen. Die komplexe sinnliche Wahrnehmung ist zusätzlich eingebettet in eine »emotionale Beziehung« und »subjektive Nähe« zur Umwelt [3, S. 78]. Im Lern- und Arbeitsprozess erlebt der ältere Lernende gleichsam eine Einheit zwischen Subjekt und Objekt. So werden auch materielle und ideelle Dinge als nicht vollständig berechenbar, sondern als »lebendig« und »sich selbst steuernd« wahrgenommen. Folglich wird der Umgang zum Beispiel mit der Maschine weniger als eine »instrumentelle Nutzung«, sondern eher als eine gemeinsame »Kooperation« verstanden [3]. Genau dieses empathische Einfühlen in eine Situation wurde bereits von Dreyfus und Dreyfus [10; 11] unter der Bezeichnung »Intuition« als die Fähigkeit bezeichnet, die bei einem Experten für seine überlegene Performanz verantwortlich ist.

Informationen werden um so eher behalten, je stärker sie mit Emotionen verknüpft sind [29; 30]. Daraus folgt, dass während des Denkprozesses Vorstellungsbilder oder frühere Ereignisse mit den parallel vorhandenen Empfindungen des physischen Zustandes im Gehirn verknüpft, bewertet und so die kognitiven Prozesse und resultierende Reaktionen beeinflusst werden.

Eine für das Lernen Älterer ausschlaggebende Tatsache ist, dass eine Erfahrungsbegebenheit auch immer von einem »subjektiven Konstituenten, der die Erfahrungsstruktur von seiner Gefühlssphäre her bestimmt« [40], beeinflusst wird.

Lernen beinhaltet somit keineswegs nur Wissensstrukturen und Verhaltensroutinen, sondern auch evaluative und affektive Komponenten. Der Prozess der Erfahrungsbildung wird stets von gegenwärtigen Emotionen begleitet. Beispielsweise können Misserfolge je nach Attribution zu Affekten wie Inkompetenz, Schuld, Scham oder Resignation führen und haben dadurch einen negativen Einfluss auf das Selbstwertgefühl und das zukünftige Leistungsverhalten [6]. Oftmals wird auch die Enttäuschung über ein Misserfolgserlebnis eher zum Anlass für Reflexion als die Freude nach einem Erfolg.

An dieser Stelle soll noch einmal festgehalten werden, dass der Lernprozess über ein besonderes Kontextwissen hinausgeht, zugunsten komplexer sinnlich-körperlicher Wahrnehmungen und Empfindungen [4]. Wichtig dabei ist die persönliche Relevanz des Erlebten und somit sind in diesem Kontext nicht nur kognitive, sondern auch emotionale Bedingungen zu beachten. Ein weiterer Aspekt, der in Zusammenhang mit dem persönlichen Erleben zu beachten ist, ist die Tatsache, dass das Lernen basierend auf Erfahrung nicht nur durch praktische Erlebnisse gebildet, sondern auch fortwährend durch praktische Anwendung weiter entwickelt wird [41].

Handlungsbezogene Perspektive

Speziell Älteren wird eine besondere Handlungsperformance zugesprochen, in der die bereits erläuterten Aspekte von Kognition und Emotion zum Ausdruck kommen.

»Daher kommt es vor, dass manche, obwohl sie über theoretische Fundierung ihres Könnens nicht verfügen, geschickter im Handeln sind als solche, die darüber verfügen – auch auf anderen Gebieten übrigens: Es sind das die Leute mit praktischen Erfahrungen.« (Aristoteles, zit. n. [41, S. 10]). Auch heute noch wird die Auffassung vertreten, »dass Wissenserwerb und Lernen im Rahmen von situierten Handlungen entsteht, Wissen aber nicht wie Artikel in einem Kaufhaus abgelegt und sortiert, sondern direkt an Handlungen gebunden sind« [18, S. 241].

Eine besondere Bedeutung für die handlungsbezogene, erzieherische Praxis hat das handlungspsychologische Vier-Phasenmodell von Heckhausen [20]. In der ersten Phase erfolgt die Intentionsbildung in Abhängigkeit von der individuellen Einschätzung der Handlungsmöglichkeiten und ihrer Folgen. In der daran anschließenden präaktionalen Phase werden klare Zwischen- und Endziele bewertet und priorisiert sowie konkrete Handlungsziele festgelegt. Die konkrete Umsetzung, also das Handeln an sich, erfolgt in der dritten Phase.

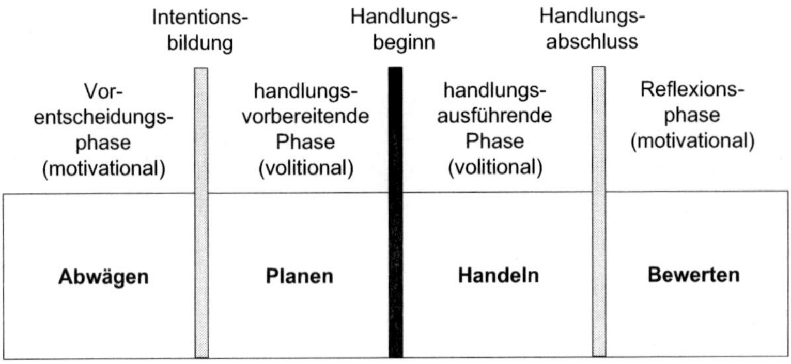

Vorentscheidungsphase (motivational)	Intentionsbildung → handlungsvorbereitende Phase (volitional)	Handlungsbeginn → handlungsausführende Phase (volitional)	Handlungsabschluss → Reflexionsphase (motivational)
Abwägen	Planen	Handeln	Bewerten

Abb. 2: *Vier-Phasenmodell von Heckhausen [39, S. 81]*

Die vierte Phase beinhaltet nach abgeschlossenem Handlungsverlauf die Bewertung der zuvor festgelegten Handlungsziele.

Die Eignung dieses Modells bezüglich des Lernens Älterer besteht vor allem in dem Aufzeigen der kognitiven (Realitätssicht), emotionalen (Selbstbild und Selbstwert) und der motivationalen Einflussmöglichkeiten. Besonders die emotionalen und motivationalen Aspekte sind für das Lernen Älterer von großer Bedeutung.

Bezüglich der Emotion ist die Wahrnehmung der eigenen Stärken und Schwächen ausschlaggebend für die Lernbereitschaft. Zudem schätzen sich Ältere oftmals schlechter ein als Jüngere. Die daraus resultierende Unsicherheit aufgrund von Versagensängsten hat Einflüsse auf die Lernleistung [13]. Die motivationale Einflussnahme erfolgt hauptsächlich in Phase Vier, da hier die Bewertung stattfindet. »Motive werden zumeist aus der Bereitschaft erschlossen, im Denken bestimmte Begebenheiten durchgehend in bestimmter Weise zu bewerten. Sie führen dazu, dass mehrere Individuen die gleiche Situation verschieden auffassen und den Ausgang ihres Handelns und dessen Folgen unterschiedlich bewerten.« [39, 2003, S. 75]
Die Vielfältigkeit und individuelle Ausrichtung der Motive spiegelt sich auch in den möglichen Lernhemmnissen wider.

Multiperspektivische Betrachtung möglicher Lernhemmnisse

Kognitiv bedingte Lernhemmnisse
Die kognitive Organisation und die Speicherung des gelernten Stoffes stehen im Mittelpunkt der Verarbeitungs- und Speicherphase. Bei einer fehlenden oder ungeeigneten Gliederung des Lernstoffs können in dieser Phase bei älteren Menschen Verarbeitungsprobleme auftreten, da diese eine Strukturierung des zu lernenden Materials benötigen. Ebenso treten Schwierigkeiten beim Lernen von sinnlosem Lernstoff auf [6].

Lernschwierigkeiten bei älteren Menschen können zudem auftreten, wenn die Klarheit des Lernziels nicht zu erkennen ist und der Gesamtüberblick fehlt. Bei Lernungewohnten ist das praktisch-konkrete Denken, das heißt neue Lerninhalte in vertraute Zusammenhänge einzubinden, meist nur fragmentarisch vorhanden [36] im Gegensatz zu den älteren Lerngewohnten, die aufgrund dieser Verknüpfungsfähigkeit Probleme besser erkennen und relevante Informationen in den Gesamtzusammenhang stellen können.

Speziell im Bereich des Umlernens – das Ersetzen vorhandener Methoden und Techniken – kann sich das Erfahrungswissen, ohne geeignete Unterstützung, als nachteilig erweisen.

Generell sind bei Lernungewohnten fehlende oder lediglich fragmentarisch vorhandene Lerntechniken und -methoden, wie Informationsbeschaffung, -aufnahme und -verarbeitung, anzutreffen [36]. Wenn also Ältere längere Zeit nicht weitergebildet werden, kann dies ein Problem darstellen.

Ferner wird es mit dem Älterwerden schwieriger, die Wahrnehmung auf wichtige Dinge zu richten, insbesondere wenn es um die Modifizierung einer bereits gemachten Wahrnehmung geht oder es sich um unvollständige Stimuli handelt. So haben sie zuweilen aufgrund der verringerten Informationsaufnahmefähigkeit Probleme, diejenigen Informationen in ihrem visuellen Feld ausfindig zu machen, die wirklich relevant sind. Diese Ablenkbarkeit tritt besonders unter Zeitdruck und bei zu schnell dargebotenem Stoff auf [36].

Wie Probleme angegangen werden und welcher Lernweg sinnvollerweise zu wählen ist, hängt ebenfalls von den bisherigen Lerngewohnheiten ab [42]. So versuchen ältere Menschen häufig, an Erfahrungen anzuknüpfen und ein Vergleich mit ähnlichen Situationen und dem damaligen Vorgehen vorzunehmen.

Emotional bedingte Lernhemmnisse
Häufig anzutreffende Emotionen bei älteren Mitarbeitern sind die Angst vor Fehlern und Versagen [35], die sich lernhemmend auf ältere Menschen auswirken können. Diese Ängste und Barrieren können entstehen, wenn sich ältere Menschen schlechter einschätzen als zum Beispiel jüngere Kollegen, mit denen sie zusammen lernen oder ar-

beiten sollen. Im Speziellen beim Umgang mit neuen Technologien fühlen sich ältere Menschen, die im Gegensatz zu ihren jüngeren Kollegen nicht mit dieser Technologie aufgewachsen sind, oftmals unterlegen.

Des Weiteren kann die Aberkennung der Fähigkeit, sich neuen Techniken und Lerninhalten zu stellen und diese zu bewältigen [17], ältere Lernende zuweilen blockieren oder einengen.

Besonders bei Lernungewohnten kann die Umstellung auf die Lernsituation zu Schwierigkeiten führen, da häufig damit zwiespältige Erwartungen verbunden werden [36]. Die Ergebnis-Erwartung spielt eine entscheidende Rolle, denn um sich »... auf längerfristiges, planmäßiges Lernen einzulassen, brauchen« ältere Menschen »... eine attraktive Zielsetzung« [28, S. 147]. Somit sollten der direkte Nutzen und die konkreten Lernziele besonders älteren Lernenden bekannt sein.

Neben dem teilweise bei älteren Lernenden anzutreffenden negativen Selbstbild, haben ältere Menschen oft mit Vorurteilen gegenüber ihrer Lernfähigkeit zu kämpfen. Diese negative Fremdeinschätzung kann sich auch auf die Wahrnehmung der eigenen Person auswirken [31]. Zudem kann in einer angstbehafteten und fehlersanktionierenden Atmosphäre das bei älteren Menschen häufig anzutreffende Lernen nach Versuch und Irrtum nicht angewendet werden.

Handlungsbedingte Lernhemmnisse
Das Fehlen eines breiten Situationsspektrums, das durch eine Vielfalt sowohl neuer als auch vertrauter Situationen gekennzeichnet ist, erschwert handlungsbezogenes Lernen. Denn die »Entwicklung von Kompetenz ist davon abhängig, wie oft Situationen mit Neuigkeitscharakter auftreten, in denen sich der Beschäftigte angemessen verhalten muss« [16, S.164]. Auch die Konfrontation mit zu bewältigenden Herausforderungen und kritischen Ereignissen wirkt lernförderlich.

Permanent gleiche Anforderungen, klar vorhersehbare Ereignisse und einfach zu lösende Probleme reduzieren den Raum an Lernmöglichkeiten durch unzureichende Reflexion [32].

Auch die Anzahl der zu bewältigenden Aufgaben ist entscheidend für den Lernprozess Älterer. Denn dieses Kriterium hat im Vergleich zur Zeitdauer einen größeren Vorhersagegehalt [6].

Neben der Situationsvielfalt spielt ein großer, aber nicht überfordernder Handlungsspielraum für die Genese von Erfahrungswissen eine bedeutsame Rolle. Nach Rosenstiel, Regnet und Domsch bietet ein großer Handlungsspielraum die Möglichkeiten zum persönlichen Wachstum dadurch, dass er jedem Arbeitenden die Chance lässt, sein Arbeitsgebiet als »Lernfeld« zu interpretieren und dort neue Erfahrungen zu sammeln [34]. Ein fehlender Handlungsspielraum erschwert dem Lernenden das angestrebte Lernziel auf verschiedene Arten und Weisen zu erreichen.

Die Trennung von Lernen und Handeln wirkt sich besonders bei älteren Menschen nachteilig auf den Lernprozess aus, da keine Anknüpfungspunkte an bereits bestehende Erfahrungen möglich sind [13].

Das Erfahrungslernen nach Kolb

Kolb [25] greift in seiner Theorie den Zyklus des Lernens auf (Abb. 3). Beobachten, Wahrnehmen, Erkennen, Verarbeiten, Reflexion und Experimentieren stellen Kernmomente des individuellen Lernens, insbesondere des Lernens durch Erfahrung dar. Nach Kolb wird dann aus Erfahrungen gelernt, wenn diese erfasst und anschließend transformiert werden. Durch die Transformation des konkreten Erlebnisses kann die Erfahrung auf eine konkrete oder abstrakte Art erfasst werden [25]. Im ersten Falle findet die Transformation durch interne Reflexion (»Intention«) statt, im zweiten Falle durch aktive experimentelle Erweiterung (»Extension«). Demgegenüber entspricht Comprehension einer mentalen Repräsentation dieser Erfahrung.

Kolbs Modell ist hilfreich, um den Prozess der Transformation von Erfahrung verständlich zu machen. Zusammenfassend existieren dafür zwei Wege, die sich einander keineswegs ausschließen: Zum einen das individuelle Einlassen auf neue Erfahrungen mit deren Rückmeldungen. Dies kann auch als öffentliche, sichtbare oder extravertierte Seite der Transformation bezeichnet werden. Zum anderen die Reflexion über die Erfahrung. Diese Transformationsart kann auch private, innere oder introvertierte Dimension der Transformation genannt werden. Kolb konzentriert sich dabei sehr stark auf das Individuum an sich und vernachlässigt Prozesse der Interaktion. Dass Lernprozesse immer auch von der Interaktion zwischen Personen und zwischen Person und Lernkontexten abhängen, erhält in dem Modell wenig Bedeutung. So kann das Modell beispielsweise auf die Frage, ob ein Individuum auf aktives Experimentieren verzichten wird, wenn es bei Fehlern sofort mit Sanktionen durch die Arbeitsgruppe zu rechnen hat, keine Antwort geben.

Der Prozess des Erfahrungslernens nach Kolb gestaltet sich somit folgender Maßen: Aus konkreten Erfahrungen (»Concrete Experience«) werden durch interne Denkvorgänge (»Reflective Observation«) abstrakte Konzepte (»Abstract Conceptualization«) gebildet. Diese abstrakte Konzeptualisierung wird durch aktives Experimentieren (»Active Experimentation«) auf reale Gegebenheiten übertragen und es entstehen neue konkrete Erfahrungen.

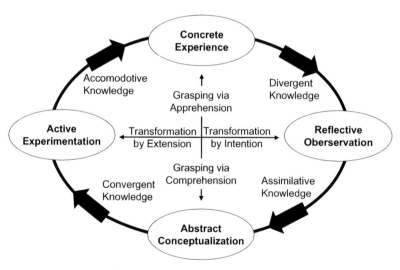

Abb. 3: *Theorie des Erfahrungslernens nach Kolb [25]*

Generell sind diese »... individuellen Lernstile (...) das Ergebnis von Sozialisationserfahrungen in der Familie, der Schule und bei der Arbeit« [37, S. 23].

Nachdem der zyklische Lernprozess im Allgemeinen dargestellt wurde, soll nun im Folgenden auf die Besonderheiten des Lernprozesses Älterer eingegangen werden.

Konzept zur Unterstützung der Qualifizierung Älterer

Das hier vorgestellte Konzept bezieht sich sowohl auf die theoretische Betrachtung der Besonderheiten älterer Lernenden als auch auf die Analyse praktischer Modelle aus Wirtschaft und Industrie. Es wird versucht, ein möglichst umfassendes Bild des Lehr-Lernprozesses zu liefern. Der konzeptionellen Planung sollte eine Klassifizierung der zukünftigen Teilnehmer hinsichtlich des Alters und der Lerngewöhnung zugrunde liegen, da diese Kriterien auch das Ausmaß der Motivation und Interessen determinieren. Des Weiteren sollten ältere Lernende an der Planung der Lernziele beteiligt werden, da somit individuelle Interessen berücksichtigt und die Akzeptanz und Identifikationsmöglichkeit mit dem Lehr-Lernprozess verstärkt werden können. Nachfolgend wird auf die Phasen Planung, Sensibilisierung und Durchführung eingegangen.

Planung

Die Planung sollte nicht nur kurzfristige Maßnahmen umfassen, sondern der langfristigen Umsetzbarkeit und Wirksamkeit des Lehr-Lernprozesses sowohl direkt am Arbeitsplatz als auch in der betrieblichen Weiterbildung eine zentrale Bedeutung zumessen. Kernmoment der konzeptionellen Planung ist das didaktische Prinzip der Zielgruppenorientierung. Diese Ausrichtung impliziert die Integration der weiteren Prinzipien Lernzielorientierung (Grund für die Teilnahme), Handlungsrelevanz (Transferfähigkeit) und Inhaltlichkeit (Praxisbezug). Die nun folgende zielgruppenfokussierte Erläuterung des

Konzepts gliedert sich nach inhaltlichen, methodischen und medialen Planungsschritten und schließt mit den notwendigen Rahmenbedingungen des Lehr-Lernprozesses Älterer.

Inhalte
Die Inhalte der Qualifizierungsmaßnahmen sollten zielgruppenbezogen ausgerichtet sein, das heißt, sie sollten die individuellen Lernvoraussetzungen der Adressaten berücksichtigen. Dies kann durch die Orientierung an dem bei älteren Lernenden vorherrschenden aktiven und sinnbezogenen Einprägen erfolgen. Aktiv bedeutet in diesem Fall, dass lediglich ein Lerngerüst vorgegeben werden sollte. Dieses Gerüst fördert die Selbststeuerung und die Eigenverantwortung der Lernenden und kommt dem Bedürfnis der älteren Menschen nach einer geringen Kontrolle und ausgeprägter Selbstbestimmung entgegen. Hierbei ist jedoch zu bemerken, dass gerade bei Lernungewohnten anfänglich nicht von einer effektiven Selbststeuerung ausgegangen werden kann, so dass eine intensive Betreuung von Seiten der Trainer beziehungsweise Führungskräfte notwendig erscheint.

Sinnbezogen bedeutet, dass die Lernaufgabe vollständig, gut strukturiert [27], handlungsorientiert, zweckbestimmt, direkt anwendbar und erfahrungsorientiert gestaltet werden sollte [19]. Des Weiteren empfehlen sich eine gezielte Integration der vorhandenen Methoden-, Fach- und Sozialkompetenz und eine anschauliche Gestaltung des Lehr- und Lernprozesses, bei dem Beispiele und Vergleiche herangezogen werden. Da Lernende meist ein besonderes Augenmerk auf solche Inhalte richten, die in ihrer Biografie schon immer eine hohe Relevanz besaßen, kommt dem biografischen Lernkonzept eine entscheidende Rolle zu [13].

Methoden
Zu Beginn der Entscheidung für bestimmte Methoden steht die Wahl der Aktions- und Sozialform und somit auch die Wahl des Lernweges für die älteren Teilnehmer. Hierbei sind die Intentionen, Interessen

und die thematische Ausrichtung des Lehr-Lernprozesses zu berücksichtigen [13].

Eine eindeutige Aussage über die Gruppenzusammensetzung hinsichtlich des Alters kann kaum getroffen werden. So sind bei der altershomogenen Gruppe, im Vergleich zur heterogenen Zusammensetzung, relativ geringe individuelle Unterschiede anzutreffen. Diese bewirken eine hohe affektive Bindung unter den Gruppenmitgliedern. Des Weiteren kann die Kommunikation durch unterschiedliche Erfahrungen in der heterogenen Gruppe erschwert sein. Eine leichtere Zielfindung aufgrund ähnlicher Interessenslagen ist zudem bei der Altershomogenität im Gegensatz zur Altersheterogenität zu erwarten. Hingegen kann die Kreativität sowohl durch die eine als auch durch die andere Gruppenzusammensetzung aufgrund von zu wenigen Anknüpf- und Reibungspunkten beeinträchtigt sein. Ein größeres Konfliktpotenzial ist bei der altersheterogenen Zusammensetzung anzunehmen, da hierbei vermehrt Reibungsflächen zu vermuten sind.

Aufgrund der trotz Altershomogenität anzutreffenden interindividuellen Unterschiede hinsichtlich der Lernvoraussetzungen erscheint eine kleinere Lerngruppe als sinnvoll [7]. Bei lernungewohnten älteren Menschen sollte zudem eine altershomogene Gruppe angestrebt werden, um anfänglich Barrieren und Ängste abzubauen. Sobald eine Lerngewöhnung eintritt, sollte zur Vermeidung von Stigmatisierungseffekten eine altersheterogene Zusammensetzung angedacht werden, die zudem den intergenerativen Erfahrungsaustausch ermöglicht. Es empfiehlt sich jedoch, diese Entscheidung gegebenenfalls mit den potenziellen Teilnehmern zu diskutieren, um deren Bedürfnisse zu berücksichtigen.

Mit Hilfe des erfahrungsbezogenen Lehr-Lernprozesses kann dem Bedürfnis nach Anknüpfbarkeit begegnet werden. Dieser zeichnet sich durch die Berücksichtigung der physischen, kognitiven und emotionalen Ausgangslage der Teilnehmer aus. Diese wird in die inhaltliche Gestaltung und Zieldefinition integriert.

Des Weiteren kann die offene Gestaltung des Lehr-Lernprozesses dem Bedürfnis nach geringer Kontrolle und vermehrter Selbstbestimmung gerecht werden. Hierbei wird eine Lernsituation organisiert, ohne den Weg zu definieren und unter Hinzunahme vielfältiger Arbeitsmittel. Somit können neue Medien und Techniken zwanglos in den Lernprozess integriert werden. Generell sollten also ein frontalrezeptiver Unterricht vermieden und die Selbststeuerung gefördert werden, indem sich die Erwartungen, Auswahl des Lernweges, Vorbereitung, Wahrnehmung, das Erkennen, Verarbeiten und Reproduzieren an den Bedürfnissen älterer Lernender orientieren [23]. Darüber hinaus sollte eine Stufung der Schwierigkeiten erfolgen, so dass die Lernenden einzelne Schritte nach ihrem eigenen Tempo und Wissensstand wählen können [13] und eine klare Strukturierung erkennbar ist. Diese Strukturierung kann durch eine sorgfältige Erklärung neuartiger Übungen, die auf vorhandenes Wissen und bisherige Erfahrungen aufbauen sollten, unterstützt werden [27]. Hierbei sei kritisch angemerkt, dass aufgrund des Erfahrungswissens negative Übertragungseffekte auftreten können. Eingefahrenen Denkschemata und Schwierigkeiten des Umlernens sollte mit Hilfe von großzügig eingeplanten Wiederholungs- und Übungsphasen begegnet werden, insbesondere um den Umgang mit geänderten und zukunftsorientierten Techniken zu erleichtern. Zudem sollten eine kritische Selbstreflexion der älteren Lernenden angeregt und diese bei der Umstrukturierung des Wissens unterstützt werden.

Darüber hinaus empfiehlt es sich, aufgrund der Wichtigkeit der Motivation eine regelmäßige Erfolgsbestätigung einzubauen. Dies scheint insbesondere bei lernungewohnten älteren Menschen mit anfänglichen Motivationsbarrieren notwendig zu sein.

Für die Entscheidung über den Einsatz methodischer Techniken empfiehlt sich die Beachtung folgender Merkmale [24]:

⇨ Persönlicher Erfahrungsbezug
⇨ Abwechslung und Breite
⇨ Ruhe statt Zeitdruck

Im Rahmen des persönlichen Erfahrungsbezugs sollten Beispiele und konkrete Fälle im Lehr-Lernprozess herangezogen werden, um dem

Bedürfnis nach Anschaulichkeit und konkreten Anwendungsbezug gerecht zu werden. Auch eine Absprache in der Planungsphase über konkrete Transferaktivitäten und Implementationsstrategien können hierbei hilfreich sein. Damit der Lernprozess erfolgreich stattfinden kann, sollte zudem die Bedeutung des Lernstoffes für die Persönlichkeitsentwicklung und für die Erweiterung des Handlungswissens der älteren Teilnehmer herausgearbeitet werden. Darüber hinaus kann eine Perspektivverschränkung, die im Rahmen von organisierten Dialogen oder Partnerinterviews erfolgen kann, zu Beginn der Qualifizierungsmaßnahme integriert werden, um zum einen den Erfahrungsaustausch anzuregen und zum anderen unterschiedliche Sichtwise aufzuzeigen und somit eine Selbstreflexion zu initiieren. Ebenso können mithilfe dieser Methode anfängliche Barrieren und Vorbehalte über die Sinnhaftigkeit des Lernens beseitigt werden, indem andere Teilnehmer von ihren positiven Erfahrungen berichten. Somit ist die Perspektivität [38] – spezifische Sichtweise – ein wichtiger Ansatzpunkt im Rahmen des persönlichen Erfahrungsbezugs.

Das Merkmal Abwechslung und Breite zielt auf die unter Umständen verringerte Monotonieresistenz älterer Lernender. Resultierend aus dem veränderten Lernverhalten ist ein Methodenmix erforderlich. Ein entsprechendes Lehrkonzept sollte zum einen dem Experimentieren Raum geben und zum anderen durch unterschiedliche Methoden, die auf alternsentsprechende Wahrnehmung und Verarbeitung abgestimmt sind, unterschiedliche Sinne und Fähigkeiten ansprechen. Jedoch ist zu bemerken, dass im Speziellen bei Lernungewohnten anfänglich auf eine breite Fülle von Methoden verzichtet werden sollte. Stattdessen empfiehlt es sich, zu Beginn vertraute Methoden zu verwenden und erst Schritt für Schritt Neuerungen einzuführen, um den zum Teil störanfälligen Lernprozess nicht zu gefährden. Allgemein sollte zudem eine Reduktion auf das Wesentliche erfolgen [38], um die notwendige Struktur und Überschaubarkeit zu garantieren.

Portionierung der Inhalte und fehlender Zeit- und Leistungsdruck sind Inhalt des Merkmals Ruhe statt Zeitdruck. Zu schnell dargebotener Stoff kann ältere Lernende ebenso behindern, wie stetiger Druck und Kontrolle. Daher sollten »... Möglichkeiten einer Individualisierung der Wissensaneignung und des Selbstlernens... und ihre Erarbeitung nach individuellen Lerngeschwindigkeiten« [5, S. 155] ermöglicht werden. »Die Selbstregulation des Lerntempos ist ein für ältere Arbeitnehmer besonders wichtiger Aspekt, da der Zeitbedarf Älterer um 30-50% höher liegt als bei Jüngeren.« [7, S. 38] Durch die Wahl einer kleineren Lerngruppe mit möglichst homogenen Vorkenntnissen scheint diese idealisierte Vorstellung weitestgehend umsetzbar zu sein. Kritisch zu bemerken ist hierbei, dass die Individualisierung der Lerngeschwindigkeit bei fest vorgegebenen und zu vermittelnden Inhalten nicht vollständig realisiert werden kann. Aus diesem Grund empfiehlt es sich, eine Selbstlernphase einzubauen, in welcher der gelehrte Stoff im Rahmen der eigenen Geschwindigkeit wiederholt werden kann.

Insbesondere bei lernungewohnten älteren Menschen scheint zu Beginn die Förderung von Erfolgserlebnissen mit Hilfe von mittleren Aufgabenschwierigkeiten und großzügiger Zeitressource sinnvoll zu sein. Im Anschluss daran kann Schritt für Schritt die Schwierigkeit heraufgesetzt werden, denn im Allgemeinen wirkt eine andauernde Unterforderung lernhinderlicher als eine zeitweise Überforderung. Des Weiteren kann durch eine eingeplante Rückkopplung die Reproduzierbarkeit des eigenen Handlungswissens überprüft werden, indem ein Austausch unter den Teilnehmern angeregt wird. Diese Verbalisierung unterstützt zudem den Prozess der Enkodierung.

Medien
Auch bei der Planung des Medieneinsatzes sind die Besonderheiten älterer Lernender zu berücksichtigen. So können zu Beginn einer Qualifizierungsmaßnahme bisher verwendete Medien – zum Beispiel Lehrbücher und Texte – eingesetzt werden, um Lernerfolge zu fördern. Jedoch sollten nach einiger Zeit, in der die Teilnehmer an Sicherheit bezüglich der eigenen Lernfähigkeit gewonnen haben, Schritt für Schritt neue Medien eingeführt werden. Im Allgemeinen empfiehlt sich die Ansprache unterschiedlicher Sinne, um die

Wahrnehmung zu stärken. Dies kann durch audio-visuelle Medien erfolgen [7], ebenso wie durch die Verwendung haptischer Lehrmittel, die zudem den Praxisbezug verdeutlichen und den Schritt vom Konkreten zum Abstrakten vereinfachen können. Kritisch zu bemerken ist hierbei, dass jedoch durch zu viele Medien eine Überreizung und Überinformation der älteren Lernenden erfolgen kann. So sollte auch hier die Beschränkung auf das Wesentliche erfolgen: So viele Medien wie nötig, so viele Sinne wie möglich.

Rahmenbedingungen
Der von den älteren Lernenden vermehrt benötigte Zeitbedarf ebenso wie das individuelle Bedürfnis nach Pausen sollten in den Rahmenbedingungen beachtet werden. So sollte sich die Zeitstruktur zum einen an den Teilnehmern und deren Vorkenntnissen und zum anderen an der Thematik, dem Lernziel und der Relevanz der Lerninhalte orientieren. Idealerweise sollte eine Zeitsouveränität hergestellt werden [13; 14], um eine Überforderung durch Zeitdruck zu vermeiden.
Nach der Planungsphase, welche die Besonderheiten der älteren Lernenden berücksichtigt, folgt nun die Phase der Sensibilisierung.

Sensibilisierung

Die gerontopsychologische Entwicklungspsychologie unterscheidet drei Modelle, die auch heute noch konkurrierend in den Köpfen der in Lehr-Lernprozessen involvierten Personen kursieren [26]:
Das Disuse-Modell betrachtet die Entwicklung im höheren Erwachsenenalter vor allem im Nachlassen körperlicher und geistiger Funktionen, die aufgrund mangelnden Gebrauchs und fehlenden Trainings entstanden sind.
Das Defizit-Modell führt das Nachlassen körperlicher und geistiger Funktionen auf biologisch determinierte Faktoren zurück.
Das Kompetenz-Modell stellt die personenspezifische und umgebungsspezifische Anpassung der individuellen Kompetenzen an

die Anforderungen der Lebensumwelt in den Fokus [26]. Da dieses Modell die Individualität und die spezifischen Anforderungen in den Vordergrund stellt, ohne eine defizitäre Sichtweise einzunehmen, ist dieses Modell im Hinblick auf die elementaren Besonderheiten älterer Lernender ein wertvoller Nährboden für das Verhältnis zwischen Lehrenden und Lernenden.

Da der persönliche Erfahrungsbezug beim Lernprozess älterer Menschen im Vordergrund steht, können verbal geäußerte Gegenargumente zum Defizit-Modell als nicht ausreichend angesehen werden. So sollten die älteren Lernenden selbst die eigene Lernfähigkeit erleben und an der Planung und Durchführung aktiv teilnehmen. Um die häufig verschüttete Lernbereitschaft, die im Gegensatz zur biologisch bedingten Lernfähigkeit aktiv beeinflusst werden kann, zu wecken, können gezielte Einführungskurse organisiert werden [14].

Des Weiteren empfiehlt sich eine explizite Schulung der beteiligten und potenziellen Führungskräfte, um die Besonderheiten der älteren Lernenden in den Arbeitsaufgaben und dem Arbeitsumfeld berücksichtigen zu können. Dies kann durch eine Vorbereitung auf neue Perspektiven innerhalb von Vorträgen, Schulungen und Workshops erfolgen. Es muss die wirtschaftlich begründete Notwendigkeit und Sinnhaftigkeit der Qualifizierung älterer Arbeitnehmer verdeutlicht werden [22]. Zudem empfiehlt sich eine Sensibilisierung innerhalb eines Workshops hinsichtlich des eigenen Alterns. Hierbei kann aufgezeigt werden, welche Ängste, Wünsche und Bedürfnisse mit dem Prozess des Alterns verbunden sind. Somit könnte ein Einstellungswandel hinsichtlich der Potenziale der älteren Mitarbeiter erfolgen.

Durchführung

Die Durchführungsphase ist durch die didaktischen Prinzipien: Teilnehmerorientierung, Deutungsmusteransatz, Perspektivverschränkung, Lernzielorientierung, Inhaltlichkeit, Metakognition, Emotionalität und Zeitlichkeit charakterisiert. Zentrales Element hierbei ist die Teilnehmerorientierung, welche die weiteren Prinzipien nachhaltig beeinflusst, so dass an dieser Stelle das Hauptaugenmerk auf die Teilnehmerorientierung gelegt wird.

Dieses Prinzip äußert sich in der Berücksichtigung der individuellen Interessen und Bedürfnisse innerhalb einer Qualifizierungsmaßnahme. So sollten die gesetzten Ziele, Inhalte, Methoden und Medien gegebenenfalls während der Durchführung angepasst werden. Hierfür sollten in der Planungsphase geeignete Alternativen festgelegt werden. Diese Änderungen können sich sowohl an den Interessen der Teilnehmer orientieren, wodurch der Trainer zu einer alternativen Handlung veranlasst wird, als auch an der Situation des Unternehmens. Wird während der Durchführung erkannt, dass die ergriffenen Maßnahmen nicht geeignet sind, sollte erneut eine Planungsphase eintreten, um diese Erkenntnisse in eine neue Qualifizierungsmaßnahme zu integrieren.

Aus diesem Grund empfiehlt sich eine Pilotgruppe von fünf bis zehn Personen [22], welche die Ziele, Inhalte, Methoden, Medien und Rahmenbedingungen auf ihre Wirksamkeit überprüft. Hierdurch kann das Vorhaben getestet und die bei älteren Lernenden oftmals vorhandenen Zweifel hinsichtlich der Sinnhaftigkeit dieser Maßnahme beseitig werden. Eine regelmäßige Überwachung und Zwischenbewertung ist aus diesem Grund anzuraten, um rechtzeitig eingreifen zu können.

Das Prinzip der Teilnehmerorientierung kann durch Diskussionsrunden, aktives Feedback und andauernde Partizipation der Teilnehmer erfolgen. Hierfür empfiehlt sich eine angstfreie Atmosphäre, um den älteren Lernenden die Äußerung von Schwierigkeiten zu erleichtern. Die Inhalte, Methoden und Medien sollen den älteren Teilnehmern ein aktives Handeln an ihrem Arbeitsplatz ermöglichen. Bei der von Bauer et al. [2] neu entwickelten Methode des »erfahrungsgeleiteten Arbeitens und Lernens« wird neben der Vermittlung von Fachwissen vor allem der Erwerb von Erfahrungswissen systematisch unterstützt. Die vorab geplanten Transferstrategien sollten regelmäßig von Seiten der Teilnehmer und der Trainer beziehungsweise Führungskräfte überprüft werden.

Zusammenfassend lässt sich sagen, dass die Grenzen zwischen den einzelnen Elementen der alternsgerechten Gestaltung von Lehr-Lernprozessen fließend sind und aufgrund dessen nicht getrennt voneinander erfolgreich ausgeführt werden können. Generell sollten kurz-, mittel- und langfristige Maßnahmen eingesetzt werden, um einen andauernden und nachhaltigen Erfolg zu gewährleisten und die bislang kaum geschätzten Potenziale der älteren Arbeitnehmer in das Lehr-Lernkonzept einbeziehen.

Qualifizierung von Älteren in der Praxis – Das Projekt CREDIT

Ziel des EU-Projektes CREDIT(EU-Forschungsprojekt 110311-CP-2003-1-GR-GRUNDVIG-G1) war die Entwicklung, Durchführung und die Evaluation von konkreten Trainingssystemen in der Praxis bezüglich des lebenslangen Lernens für ältere Mitarbeiter. Hierfür wurden zu Beginn die Bedürfnisse der älteren Mitarbeiter identifiziert und anschließend in bedarfsgerechte Trainingskonzepte integriert. Im Rahmen von verschiedenen Pilotgruppen wurden die spezifischen Effekte der entwickelten Trainingskonzepte evaluiert.

Für dieses Ziel wurde ein Fragebogen zur Ermittlung des Qualifikationsbedarfs und der speziellen Lernbedürfnisse älterer Mitarbeiter entwickelt. Folgende Bausteine wurden erfragt:
A. Persönlicher Hintergrund
B. Veränderungen am Arbeitsplatz
C. Wissen, Fähigkeiten und Schulungsbedarf
D. Schulungserfahrungen

Nach dem ausführlichen persönlichen Datenteil (A) wurden im zweiten Block (B) die Veränderungen am jeweiligen Arbeitsplatz abgefragt. Hierbei ist zu beachten, dass der Fragebogen insbesondere auch für die Beurteilung von Arbeitsplätzen im gewerblichen Bereich konzipiert ist. Der Teilnehmer soll einschätzen, in welchem Ausmaß es während der letzten drei Jahre vor dem Erhebungszeitpunkt Veränderungen gab und kann dies jeweils mit »keine Veränderungen«, »kleine Veränderungen« oder »große Veränderungen« bewerten (Abb. 4).

Veränderungen	Anforderungen
• organisatorisch/Arbeitsaufteilung • Arbeitsprozess/Arbeitsaufgaben • Arbeitsmaterialien, Werkstoffe • Informationstechnologien • Maschinen, Ausstattung, Werkzeuge	gesamt
☐ ▨ ■ keine kleine große Veränderungen	☐ ▨ ▨ ■ ■ stark leicht gleich leicht stark gesunken geblieben gestiegen

Abb. 4: *Der Fragenblock zum Thema Veränderungen am Arbeitsplatz*

Die Fragen des dritten Blockes (C) beschäftigen sich mit der Beherrschung des Arbeitsprozesses. Es sollen Aussagen zur Kenntnis der Arbeitsziele, der Beherrschung der eigenen Arbeitsaufgabe und der Beherrschung der Arbeitsumgebung getroffen werden. Zunächst wird die Kenntnis der Arbeitsziele für unterschiedlich weitreichende Bereiche abgefragt. Dabei geht es als erstes um die Ziele der eigenen Arbeit, dann um die Ziele der eigenen Arbeitsgruppe oder Abteilung und zuletzt um die Ziele des gesamten Unternehmens. Tabelle 1 stellt die Fragenkomplexe des dritten Blocks zusammenfassend dar.

Der vierte Block (D) schließlich untersucht die bisherigen Schulungserfahrungen der Befragungsteilnehmer. Hierbei werden unter anderem Themen, Zeitraum und Dauer der letzten Schulungen ermittelt, indem dem Befragten elf mögliche Schulungsthemen vorgegeben werden, zu denen er angeben soll, in welchem Zeitraum die letzte Schulung zu diesem Thema stattfand (»ich hatte noch keine Schulung«, »innerhalb der letzten sechs Monate«, »innerhalb des letzten Jahres«, »innerhalb der letzten zwei Jahre«, »noch früher«). Weiter soll er zu den geschulten Themen die jeweilige Dauer der Maßnahme benennen (»2 bis 4 Stunden«, »einen Tag«, »2 bis 3 Tage«, »eine Wo-

Tabelle 1: Fragen zur Einschätzung der Kenntnis des Arbeitsprozesses	
Kenntnis der Ziele	Ziele der eigenen Arbeit
	Ziele der eigenen Arbeitsgruppe oder Abteilung
	Ziele des gesamten Unternehmens
Beherrschung der Arbeitsaufgabe	Kenntnis des eigenen Arbeitsprozesses
	Beherrschung der Aufgaben am eigenen Arbeitsplatz
	Beherrschung des eigenen Arbeitsobjektes
	Beherrschung der Maschinen, Werkzeuge etc.
	Planung und Einteilung der eigenen Arbeitsaufgaben
	Bewältigung der Qualitätsanforderungen der eigenen Arbeit
Beherrschung der Arbeitsumgebung	Kenntnis der gesetzlichen Bestimmungen und Anforderungen an die eigene Arbeit
	Kenntnis der betrieblichen Gesundheits- und Sicherheitsbestimmungen
	Kenntnis der Bauteile, Arbeitsmaterialien etc.
	Beherrschung der Informationstechnologien
	Kenntnis anderer Arbeitsaufträge in der Abteilung
	Kenntnis der Dienstleistungen oder Produkte der eigenen Abteilung
	Kenntnis der wirtschaftlichen Erfolgsfaktoren der eigenen Abteilung
	Umgang mit sozialen Situationen bei der Arbeit

che«, »2 bis 3 Wochen«, »länger«). Zusätzlich besteht die Möglichkeit, Schulungen zu nicht aufgeführten Themen eigenhändig einzutragen und ebenso durch den Zeitraum der letzten Schulung und die Schulungsdauer zu charakterisieren.

An dieser grundlegenden Befragung nahmen im Rahmen des Projektes CREDIT 56 Personen ab 45 Jahren aus unterschiedlichen Unternehmen teil. Fast die Hälfte (46,4 Prozent) der Befragten und damit der größte Teil gehört zu der Gruppe der 50 bis 55-Jährigen, ein weiterer großer Teil von 35,7 Prozent ist zwischen 45 und 49 Jahre alt und nur etwa jeder Sechste (17,9 Prozent) hat bereits ein Alter von 56 Jahren oder mehr erreicht.

Hinsichtlich der Geschlechterverteilung innerhalb der Stichprobe überwiegt der Männeranteil. Mit 57,1 Prozent haben mehr Männer den Fragebogen ausgefüllt als Frauen, deren Anteil bei 42,9 Prozent liegt.

Der größte Teil der Befragten (48,1 Prozent) schloss die Grund-/Hauptschule ab, etwa ein Viertel (24,1 Prozent) die Realschule und etwas mehr als jeder Vierte (27,8 Prozent) die Höhere Schule. Hier bleibt noch anzumerken, dass es nicht die Antwortmöglichkeit »kein Schulabschluss« gab, daher kann diese Variante bei den Ergebnissen nicht beachtet werden.

Während 3,7 Prozent der Teilnehmer keinen formalen beruflichen Abschluss erlangten, machten 64,8 Prozent eine Lehre; 14,8 Prozent erreichten mit einem Fachhochschulabschluss und 16,7 Prozent mit einem Universitätsabschluss einen höherwertigen Ausbildungsgrad. Die Stichprobe besteht zu etwa 80 Prozent aus Angestellten, dadurch werden die Ergebnisse vermutlich stark durch ihre Sichtweise geprägt sein. Mit 38,2 Prozent ist ein großer Teil der Befragten in Führungspositionen, 61,8 Prozent haben keine führende Stellung inne. Es besteht ein signifikanter Zusammenhang zwischen Führungsstatus und Geschlecht der Teilnehmer: Unter den Führungskräften befinden sich deutlich weniger Frauen als Männer.

Ergebnisse des Projektes

Veränderungen am Arbeitsplatz

Insgesamt erfuhren die Teilnehmer der Befragung im weiteren Umfeld, das heißt was den Arbeitgeber oder die derzeitige Position angeht, relativ wenige Veränderungen. Anders verhält es sich jedoch mit den Neuerungen am eigenen Arbeitsplatz. Hier stellen die Befragten in allen Bereichen kleine bis große Veränderungen während der letzten drei Jahre fest. Am deutlichsten zeigt sich dies bei Änderungen auf der organisatorischen Ebene beziehungsweise bei der Arbeitsaufteilung, da hier die in ihrem Ausmaß größten Veränderungen gesehen werden: Ein gutes Drittel der Befragten stuft die hier aufgetretenen Neuerungen als groß ein. Auch Änderungen des Arbeitsprozesses beziehungsweise der Arbeitsaufgaben und Änderungen bezüglich der Informationstechnologie werden als relativ stark eingestuft. Demgegenüber werden in den Bereichen Arbeitsmaterialien beziehungsweise Werkstoffe und Maschinen, Ausstattung, Werkzeuge relativ geringe Veränderungen gesehen. Abbildung 5 gibt einen Überblick über die Mittelwerte der einzelnen Bereiche, zu denen die Veränderungen eingeschätzt werden sollen.

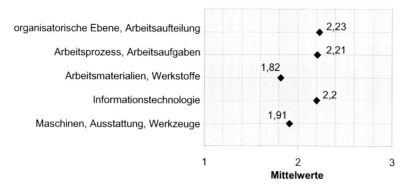

Abb. 5: *Ausmaß der Veränderungen am Arbeitsplatz während der letzten drei Jahre vor dem Erhebungszeitpunkt*

Bezüglich der Einschätzung der Veränderungen bei Maschinen, Ausstattung und Werkzeugen nehmen vor allem langjährige Mitarbeiter große Veränderungen wahr. Dies ist nahe liegend, wenn man bedenkt, dass ein Arbeitgeberwechsel zu Beginn immer auch ein ungewohntes Umfeld bedeutet. Die Veränderungen, die dann stattfinden, werden noch nicht so gravierend empfunden, als wenn sich in langen Jahren Gewohnheiten eingeschliffen haben. Obwohl jeweils nur der Zeitraum der letzten drei Jahre vor Erhebungszeitpunkt bewertet wurde, gibt es einen deutlichen Unterschied zwischen der Einschätzung der

Mitarbeiter mit über zwanzigjähriger Betriebszugehörigkeit und den übrigen Teilnehmern. Erstere stufen die Veränderungen in diesem Bereich zu 46,7 Prozent als groß ein, während dies nur 4,8 Prozent der anderen Befragten tun – und sogar kein einziger derjenigen, die erst bis zu zehn Jahre beim derzeitigen Arbeitgeber sind.

In dem gleichen Bereich unterscheidet sich die Wahrnehmung von Führungskräften von jener der Mitarbeiter, die keine Führungsposition inne haben. Letztere sehen hier weniger beziehungsweise geringere Veränderungen als Teilnehmer mit Führungsposition. Auch dies ist nicht wirklich überraschend, zieht man in Betracht, dass die Führungskräfte bei Veränderungsprozessen die erste Anlaufstelle für das Unternehmen sind. Veränderungen werden über sie dem Rest der Belegschaft mitgeteilt. Somit werden ihnen Neuerungen auch bewusster, zumal sie häufig auch in ihre Planung und Organisation mit eingebunden sind.

Die Gesamtanforderungen an das fachliche Wissen und die Fähigkeiten der Befragten sind durch die vorgefallenen Veränderungen angewachsen (vgl. Abb. 6). Für 80,4 Prozent der Teilnehmer stiegen die Anforderungen leicht oder stark, während sie für 16,1 Prozent

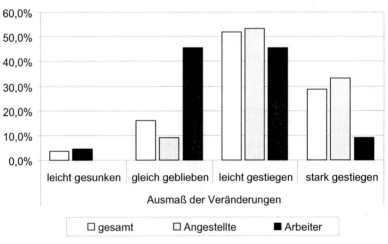

Abb. 6: *Veränderung der Gesamtanforderungen am Arbeitsplatz*

gleich blieben und für 3,6 Prozent leicht sanken. Diese Entwicklung wird besonders in der größeren Gruppe der Angestellten deutlich, hier empfindet jeder Dritte den Anstieg als stark, während bei den Arbeitern nicht einmal jeder Zehnte diese Einschätzung teilt. Letztere schätzen die Anforderungen immerhin zu 45,5 Prozent als gleich geblieben ein. Im folgenden Kapitel wird aufgezeigt werden, dass die Mitarbeiter nach wie vor gut mit ihren Arbeitsaufgaben zurechtkommen, so dass sich der Rückschluss ziehen lässt, dass es den Teilnehmern über die letzten Jahre und sämtliche Umorganisationen und Innovationen hinweg gelungen ist, ihre Qualifikationen auszuweiten und den neuen Anforderungen anzupassen.

Wissen, Fähigkeiten und Schulungsbedarf
Hinsichtlich der Beherrschung des Arbeitsprozesses ist die subjektive Selbsteinschätzung der Befragungsteilnehmer im Großen und Ganzen positiv. Es konnte kein Bereich identifiziert werden, in dem echter Qualifizierungsbedarf besteht. Vor allem dort, wo ein direkter Bezug zur eigenen Tätigkeit gegeben ist, werden nur selten und in geringem Ausmaß weitere Erläuterungen als notwendig angesehen. Bei der Interpretation von Befragungsergebnissen muss auf jeden Fall immer wieder der Effekt einer »sozialen Erwünschtheit« von Antworten berücksichtigt werden. Die Gebiete, in denen am ehesten Wissensdefizite vorkommen oder zugegeben werden, betreffen eher das weitere Arbeitsumfeld oder die gesamte Unternehmung.

Die Beherrschung des Arbeitsprozesses kann jeweils innerhalb einer dreiwertigen Skala eingestuft werden, wobei eine 1 bedeutet, dass der jeweilige Bereich sehr gut beherrscht wird beziehungsweise die Inhalte sehr genau bekannt sind. Eine 2 steht dafür, dass zur Garantierung eines reibungslosen Ablaufes teilweise Einweisungen/Erklärungen notwendig sind beziehungsweise weitergehender Qualifizierungs- und Übungsbedarf besteht. Die 3 gibt an, dass an der betreffenden Stelle intensiver Qualifizierungsbedarf vorhanden ist. Somit deutet ein höherer Mittelwert bei der untersuchten Frage auf höheren Weiterbildungsbedarf hin.

Auffallend ist der höchste Mittelwert von 1,71 bei der Kenntnis der Ziele des gesamten Unternehmens. Dies zeigt deutlich, wie häufig die einzelnen Arbeitsplätze losgelöst vom großen Ganzen gesehen werden. In Zeiten, in denen viel von Unternehmenskultur, Visionen und Strategien gesprochen wird, wäre es aber doch wünschenswert, dass die gesamte Belegschaft in diese Leitbilder involviert und eingeweiht wird. Schließlich sind das die Menschen, durch welche die Theorie zum Leben erweckt werden muss. Auf der anderen Seite muss aber auch überlegt werden, inwieweit mangelndes Interesse seitens der Mitarbeiter zu diesem Ergebnis beiträgt, da die entsprechenden Informationen vermutlich zur Verfügung stehen. Hier ist vielleicht ein aufeinander Zubewegen von beiden Seiten notwendig. Die Kenntnis der Ziele der eigenen Arbeit und jene der eigenen Abteilung/Arbeitsgruppe stellt sich unproblematisch dar, wobei auch hier bereits ein schlechterer Wert für den umfassenderen Bereich ermittelt wird, was das zuvor geschilderte noch einmal im kleinen Maßstab widerspiegelt.

Im gesamten Bereich, der sich mit der Beherrschung der eigenen Arbeitsaufgabe beschäftigt, kommen gute Werte zustande. Besonders die Beherrschung der Maschinen und Werkzeuge sowie die Bewältigung der Qualitätsanforderungen sind unproblematisch. Hier schätzen jeweils 92,9 Prozent der Befragten ihre Kenntnisse als sehr genau ein und beide Faktoren erreichen mit 1,07 den niedrigsten der errechneten Mittelwerte. Am ehesten verbesserungswürdig ist zum einen die Planung und Einteilung der eigenen Arbeitsaufgaben, wo noch gut jeder fünfte Teilnehmer Qualifizierungsbedarf für sich sieht (Mittelwert 1,24). Zum anderen erreicht ausgerechnet die direkte Frage nach der Beherrschung der eigenen Arbeitsaufgaben mit 1,25 den höchsten Mittelwert in diesem Teilbereich. Immerhin ein Viertel der Befragten gibt hier weitergehenden Qualifizierungs- und Übungsbedarf an. Es liegt jedoch die Vermutung nahe, dass diese Einschätzung durch die Formulierung der Antwortmöglichkeiten beeinflusst wird. Bei der bestmöglichen Einstufung findet sich der Zusatz »In ungewohnten Situationen weiß ich, wie ich zu reagieren habe«. Auch wenn diese Anforderung durchaus für eine sehr gute Bewertung angebracht ist, gibt es doch bei den anderen Fragen keine vergleichbare Ausdrucksweise. Das mag manchen Teilnehmer in diesem Fall zu der zweitbesten Antwort bewegt haben. Insgesamt lassen sich also in dem Bereich der eigenen Arbeitsaufgabe keine speziellen Qualifizierungsbedarfe herausfiltern, eventuell könnte die Vermittlung von Methoden zur Planung und Einteilung der Arbeitsaufgaben hilfreich sein.

Bei der Beherrschung der Arbeitsumgebung kommt es wieder teilweise zu schlechteren Werten. Zwar wird vor allem der Umgang mit sozialen Situationen bei der Arbeit sehr positiv eingestuft und hier ergibt sich ein weiteres Mal der beste vorkommende Mittelwert von 1,07. Mehr als neun von zehn Befragten sagen, sie können solche Situationen so meistern, dass ihnen die Zusammenarbeit mit allen Beteiligten angenehm ist. Aber vergleichsweise hoher Qualifizierungsbedarf ergibt sich, wenn es darum geht, für andere Kollegen in der Abteilung einzuspringen (Mittelwert 1,47). Nur gut die Hälfte derjenigen, für die diese Fähigkeit relevant wäre, sehen sich in der Lage, Aufgaben der Kollegen uneingeschränkt übernehmen zu können. Unter Umständen könnte auch hier eine Beeinflussung durch die Formulierung der Antwortmöglichkeit für die beste Variante vorliegen, laut derer der Befragte genug weiß, um für jedermann einspringen zu können. Möglicherweise könnte, bedingt durch Größe der Abteilung und Unterschiedlichkeit der anfallenden Aufgaben, dieser Ganzheitsanspruch zu umfassend sein und einige Teilnehmer zu einer anderen Antwort veranlassen, obwohl sie vielleicht manche Kollegen doch vertreten könnten. Mit einem Mittelwert von 1,41 stellt sich auch die Kenntnis der wirtschaftlichen Erfolgsfaktoren als relativ gering dar, fast jeder Vierte sieht hier Weiterbildungsbedarf für sich. Hier kann man wieder sehen, dass die eigene Arbeit manches Mal erledigt wird, ohne den größeren Gesamtzusammenhang zu sehen und zu verstehen. Des Weiteren fühlt sich etwa ein Drittel der Teilnehmer im Bereich der Informationstechnologien nicht ausreichend qualifiziert. Hier ergibt sich ein Mittelwert von 1,34. Damit wird die häufige Annahme bestätigt, dass der EDV-Bereich zu den Gebieten gehört, in denen ältere Mitarbeiter geschult werden sollten.

Wo es am ehesten Schulungsbedarf gibt, bei der Kenntnis der Ziele des gesamten Unternehmens, besteht ein Zusammenhang zu dem beruflichen Ausbildungsgrad der Befragten (vgl. Abb. 7).

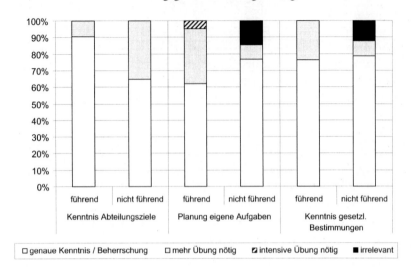

Abb. 7: *Der Einfluss des Führungsstatus auf die Kenntnis/Beherrschung verschiedener Bereiche*

FH- und Uni-Absolventen sind sich über diese Ziele deutlich mehr im Klaren als diejenigen, die eine Lehre abgeschlossen haben. Die Ziele der Arbeitsgruppe oder Abteilung sind demgegenüber vor allem den Führungskräften bekannt, innerhalb dieser Gruppe wird hier kaum Schulungsbedarf angemeldet. Dies ist naheliegend, sind die Führungskräfte doch diejenigen, die dafür zuständig sind, die Gruppen- oder Abteilungsziele mit zu definieren, zu vermitteln und zu erreichen. Ebenfalls besteht ein Zusammenhang zwischen dem Führungsstatus der Befragten und der Fähigkeit, die eigenen Aufgaben zu planen und einzuteilen. Unter den Führenden finden sich deutlich mehr, die hier Qualifizierungs- und Führungsbedarf für sich sehen. Dies wird zum einen daran liegen, dass ausschließlich von Teilnehmern ohne Führungspositionen die Antwort gegeben wird, dass sie ihre Aufgaben nicht planen und einteilen müssen. Zum anderen geht

Alternsgerechte Qualifizierung

mit der Führungstätigkeit eine Vielzahl von zusätzlichen Aufgaben einher und häufig muss mit den unterschiedlichsten Personen und Gruppen kommuniziert werden, so dass die eigene Zeiteinteilung nicht nur von dem Betroffenen selbst abhängt und eine höhere Komplexität aufweist. Weiter beeinflusst der Führungsstatus die Kenntnis der gesetzlichen Bestimmungen und Anforderungen an die Arbeit. Ausschließlich unter den Mitarbeitern ohne Führungsposition gibt es Teilnehmer, die meinen, ihre Arbeit sei nicht durch Gesetze, Übereinkünfte oder Normen geregelt. Unter den Führungskräften besteht in diesem Bereich auf der anderen Seite für fast ein Viertel zumindest teilweiser Schulungsbedarf.

Wie Abbildung 8 zeigt, wird es mit zunehmendem Alter häufiger als irrelevant angesehen, die Aufgaben anderer in der Abteilung erledigen zu können. Unter denjenigen Befragten, die nicht angeben, dass diese Fähigkeit irrelevant sei, ist wiederum bei den Jüngeren mehr Schulungsbedarf gegeben. Ein sehr ähnlicher Zusammenhang lässt sich mit der beruflichen Ausbildung beobachten. Je höher der

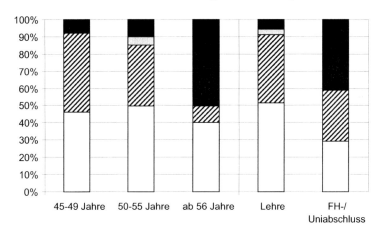

Abb. 8: *Fähigkeit, Aufgaben anderer erledigen zu können, in Abhängigkeit vom Alter und vom beruflichen Ausbildungsgrad*

Bildungsgrad ist, umso häufiger wird gesagt, dass es nicht notwendig ist, für jemanden einzuspringen; wo diese Notwendigkeit doch gesehen wird, besteht höherer Qualifizierungsbedarf bei Teilnehmern mit geringerem Bildungsgrad.

Die Kenntnis der Dienstleistungen oder Produkte der Abteilung steht im Zusammenhang mit dem Geschlecht der Teilnehmer. Frauen sehen hier einen deutlich hören Bedarf an zusätzlichen Erläuterungen als Männer (vgl. Abb. 9).

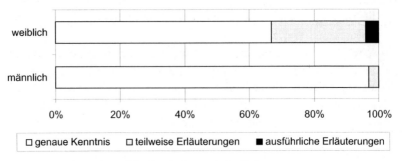

Abb. 9: *Kenntnis der Produkte der Abteilung nach Geschlecht*

Die Teilnehmer schätzten zusätzlich ein, welcher Qualifizierungsbedarf generell bei ihnen besteht, um auch in Zukunft ihre Arbeit bewältigen zu können (vgl. Abb. 10).

Während etwa jeder Zehnte (12,7 Prozent) glaubt, keine weiteren Schulungen zu benötigen, gibt eine große Mehrheit von 83,6 Prozent der Teilnehmer an, dass sie zusätzlichen Weiterbildungsbedarf haben werden, 3,6 Prozent schätzen diesen als intensiv ein. Dabei ist ein Unterschied zwischen der Einschätzung der Männer und der Frauen zu beobachten, Männer sehen eher einen zukünftigen Schulungsbedarf.

Des Weiteren liegt jedem einzelnen Teilnehmer daran, seine Fähigkeiten und Kompetenzen zu verbessern, gut drei Viertel (77,8 Prozent) sind daran sogar sehr interessiert. Bei den Teilnehmern mit einem höheren Ausbildungsgrad ist dieses Interesse insgesamt ausgeprägter als bei solchen mit geringerer beruflicher Ausbildung. Dies

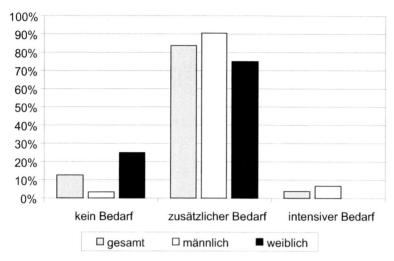

Abb. 10: *Qualifizierungsbedarf, um die zukünftige Arbeit bewältigen zu können*

könnte damit zusammenhängen, dass Lernen für die Gruppe der höher ausgebildeten schon das ganze Leben lang einen anderen Stellenwert hatte als für die restlichen Befragungsteilnehmer.

Insgesamt zeigt sich also über alle Bereiche hinweg, dass die Befragten sich größtenteils durchaus qualifiziert fühlen, ihre Arbeitsaufgaben gut bewältigen zu können. Die größten Defizite ergeben sich bei Faktoren, die nicht in direktem Bezug zur eigenen Aufgabe stehen. Da aber für ein erfolgreiches Unternehmen ein reibungsloser Gesamtprozess wichtig ist, sollten auch jene Bereiche nicht vernachlässigt werden. Besonders Führungskräften sollten Methodenkompetenzen wie Zeitmanagement nähergebracht werden und die Fähigkeit, Kollegen in der Abteilung zu vertreten, muss realistisch auf ihre Relevanz überprüft und dann gegebenenfalls ausgeweitet werden.

Schulungserfahrungen
Die Teilnahme an Weiterbildungsmaßnahmen ist innerhalb dieser Stichprobe insgesamt sehr hoch. Im bundesdeutschen Durchschnitt

nahmen im Jahr 2003 nur 17 Prozent der Personen ab 50 Jahren an beruflichen Weiterbildungsmaßnahmen teil [43].

In der hier betrachteten Gruppe haben drei Viertel der Befragten im letzten Jahr vor der Datenerhebung Schulungen besucht, fast die Hälfte nahm an Maßnahmen zu wenigstens drei verschiedenen Themen teil. Wenn man die Betrachtung der besseren Vergleichbarkeit wegen auf die Teilnehmer ab 50 Jahren einschränkt, so sinkt vor allem die Anzahl verschiedener Schulungen, aber noch immer waren mit 72,2 Prozent der Befragten fast drei Viertel an der betrieblichen Weiterbildung beteiligt. Dies deutet darauf hin, dass bei den an der Studie teilnehmenden Unternehmen die Maxime der Integration aller Mitarbeiter in die Weiterbildungsprozesse tatsächlich bereits gelebt wird. Offensichtlich steht das Angebot, sich weiter zu qualifizieren, allen Mitarbeitern offen und wird umfassend genutzt, auch von den Älteren. Damit ist die hohe Weiterbildungsteilnahme aber auch ein weiteres Indiz dafür, dass Älteren nicht generell ein Mangel an Weiterbildungsbereitschaft zugesprochen werden darf.

Abbildung 11 zeigt die Teilnahme der Befragten an Schulungen zu unterschiedlichen Themen. Betrachtet man die Anzahl der Schulungen, welche die Befragten erhalten haben, ohne zeitliche Einschränkung, dann fällt auf, dass nur ein kleiner Teil von 5,4 Prozent niemals betrieblich geschult wurde, fast die Hälfte der Teilnehmer (48,3 Prozent) erhielt zwischen vier und sieben Schulungen. Doch auch ein beachtlicher Teil von fast 20 Prozent hat an Schulungen zu acht oder mehr Themen teilgenommen. Begrenzt man die Betrachtung auf die letzten zwei Jahre vor dem Erhebungszeitpunkt, so verschiebt sich das Bild insgesamt hin zu weniger Schulungen. Hier haben immerhin 12,5 Prozent der Befragten nicht mehr an Schulungen teilgenommen, mehr als die Hälfte (55,4 Prozent) wurde zu drei oder weniger Themen geschult. Nur noch 7,4 Prozent erhielten Schulungen zu acht oder neun Themen, niemand zu zehn oder gar allen elf angegebenen Themen.

Dabei steht die Anzahl der Themen, zu denen geschult wurde, in Zusammenhang mit dem beruflichen Ausbildungsgrad, dem Füh-

Alternsgerechte Qualifizierung

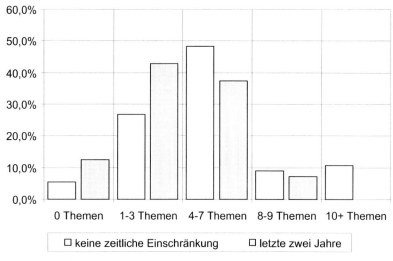

Abb. 11: *Teilnahme an Schulungen zu verschiedenen Themen*

rungsstatus und dem Geschlecht der Befragten (vgl. Abb. 12). Ein höherer Ausbildungsgrad bedeutet mehr Schulungen, genauso wie das Innehaben einer Führungsposition. Männer wurden mehr geschult als Frauen, wobei der Zusammenhang zwischen den Merkmalen Führungsstatus und Geschlecht beachtet werden sollte. Unter der Annahme, dass weiblichen Führungskräften die gleichen Möglichkeiten offen stehen wie männlichen, kann der Führungsstatus unter diesen beiden wohl als maßgeblicher Einflussfaktor angenommen werden. Generell nehmen also vor allem Führungskräfte und Mitarbeiter mit höherer Ausbildung an Weiterbildungsmaßnahmen teil.

Die meisten der erhaltenen Schulungen beschäftigten sich mit dem Umgang mit Informationstechnologien und mit fachspezifischen Kenntnissen. In beiden Fällen hat nur etwa jeder Fünfte nie an Schulungen teilgenommen. Auch zum Thema betriebliches Gesundheitsmanagement und Sicherheit besuchte fast die Hälfte der Befragten allein in den letzten zwei Jahren Weiterbildungsmaßnahmen. Am sel-

Alternsgerechte Qualifizierung

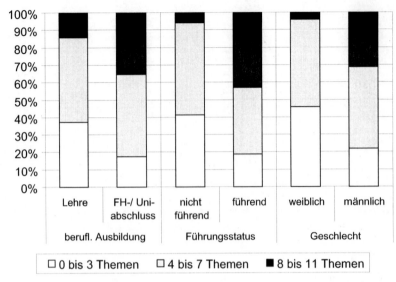

Abb. 12: *Teilnahme an Schulungen nach Ausbildungsgrad, Führungsstatus und Geschlecht*

tensten wurden Qualifizierungen zu den Themen Betriebswirtschaft und Change Management (Umgang mit Veränderungsprozessen) besucht, aber auch die so genannten Soft Skills wie soziale Fähigkeiten, Management- beziehungsweise Führungskompetenz und Teamarbeit waren eher selten Thema der erhaltenen Schulungen. Auch Fremdsprachen gehören nicht zu den häufigeren Fortbildungsthemen, wobei hier zusätzlich der vergleichsweise große Anteil von besuchten Schulungen vor mehr als zwei Jahren auffällt, was sich eventuell auf die während der Schulzeit belegten Fächer beziehen könnte und damit aus dem Rahmen der betrieblichen Fortbildung herausfiele.

Wie schon bei der Gesamtteilnahme an Schulungen lässt sich auch bei vielen einzelnen Themen ein Zusammenhang zwischen Schulungsthema und beruflichem Ausbildungsgrad, Führungsstatus und Geschlecht herstellen. Dies gilt vor allem für die Themen »neue Arbeitsgebiete oder -inhalte«, »Management- und Führungskompetenz«, »soziale Fähigkeiten«, »betriebswirtschaftliche Kenntnisse«,

»betriebliches Gesundheitsmanagement und Sicherheit« und »Change Management/Umgang mit Veränderungsprozessen«. Dass besonders Führungskräfte fortgebildet werden, ist vermutlich eine weit verbreitete Praxis, da diese Mitarbeiter für die Unternehmen Leistungsträger sind, die speziell gefördert werden. Teilweise werden sie vielleicht auch als Multiplikator eingesetzt, denen bestimmte Themen nähergebracht werden, damit sie für die Verbreitung der Kenntnisse und Anwendung der Methoden unter ihren Mitarbeitern sorgen. Andere Themen werden vermutlich vor allem für diese Arbeitnehmergruppe als relevant angesehen, zum Beispiel im Fall von »Management- und Führungskompetenz« ist dies sehr nahe liegend.

Die Weiterbildung im fremdsprachlichen Bereich hängt unter anderem zusammen mit der Schulbildung, was die Vermutung unterstützt, dass sich einige der Antworten auf die Schulzeit und nicht die Phase der Erwerbstätigkeit beziehen. Umso mehr handelt es sich hierbei also um ein Thema, das in der betrieblichen Fortbildung kaum eine Rolle spielt, unter den Arbeitern wurde sogar nie in diesem Bereich qualifiziert.

Auffallend ist, dass Schulungen zum Thema »Informationstechnologien (und Softwareanwendungen)« in keinerlei Zusammenhang mit dem Hintergrund der Teilnehmer stehen, es ist also ein Thema für ausnahmslos alle Mitarbeiter. Zusätzlich sind IT-Kenntnisse das insgesamt überhaupt am meisten geschulte Thema. Allerdings wurde bereits berichtet, dass in diesem Bereich nach wie vor ein relevanter Teil der Befragten Qualifizierungsbedarf für sich sieht, anscheinend trotz der hohen Teilnahme an Schulungen zu solchen Themen. Eine genauere Betrachtung der Daten zeigt, dass die kürzlich zu diesem Thema geschulten Teilnehmer sehr gut mit der IT zurechtkommen. Liegen die Schulungen jedoch bereits ein Jahr und länger zurück (oder wurden nie welche wahrgenommen), besteht häufiger zumindest teilweiser Qualifizierungsbedarf. Dies kann unterschiedliche Gründe haben, wie zum Beispiel die Qualität oder Praxisrelevanz der erhaltenen Schulungen, die Aufnahmefähigkeit einzelner Teilnehmer oder auch die raschen Veränderungen, die es im EDV-Bereich gibt.

Die genauen Ursachen können an dieser Stelle nicht ergründet werden, sicher ist jedoch, dass der Bereich IT mit seinen häufigen Neuerungen und Veränderungen kontinuierlich Weiterbildungsaufgaben mit sich bringt.

Die erhaltenen Schulungen waren nahezu alle kurz, das heißt größtenteils handelte es sich um Programme, die bis zu einem Tag dauerten (vgl. Abb. 13). Besonders schnell wurden Schulungen zu neuen Werkzeugen durchgeführt, hier reichte in 61,1 Prozent der Fälle bereits ein halber Tag aus, das heißt zwei bis vier Stunden Training. Einen weiteren Sonderfall stellen Schulungen zum Thema Management/Führungskompetenzen dar, diese Trainings dauerten überwiegend (zu 75 Prozent) zwei bis drei Tage. Insgesamt wurde äußerst selten länger als eine Woche geschult und in diesen Fällen handelt es sich häufig auch um Maßnahmen, die länger als zwei Jahre zurückliegen und daher eventuell der Ausbildungs- oder Einarbeitungszeit zu-

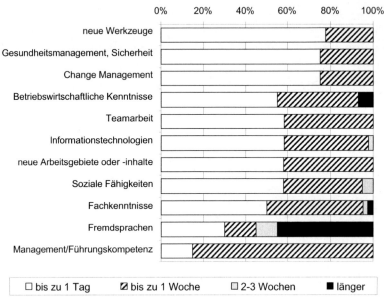

Abb. 13: *Dauer der erhaltenen Schulungen*

zurechnen sind. Eine Ausnahme bilden die Fremdsprachen, die zu 45 Prozent länger trainiert wurden und zu weiteren 20 Prozent immerhin eine bis drei Wochen lang. Dies überrascht wenig, da sich Sprachen bekanntlich nicht schnell erlernen lassen und es sich bei Kurzprogrammen lediglich um eine Ausweitung vorhandener Kenntnisse zu einem speziellen Anlass oder Thema handeln kann.

Etwa drei Viertel (76 Prozent) der Teilnehmer geben an, dass ihnen die erhaltenen Schulungen viel oder sehr viel gebracht haben, weitere 20,4 Prozent können zumindest manche gelernten Dinge anwenden. Nur 3,7 Prozent erachten die Schulungen als nutzlos. Allerdings geben die Befragten mit einer Pauschalantwort den generellen Nutzen der erhaltenen Schulungen an. Es kann keinerlei Differenzierung zwischen verschiedenen Maßnahmen vorgenommen werden, was sicherlich der unterschiedlichen Qualität einzelner Programme nicht gerecht wird. Somit lassen sich hier keine problematischeren Schulungsthemen erahnen, zum Beispiel kann die Frage in dieser Form nicht zu einer Klärung des Widerspruches zwischen hohem Weiterbildungsbedarf hinsichtlich der Informationstechnologien und gleichzeitig hoher Teilnahme an Schulungen zu genau diesem Thema beitragen. Auch eine Aussage über die generelle Fähigkeit der Teilnehmer, erlerntes Wissen anzuwenden, ist nur eingeschränkt möglich. Wenn gesagt wird, dass nur manche Dinge angewendet werden können, dann kann damit indirekt eine Qualitätsabstufung unter einzelnen Schulungen gemeint sein. Damit ist es nicht mehr möglich, auf die Aufnahme- und Transferfähigkeit des Lernenden zu schließen.

Verschiedene Lernmethoden
Die Teilnehmer sollen zu 15 verschiedenen Lernmethoden angeben, wie die jeweilige Methode ihr Lernen gefördert hat. Es hat sich gezeigt, dass mit vielen der Methoden nur wenige Erfahrungen gesammelt wurden (vgl. Abb. 14).
Besonders »Lernen am Arbeitsplatz unter Anleitung eines Trainers«, »Benchmark (Austausch mit anderen Unternehmen)«, »Simulationen« und »computergestütztes Lernen« sind nicht weit verbreitet in den

Alternsgerechte Qualifizierung

Unternehmen, diese Methoden hat jeweils weniger als die Hälfte der Befragten kennen gelernt. Am bekanntesten sind die Methoden »ei-

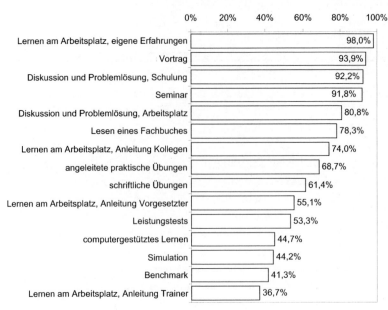

Abb. 14: *Bekanntheitsgrad verschiedener Lernmethoden*

genständiges Lernen am Arbeitsplatz«, »Vorträge«, »Gruppendiskussionen/Problemlösungen während einer Schulung« und »Seminare«, in diesen Fällen haben mehr als 90 Prozent der Antwortenden Erfahrungen mit den Methoden gesammelt.

Betrachtet man nur die Antworten jeweils der Teilnehmer, die mit den verschiedenen Methoden Erfahrungen gesammelt haben, fällt auf, dass alle Methoden das Lernen der Befragten gefördert haben. In den meisten Fällen geben mehr als 70 Prozent der Befragten gute bis sehr gute Beurteilungen der Methoden ab. Die möglichen Bewertungen wurden zur Errechnung der Mittelwerte in folgender Weise kodiert: 1 = sehr schlecht, 2 = eher schlecht, 3 = weder gut noch schlecht, 4 = eher gut, 5 = sehr gut. Das bedeutet also, je höher der Mittelwert ist, desto besser sind die Erfahrungen mit der jeweiligen Methode. Alle errechneten Mittelwerte sind größer als 3 und somit im positiven Bereich angesiedelt (vgl. Abb. 15).

Besonders positiv wurde der Besuch von Seminaren wahrgenommen sowie die Anleitungen eines Trainers direkt am Arbeitsplatz. Beide Methoden erreichen mit einem Mittelwert von 4,44 den besten Wert mit deutlichem Abstand zu den nachfolgenden Methoden. Während bei den Seminaren insgesamt von nahezu allen Teilnehmern eine po-

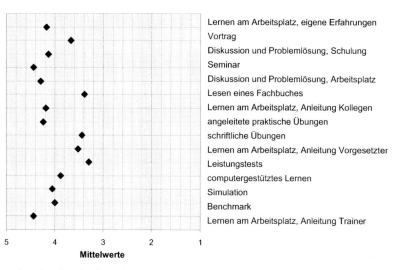

Abb. 15: *Bewertung der Lernmethoden, sofern Erfahrung damit vorhanden ist*

sitive Beurteilung angegeben wird, ergibt sich im Fall des »Lernens am Arbeitsplatz unter Anleitung eines Trainers« der gute Gesamtwert vor allem durch den hohen Anteil an sehr guten Bewertungen. Mit Mittelwerten von 4,29 und 4,24 sind die Methoden »Diskussion und Problemlösung am Arbeitsplatz« und »angeleitete praktische Übungen« ebenfalls sehr erfolgreich.

189

Am schlechtesten das Lernen gefördert haben die Methoden »Leistungstests« (Mittelwert 3,29), »Lesen eines Fachbuches« (Mittelwert 3,39) sowie »schriftliche Übungen« (Mittelwert 3,44). Bei all diesen Methoden hat jeweils etwa jeder Fünfte eine schlechte oder sehr schlechte Beurteilung abgegeben. Auch das »Lernen am Arbeitsplatz unter Anleitung eines Vorgesetzten« erhält relativ schlechte Bewertungen und kommt auf einen Mittelwert von 3,52. Hier fällt zusätzlich der höchste vorkommende Anteil an sehr schlechten Bewertungen auf, vielleicht haben die persönliche Beziehung und das bestehende Abhängigkeitsverhältnis einen negativen Einfluss auf die Lernförderlichkeit dieser Methode. Schließlich wird das Lernen am Arbeitsplatz in den anderen Fällen durchaus gut bewertet.

Da nur die Antworten der Teilnehmer, denen die jeweilige Methode bekannt ist, in das Ergebnis einfließen konnten, beruhen die errechneten Werte zum Teil auf sehr wenigen Daten und es kann keine statistisch gesicherte Aussage über die Lernförderlichkeit der einzelnen Methoden getroffen werden. Als Tendenz lässt sich dennoch aus den Antworten ersehen, dass vor allem mit praxisnahen und interaktiven Methoden gute Ergebnisse erzielt werden. Eher theoretisch angelegte Methoden wie das Lesen eines Fachbuches, schriftliche Übungen und auch Vorträge unterstützen das Lernen offensichtlich nicht so gut wie die Möglichkeiten, bei denen der Teilnehmer selbst aktiv etwas tut. Hierbei könnte auch eine Rolle spielen, dass im letzteren Fall häufig nicht nur der zu Qualifizierende selbst betroffen ist, sondern sein Verhalten eine Auswirkung auf die gesamte beteiligte Gruppe hat, wodurch auch die Lernmotivation beeinflusst wird. Obwohl das direkte Lernen am Arbeitsplatz generell sehr positiv bewertet wird, zeigt sich ein anderes Bild, wenn es unter der Anleitung eines Vorgesetzten erfolgt, hiermit hatte fast jeder fünfte Befragte schlechte Erfahrungen gemacht. Hier sollte man die Möglichkeit in Betracht ziehen, dass sich die persönliche Beziehung zum Vorgesetzten und das vorliegende Abhängigkeitsverhältnis negativ auf den Lernerfolg auswirken können. Ebenso problematisch scheint der Einsatz von Leistungstests zu sein, auch diese sind für ein Fünftel der Befragten negativ belegt. Man

Alternsgerechte Qualifizierung

kann davon ausgehen, dass der bei Tests eingeforderte Leistungsnachweis zu sehr an eine Schulsituation erinnert und Nervosität sowie das Gefühl, kontrolliert zu werden, hervorrufen kann.

Einfluss des Alterns auf das Lernen
Der Einfluss des Alterns auf das Lernen wird von den Befragten weder ausschließlich positiv noch ausschließlich negativ beurteilt. Nur jeweils sechs Prozent der Befragten denken, dass das Lernen mit dem Alter generell schwieriger beziehungsweise leichter wird. Fast ein Viertel der Teilnehmer (24 Prozent) stellt keinerlei Auswirkungen fest, während eine Mehrheit von 64 Prozent denkt, dass das Älterwerden das Lernen mancher Dinge vereinfacht, während es das Lernen anderer Dinge erschwert (vgl. Abb. 16).

Nach der Klärung der Grundlagen des Lernens und des Lernprozesses erfolgt nun die Erläuterung des praktischen Anwendens dieser Erkenntnisse anhand des Forschungsprojektes CREDIT. Ein anschauliches Beispiel im Rahmen dieses Projektes ist die Seminarreihe »Demografischer Wandel als Chance für Unternehmen, Verbände und Behörden – Strategien für eine alternsgerechte Personalpolitik«. Die Seminarreihe ist in Zusammenarbeit mit der Abteilung Arbeitswissen-

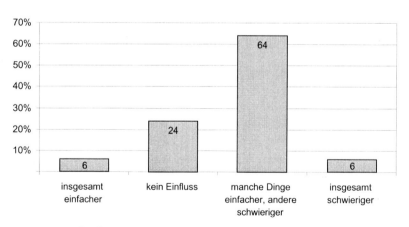

Abb. 16:   *Einfluss des Alterns auf das Lernen*

schaft des Instituts für Industriebetriebslehre und Industrielle Produktion der Universität Karlsruhe (TH) und der privaten Weiterbildungseinrichtung Merkur Akademie International (Karlsruhe) entstanden.

Diese Seminarreihe ist speziell für älter werdende Führungskräfte (älter als 45 Jahre) oder Vorgesetzte von älteren Mitarbeitern entwickelt worden. Jüngere Führungskräfte sind aber von der Teilnahme an dem Seminar nicht ausgeschlossen.

Ziele des Trainings sind eine Sensibilisierung für die Auswirkungen des demografischen Wandels zu vermitteln, Strategien für den Umgang mit der älter werdenden Belegschaft zu entwickeln und die Teilnehmer bei der Auseinandersetzung mit dem eigenen Älterwerden zu unterstützen. Neben dem Fachwissen sollen die Seminare auch soziale Kompetenzen stärken.

In dem Seminar wurden alternsgerechte Lehr- and Lernmethoden wie offene Unterrichtsformen, Workshops und Projektarbeit angewendet, um somit den eigenen Umgang und das eigene Lernerlebnis mit diesen Methoden zu ermöglichen. Es wurden Gruppendiskussionen durchgeführt sowie auch Beispiele aus der Praxis erläutert, so dass implizit ein Erfahrungsaustausch zwischen den Teilnehmern gefördert wurde.

Schlussfolgerung

Der demografische Wandel zwingt zunehmend zu einer Beschäftigung mit dem Lernen einer bisher in der Wirtschaftspraxis eher vernachlässigten Zielgruppe, den älter werdenden Lernenden. Dabei hat offensichtlich die Lerngewohnheit einen größeren Einfluss auf die Lernfähigkeit und -bereitschaft als das chronologische Alter an sich. Eine unterschiedliche Lernhistorie ist daher eine Hauptursache für interindividuelle Differenzen. Im Lernprozess spielen kognitive Faktoren, Emotionen und damit die persönliche Relevanz des Erlebten eine große Rolle, da Informationen um so eher behalten werden, je stärker sie mit Emotionen verknüpft sind.

Basierend auf den oben dargestellten ausführlichen Betrachtungen des Lerngeschehens und möglicher Lernhemmnisse aus kognitiver, emotionaler und handlungsbezogener Perspektive lassen sich konkrete Hinweise zur Unterstützung des Lernprozesses vor allem lernungewohnter Älterer ableiten. So sollten die älteren Lernenden selbst die eigene Lernfähigkeit erleben, an der Planung und Durchführung aktiv teilnehmen und die Möglichkeit erhalten, ein realitätsnahes Selbstbild zu entwickeln.

Wenn in Zukunft das vielzitierte »lebenslange Lernen« auch nur teilweise Realität werden soll, müssen die zahlreichen wichtigen Einflussfaktoren von der unterstützenden Führungskraft, über lernförderliche Arbeitsbedingungen, Trainer, die mit alternsgerechter Didaktik vertraut sind bis hin zur Einbeziehung der Lernenden konsequenter als bisher berücksichtigt werden.

Literatur

[1] AHRENS, D. : *Erfahrungsbasiertes Wissen und experimentelles Lernens: Die Macht unscharfen Wissens*. In: Jenewein, K.; Knauth, P.; Röben, P. ; Zülch, G.(Hrsg.): Kompetenzentwicklung in Arbeitsprozessen. Bildung und Arbeitswelt, Band 9, 373-383, Baden-Baden: Nomos Verlag, 2004

[2] BAUER, H.G.; BÖHLE, F.; MUNZ, C.; PFEIFFER, S.; WOICKE, P.: *Hightech.Gespür. Erfahrungsgeleitetes Lernen in hoch technisierten Arbeitsbereichen*, Berichte zur beruflichen Bildung, Bd. 275, Bonn: Bundesinstitut für Berufsbildung, 2006

[3] BÖHLE, F.: *Vom Objekt zum gespaltenen Subjekt*. In: Moldaschl, M.; Voß, G. (Hrsg.): Subjektivierung von Arbeit. München Mering: Hampp Verlag, 2003

[4] BÖHLE, F.; BAUER, H.G.; MUNZ, C.; PFEIFFER, S.: *Kompetenzen für erfahrungsgeleitete Arbeit - Neue Inhalte und Methoden beruflicher Bildung bei der Arbeit mit komplexen technischen Systemen*. In: F. Eicker; A. W. Petersen (Hrsg.): Mensch-Maschine-Interaktion, 275-287. Baden-Baden: Nomos Verlag, 2001

[5] BONZ, B.: *Didaktik der beruflichen Bildung*. Baltmannsweiler: Schneider-Verlag Hohengehren, 2001

[6] BRUGGMANN, M.: *Die Erfahrung älterer Mitarbeiter als Ressource*. Wiesbaden: Deutscher Universitäts-Verlag, 2000

[7] BAUA, BUNDESANSTALT FÜR ARBEITSSCHUTZ UND ARBEITSMEDIZIN (1994): *Aging and Working Capacity: Altern und Arbeit*, in: Schriftenreihe der Bundesanstalt für Arbeitsmedizin. Bremerhaven: Wirtschaftsverlag NW, Verl. für neue Wiss.

[8] CHASE, W.G. AND ERICSSON, K.A.: *Skilles memory. In: J.R. Anderson (Eds.): Cognitive skills and their acquisition, 141-189. Hillsdale, NJ: Erlbaum, 1981*

[9] DERBOVEN, W., DICK, M.; WEHNER, T.: *Die Transformation von Erfahrung und Wissen in Zirkeln. In: M. Fischer, M. F. Rauner, (Hrsg.): Lernfeld: Arbeitsprozeß. Baden-Baden: Nomos Verlag, 2002*

[10] DREYFUS, H.L.; DREYFUS, S.E.: *Mind over machine. The Power of Human Intuition and Expertise in the Era of the Computer. New York: The Free Press, 1986*

[11] DREYFUS, H.L.; DREYFUS, S.E. (1987): *Künstliche Intelligenz. Von den Grenzen der Denkmaschine und dem Wert der Intuition. Reinbeck bei Hamburg: Rowohlt Taschenbuch Verlag GmbH. (Mind over Machine, 1986, übersetzt von Mutz, M), 1987*

[12] ECHTERHOFF, W.: *Erfahrungsbildung. In: H. Häcker und K.H. Stapf (Hrsg.): Dorsch Psychologisches Wörterbuch, pp. 236. Bern: Huber, 1998*

[13] FAULSTICH, P.: *Erwachsenenbildung. Eine handlungsorientierte Einführung. Weinheim, München: Juventa Verlag, 1999*

[14] FRERICHS, F.: *Ältere Arbeitnehmer im Demographischen Wandel - Qualifizierungsmodelle und Eingliederungsstrategien. Münster: Lit Verlag, 1996*

[15] KRÄMER, S., WALTER, K.D.: *Konzentration und Gedächtnis: Ein Trainingsprogramm für 30 x 20 Minuten. München: Lexika-Verlag, 1991*

[16] FRIELING, E., SONNTAG, K.: *Lehrbuch Arbeitspsychologie. Bern: Huber, 1999*

[17] FRÖHNER, K.D., HAMAD, B.O.: *An Approach to Overcome the Shortage of Engineers and Innovators URL: www.ergonomiayhdistys.fi/nes2001/nes2001_p368.pdf, zugegriffen am 15.07.2008*

[18] GERSTENMAIER, J.: *Situiertes Lernen. In: Ch. Perleth, A. Ziegler (Hrsg.): Pädagogische Psychologie, 236-246. Bern: Huber, 1999*

[19] GIDION, G.: *Modulares arbeitsnahes Lernen in der Stahlbaumontage. Stuttgart: Fraunhofer IRB Verlag, 2001*

[20] HECKHAUSEN, H.: *Motivation und Handeln. 2. Auflage. Berlin: Springer, 1989*

[21] KARL, D.: *Erfahrungsaufbau und –transfer. Empirische Studie in einer Großbank. Frankfurt a.M., Berlin, Bern, New York, Paris, Wien: Peter Lang Verlag, 2005*

[22] KAYSER, F., UEPPING, H.: *Kompetenz der Erfahrung: Personalmanagement im Zeichen demographischen Wandels. Neuwied, Kriftel: Luchterhand Verlag GmbH, 1997*

[23] KEMPER, M., KLEIN, R.: *Lernberatung: Gestaltung von Lernprozessen in der beruflichen Weiterbildung. Baltmannsweiler: Schneider-Verl. Hohengehren, 1998*

[24] KLIPPSTEIN, B: *6 Lernfaktoren. URL: http://kaufwas.com/bk/wissen/wb/16.htm (2002, Dezember 16)*

[25] KOLB, D.A.: *Experimental learning. Experience as the source of learning and development. Prentice Hall, Englewood Cliffs, 1984*

[26] KRAPP A., WEIDENMANN B.: *Pädagogische Psychologie. Weinheim: Psychologie Verlags-Union, 2001*

[27] KULLMANN, H.M., SEIDEL, E.: *Lernen und Gedächtnis im Erwachsenenalter. Bielefeld: W. Bertelsmann Verlag GmbH & Co. KG, 2000*

[28] LENZ, W.: *Lehrbuch der Erwachsenenbildung. Stuttgart, Berlin, Köln, Mainz: Kohlhammer, 1987*

[29] MARKOWITSCH, H.J.: *Dem Gedächtnis auf der Spur: Vom Erinnern und Vergessen. Darmstadt: Primus, 2002*

[30] MARKOWITSCH, H.J.: *Gedächtnisstörungen. In H.J. Markowitsch (Hrsg.): Enzyklopädie der Psychologie, Themenbereich C, Serie I, Band 2: Klinische Neuropsychologie (S. 495-739). Göttingen: Hogrefe, 1997*

[31] MAYER, A.K.: *Alt und Jung im Dialog. Programm PVU. Weinheim, Basel, Berlin: Psychologie Verlags-Union, 2002*

[32] MCCALL, M.W., LOMBARDO, M.M., MORRISON, A.M.: *The lessons of experience. How successful executives develop on the job. Free Press, New York, 1988*

[33] REGNET, E.: *Karriereentwicklung 40+. Weitere Perspektiven oder Endstation? Weinheim, Basel: Beltz Verlag, 2004*

[34] ROSENSTIEL, L. VON, REGNET, E., DOMSCH, M.: *Führung von Mitarbeitern. Stuttgart: Schäffer-Poeschel Verlag, 2003*

[35] RUMP, J.: *Intergeneratives Wissensmanagement. In: Bildungswerk der Hessischen Wirtschaft (Hrsg.): Trojaner, 9. Jg., 11, 24–27, 2001*

[36] SCHMIEL, M., SOMMER, K.H.: *Lernförderung Erwachsener. Heidelberg: Sauer, Schriftreihe moderne Berufsbildung Nr. 13, 1991*

[37] SCHRADER, J.: *Lerntypen bei Erwachsenen: Empirische Analysen zum Lernen und Lehren in der beruflichen Weiterbildung. Weinheim: Deutscher Studien Verlag, 1994*

[38] SIEBERT, H.: *Didaktisches Handeln in der Erwachsenenbildung: Didaktik aus konstruktivistischer Sicht.* Neuwied, Kriftel: Luchterhand, 2000

[39] STEINEBACH, CH.: *Pädagogische Psychologie: Lehren und Lernen über die Lebensspanne.* Stuttgart: Klett-Cotta, 2003

[40] WAIBEL, M., WEHNER, T.: *Erfahrungsbegebenheiten und Wissensaustausch als Innovationspotentiale des Handelns. Die Analyse betrieblicher Verbesserungsvorschläge.* In: Udris, I. (Hrsg.): Arbeitspsychologie für morgen. Herausforderungen und Perspektiven. Heidelberg: Springer, 1997

[41] ZEMAN, P.: *Zur Neugewichtung des Erfahrungswissens älterer Menschen.* In: Institut für Soziale Infrastruktur (ISIS): Grundsatzthemen der Freiwilligenarbeit. Praxisbeiträge zum bürgerlichen Engagement im Dritten Lebensalter, Bd. 13, 9-23 Stuttgart, Marburg, Erfurt: Verlag Peter Wiehl, 2002

[42] *http://www.bmfsfj.de/bmfsfj/generator/BMFSFJ/Service/Archiv/14-Legislaturperiode/meldungen,did=3572.html*, Alter und Gesellschaft: Dritter Bericht zur Lage der älteren Generation in der Bundesrepublik Deutschland, Bundesministerium für Familie, Senioren, Frauen und Jugend, 2001

[43] *http://www.bmbf.de/pub/berichtssystem_weiterbildung_9.pdf*, Berichtssystem Weiterbildung IX, Ergebnisse der Repräsentativbefragung zur Weiterbildungssituation in Deutschland, BMBF, 2005, S. 26

Zusammenfassung

Ein fortgeschrittenes Alter spricht nicht zwangsläufig für eine Leistungsminderung. Dieser weit verbreitete Mythos wurde in diesem Beitrag aus verschiedenen Perspektiven diskutiert. Angesichts des demografischen Wandels und der damit verbundenen Konsequenzen ist dringender Handlungsbedarf gegeben. So sollte dem Dequalifizierungsrisiko der älteren Lernenden mit Hilfe einer angepassten und praxisbezogenen Unterstützung des Lernprozesses begegnet werden. Im Vordergrund sollte hierbei nicht das biologische Alter, sondern vielmehr die Lerngewöhnung der betrieblichen Akteure stehen.

Praxisbeispiele

**Individualisierte Arbeitszeitgestaltung
bei der AUDI AG** 201
Sonia Hornberger

**Das Projekt »Heute für morgen«
bei der BMW Group** 217
Michael Pieper

**Strategien zur alternden Belegschaft
bei der BASF AG** 247
Hans-Carsten Hansen, Andreas Zober

**Arbeitszeitkonzept für die Belegschaft
bei der Rasselstein GmbH** 275
Carmen Diel, Klaus Höfer

Schlussfolgerungen 297
Peter Knauth

Individualisierte Arbeitszeitgestaltung bei der AUDI AG

Audi steht, wie viele andere Unternehmen auch, vor den Herausforderungen des voranschreitenden demografischen Wandels. Daher wurden im Rahmen der Vereinbarung »Zukunft Audi« als eines der Handlungsziele die Erarbeitung und Umsetzung von Maßnahmen zur Bewältigung der demografischen Entwicklung definiert.

In diesem Beitrag erfahren Sie:
- in welchen Schritten sich die AUDI AG die Bewältigung des demografischen Wandels durch alternsgerechte Arbeitszeitgestaltung vorgenommen hat,
- welche Konzepte entwickelt und welche Maßnahmen umgesetzt wurden.

Sonia Hornberger

Einleitung

Die AUDI AG kann in den vergangenen zwölf Jahren auf eine außerordentlich positive Unternehmensentwicklung hin zu einem erfolgreichen Wettbewerber im Premiumsegment der Automobilindustrie zurückblicken. Die nachhaltige Fortsetzung dieser Erfolgsentwicklung wurde im Rahmen der »Audi Unternehmensstrategie 2015« durch die folgenden Ziele festgeschrieben:

⇨ Imageführerschaft in Emotion und Qualität der Produkte
⇨ eine weiter steigende Ertragskraft des Unternehmens
⇨ ein stetes Wachstum des Fahrzeugabsatzes bei weitgehend konstanter Mitarbeiterzahl
⇨ ein Spitzenplatz als »attraktivster Arbeitgeber«

Aus Sicht des Unternehmens sind Wirtschaftlichkeit und attraktive Arbeitsbedingungen keine unauflöslichen Gegensätze. Ein Menschenbild, das sich in gelebten Werten wie Leistungsbereitschaft, Verantwortungsbewusstsein und gegenseitigem Respekt konkretisiert, bildet die Grundlage für strategische Zielsetzungen und für die Art und Weise der Umsetzung.

Nur motivierte, kompetente und leistungsfähige Mitarbeiterinnen und Mitarbeiter können durch die kontinuierliche Verbesserung der Prozesse die notwendige Effizienzsteigerung erarbeiten und die hohen Erwartungen an Innovation, Leistung und Qualität erfüllen. Das setzt eine herausragende Arbeitgeberattraktivität voraus, die die Erfüllung dieses Leistungsanspruchs durch hierfür geeignete Leistungsbedingungen ermöglicht und den Beschäftigten eine Entwicklungsperspektive bietet.

Ausgehend von diesem Zusammenhang hat sich die AUDI AG mit der im Jahr 2005 unterzeichneten Betriebsvereinbarung »Zukunft Audi – Leistung, Erfolg, Beteiligung« hierfür einen Handlungsrahmen geschaffen, der, neben personalpolitischen Gestaltungszielen, den Verzicht auf betriebsbedingte Kündigungen bis 2011 beinhaltet. Die Vereinbarung, eingebettet in die Unternehmensstrategie 2015, bildet die Grundlage für die Definition der Handlungsziele der Audi Personalpolitik.

Audi steht, wie viele andere Unternehmen auch, vor den Herausforderungen des voranschreitenden demografischen Wandels. Daher wurden im Rahmen der Vereinbarung »Zukunft Audi« als eines der Handlungsziele auch die Erarbeitung und Umsetzung von Maßnahmen zur Bewältigung der demografischen Entwicklung definiert.

Die Arbeitgeberattraktivität wird sich immer stärker daran messen, welche Optionen alle Mitarbeiterinnen und Mitarbeiter haben, berufliche Anforderungen sowie außerberufliche Verpflichtungen und Interessen flexibel und individuell in Einklang zu bringen. Hierzu ist, als einer der Hauptfaktoren, eine stärkere Differenzierung und Individualisierung der Arbeitszeiten hin zu einer »Lebensarbeitszeit« notwendig, die eine flexible Anpassung der individuellen Arbeitszeit

an Belastungsschwankungen, persönliche Belange und Lebensphasen ermöglicht. Daher wurde in der Vereinbarung »Zukunft Audi« ferner eine Reihe von arbeitszeitbezogenen Zielen festgehalten:
⇨ Erweiterung der Arbeitszeitflexibilität zur Erhöhung sowohl der Wettbewerbsfähigkeit und Arbeitsplatzsicherheit als auch der individuellen Zeitautonomie durch:
 – Neugestaltung der Zeitkonten
 – Erweiterung der variablen Formen der Lebensarbeitszeit und Arbeitsorganisation (Teilzeitarbeit, Sabbatical und Telearbeit)
⇨ Ermöglichung eines früheren Ausstiegs aus dem Berufsleben auch nach dem Ablauf der Altersteilzeitregelung
⇨ Schaffung weiterer Optionen, Arbeit und Privatleben besser in Einklang zu bringen

Im vorliegenden Beitrag wird zuerst das Audi Demografiekonzept als Ergebnis der ersten Phase des Projektes »Demografischer Wandel« vorgestellt, bevor im darauf folgenden Schritt auf das Handlungsfeld einer alternsgerechten Arbeitszeitgestaltung, das im Rahmen des Projektes »Individuelle Arbeitszeitflexibilität« bearbeitet wurde, eingegangen wird.

Betriebliche demografiebezogene Handlungsfelder der AUDI AG

Als das zentrale, übergeordnete Ziel betrieblicher demografiebezogener Gesamtstrategien kann der Erhalt der Gesundheit sowie der Leistungs- und Arbeitsfähigkeit der Beschäftigten bis ins Rentenalter genannt werden. Die grundsätzlichen, dazu notwendigen Maßnahmen und Handlungsfelder – Arbeitsorganisation, Kompetenzentwicklung, Gesundheitsförderung und Führung – wurden bereits Ende der 90er-Jahre von finnischen Wissenschaftlern identifiziert und dienen seitdem als Orientierung in der Forschung als auch in der Praxis (vgl. zum Beispiel [3]).

Im Rahmen des von der Geschäftsleitung und dem Betriebsrat gemeinsam initiierten Projektes »Demografischer Wandel« wurde in der

ersten Phase ein mehrdimensionales Interventions- und Gestaltungskonzept entwickelt. Im Projekt wurden die folgenden vorrangigen Handlungsfelder definiert (Abb.1; näheres vgl. [7]):
⇨ umfassende Förderung der Beschäftigungs- und Leistungsfähigkeit der Beschäftigten mit den drei gewichtigsten Ressourcen Kompetenz, Gesundheit und Motivation
⇨ Steuerung der Personalkapazitäten und Personalstrukturen in allen Phasen der Beschäftigtenbindung, insbesondere Einstellungs- und Versetzungspolitik sowie Gestaltung der Lebensarbeitszeit
⇨ gesundheitsgerechte und wettbewerbsfähige Gestaltung von Leistungsbedingungen im Sinne einer präventiven Arbeitsgestaltung

Ferner wurden als Fundamente für eine effektive Umsetzung dieser Maßnahmen die Handlungsfelder
⇨ Förderung der Eigenverantwortung, Engagement und Selbstwirksamkeit der Beschäftigten sowie
⇨ alternsgerechtes Führungsverhalten und wertschätzende Unternehmenskultur festgelegt.

Anpassung der Leistungs-bedingungen	Personal-entwicklung und Laufbahn-gestaltung	Schaffung und Gestaltung spezieller Einsatzfelder	alterns-gerechte Arbeitszeit	Gesundheits-förderung und Prävention
Eigenverantwortliche Vorsorge und aktives Handeln					
alternsgerechte Führung					

Abb. 1:   *Identifizierte Handlungsfelder im Audi-Demografiekonzept*

2008 startete das Projekt in eine neue Phase, in der die Konkretisierung der Handlungsbedarfe in einzelnen Geschäftsbereichen des Unternehmens, die schrittweise Umsetzung von Maßnahmen und die Einbettung der Aktivitäten in die Geschäftsprozesse realisiert werden sollen.

Handlungsfeld »Alternsgerechte Arbeitszeit«

Das Handlungsfeld »Alternsgerechte Arbeitszeit« wurde im Rahmen des Projektes zur Erhöhung der individuellen Arbeitszeitflexibilität bearbeitet. Zu dieser Entscheidung führten die folgenden Erkenntnisse und Überlegungen.

In der Fachliteratur scheint ein Konsens darüber zu herrschen, dass das Handlungsfeld der alternsgerechten Arbeitszeitgestaltung bei der Bewältigung des demografischen Wandels eine zentrale Rolle spielt. Die darin diskutierten Lösungen, wie zum Beispiel zeitautonome Gruppen, Teilzeit, Sabbatical, ergonomische Schichtplangestaltung,

(vgl. [8, 6; 5])

Abb. 2: *Relevante Instrumente einer alternsgerechten Arbeitszeitgestaltung*

Reduzierung der Nachtarbeit, Lebensarbeitszeitkonto, Pausengestaltung usw. (Abbildung 2), scheinen jedoch auf den ersten Blick nicht neu zu sein (vgl. zum Beispiel [8; 6; 5]).

Es stellt sich daher die Frage, was »alternsgerecht« in der Arbeitszeitgestaltung eigentlich bedeutet. Welchen Beitrag soll eine demografierelevante, das heißt alternsgerechte Arbeitszeitgestaltung leisten?

Man kann sich der Antwort zum einen auf Basis der Forschungsergebnisse über die Änderung der Leistungsfähigkeit mit zunehmendem Alter annähern. Es zeigte sich, dass je älter eine Altersgruppe ist, um so größer ist die Streuung der Leistungsfähigkeit innerhalb dieser Gruppe und umso schwieriger ist es, eine für alle passende gestalterische Lösung zu finden. Es wird notwendig sein, Lösungen zu finden, die alle Belegschaftsmitglieder ansprechen – sowohl diejenigen, die bis zum Rentenalter erwerbstätig bleiben können und wollen, als auch solche, die angesichts ihrer gesundheitlichen Situation und Lebensumstände aus dem Berufsleben vorzeitig aussteigen müssen.

Zum anderen zeigen sich die Konsequenzen des demografischen Wandels für die Betriebe nicht nur in der Alterung der Belegschaft, sondern auch in der zunehmenden Knappheit an jungen Fachkräften. So sind nicht nur Arbeitszeitoptionen notwendig, die einen Beitrag zum Erhalt der Gesundheit und Leistungsfähigkeit der Beschäftigten liefern, sondern auch solche, die zur Attraktivität der Arbeitsbedingungen für junge Fachkräfte und zu ihrer Bindung an das Unternehmen beisteuern können.

Unter Berücksichtigung dieser Aspekte wurde als Konsequenz die Anforderung formuliert, dass eine demografierelevante, alternsgerechte Arbeitszeitgestaltung eine

⇨ belastungsbezogene Differenzierung,
⇨ Anpassung in Abhängigkeit der individuellen Beanspruchung,
⇨ Gestaltung entsprechend der Lebensphasen,
⇨ individuelle Steuerung

ermöglichen muss. Es sind mehr individualisierte Arbeitszeitoptionen notwendig, die maßgeschneiderte Lösungen entsprechend der individuellen Situation zulassen.

Um diejenigen gestalterischen Maßnahmen zu identifizieren, in denen bei Audi konkreter, demografierelevanter Handlungsbedarf besteht, wurden folgende Schritte festgelegt:
⇨ Bestandsaufnahme der bestehenden Arbeitszeitmodelle und -regelungen
⇨ Identifikation des aktuellen und künftigen Bedarfs mit Hilfe von Entwicklungsprognosen, Mitarbeiteraussagen und Expertisen
⇨ Analyse der Nutzungshemmnisse der individualisierten Arbeitszeitmodelle

Bei der AUDI AG besteht bereits ein breites Instrumentarium der Arbeitszeitgestaltung (vgl. [2]). Basis-Arbeitszeitmodelle wie variable Arbeitszeit ohne Kernzeit, modulare Schichten oder versetzte Ausbildungszeiten werden ergänzt durch eine Vielzahl von individuellen Gestaltungsmöglichkeiten wie zum Beispiel verschiedene Teilzeitkonstellationen, Sabbatical-Optionen oder das Zeit-Wertpapier zum früheren Ausstieg aus der Erwerbsphase. Der Grad der Abdeckung des Bedarfs der Beschäftigten und des Unternehmens sowie ein eventueller weiterer Handlungsbedarf auch im Hinblick auf die demografischen Herausforderungen war jedoch weitestgehend unbekannt. Es war notwendig, die bestehenden Instrumente teilweise einer breiteren Anwendung zuzuführen und andererseits weiterzuentwickeln.

Angesichts der oben beschriebenen strategischen Ziele bezüglich der betrieblichen und individuellen Arbeitszeitflexibilität sowie des bereits dargestellten Verständnisses einer alternsgerechten Arbeitszeit wurde der Fokus des Projektes »Individuelle Arbeitszeitflexibilität« auf die lebensphasenorientierte Arbeitszeit gelegt, die eine flexible Anpassung der individuellen Arbeitszeit an Belastungsschwankungen, persönliche Belange und Lebensphasen ermöglichen soll. Die Schwerpunkte wurden zum einen auf Maßnahmen zur Erhöhung der Inanspruchnahme von bestehenden belastungsreduzierenden Arbeitszeitregelungen wie Teilzeit und Sabbatical vor allem durch Ältere gelegt. Gleichzeitig sollten betriebliche Instrumente zur Gestaltung von Arbeitszeit in rentennahen Phasen insbesondere ein Konzept für die betriebliche Altersteilzeit sowie ein Langzeitkontomodell entwickelt werden.

Teilzeit und Sabbatical

Das Teilzeitvolumen als auch die Verteilung der Arbeitszeit über den Tag oder die Woche unterliegt bei Audi einer Vereinbarung zwischen dem Vorgesetzten und dem Mitarbeiter. Als ein Ergebnis dieser individuellen Gestaltung der Teilzeit ergibt sich eine Vielzahl an Teilzeitformen, die bei Audi zu finden sind: Teilzeit kann an bestimmten Stunden des Tages, bestimmten Tagen der Woche, bestimmten Wochen des Monats beziehungsweise an bestimmten Monaten des Jahres gearbeitet werden. Falls es sich um Mitarbeiter mit variabler Arbeitszeit handelt, kann zusätzlich auch die tägliche Arbeitszeit variieren. Die vereinbarte Arbeitszeit wird dann im Durchschnitt geleistet.

Die Form der Teilzeit, in der an bestimmten Monaten des Jahres gearbeitet wird, ist bereits ein Übergang zu einer Sabbatical-Regelung. Die Sabbatical-Regelung bei Audi sieht vor, dass interessierte Vollzeitbeschäftigte für einen bestimmten Zeitraum einen befristeten Teilzeitvertrag bekommen, der eine Arbeitsphase und eine Sabbaticalphase vorsieht. Während der Arbeitsphase arbeitet der Mitarbeiter Vollzeit, in der Sabbaticalphase ist er dann freigestellt. Die Bezahlung verläuft während der gesamten Dauer des Teilzeitvertrages anteilig. Der Unterschied zu der vorher genannten Teilzeitregelung liegt eben in der zeitlichen Befristung und festgelegten Phasen. Nach dem Ablauf des Sabbatical-Vertrages kehrt der Mitarbeiter wieder zur ursprünglichen Vollzeitregelung zurück.

Sowohl Teilzeit als auch Sabbatical stellen anzustrebende Optionen einer individualisierten, alternsgerechten Arbeitszeitgestaltung dar, daher soll ihre Nutzung gefördert werden.

Im Projekt wurden im ersten Schritt betriebliche Daten bezüglich Nutzung dieser Arbeitszeitoptionen analysiert. Es zeigte sich, dass zum Beispiel Sabbatical vor allem von Männern genutzt wird,

allerdings wurde er bis dahin von älteren Mitarbeitern kaum wahrgenommen. Teilzeit dagegen, obwohl sie auch in höheren Altersgruppen nicht unterdurchschnittlich in Anspruch genommen wird, ist fast ausschließlich bei Frauen zu finden.
Im nächsten Schritt fanden mehrere Befragungen von Mitarbeitern statt:
⇨ Befragung von Mitarbeitern in Teilzeit und ihren Vorgesetzten
  – Ziel: Erfassen von Erfahrungen, Identifizieren von Handlungsbedarf
⇨ Interviews mit Mitarbeitern im Modell »Teilzeit in der Fertigung«
  – Ziel: Evaluation der Erfahrungen, Maßnahmen zur Umsetzung
⇨ Repräsentative Befragung von Mitarbeitern in Vollzeit und ihren Vorgesetzten
  – Ziel: Erfassen weiterer Potenziale zur Nutzung von Teilzeit und Sabbatical sowie von möglichen Nutzungshindernissen

Die Befragungen haben einige aufschlussreiche Erkenntnisse gebracht. So sehen zum Beispiel ältere Teilzeit-Mitarbeiter die Vorteile dieser Arbeitszeitform vor allem in reduzierten Fehlzeiten, im positiven Einfluss auf die Gesundheit und dem Zugewinn an Lebensqualität, der die finanziellen Nachteile ihrer Meinung nach sogar ausgleichen würde.

In der repräsentativen Befragung von Vollzeitbeschäftigten und ihren Vorgesetzten zeigte sich, dass ein hohes Nutzungspotenzial bei den Vollzeit-Beschäftigten sowohl bezüglich Teilzeit als auch bezüglich Sabbatical besteht. Rund 40 Prozent der befragten Vollzeit-Mitarbeiter denken darüber nach beziehungsweise können sich vorstellen, mal die eine oder andere Option zu nutzen. Dennoch sind beide Optionen am wenigsten vorstellbar in der Altersgruppe ab 45 Jahren (werden in dieser Altersgruppe auch am wenigsten genutzt). Der Sabbatical wird den Befragungsergebnissen nach von den Älteren nicht genutzt, insbesondere weil diese durch die lange Freistellungsphase (zwei bis 18 Monate) einen Verlust des Anschlusses an die Gruppe und an den Arbeitsprozess befürchten. Diese Bedenken äußerten auch ältere Vorgesetzte.

Ein Handlungsbedarf bezüglich der Nutzung von Teilzeit zeichnete sich nach Aussagen der Voll- als auch Teilzeitbeschäftigten vor allem in der Kommunikation über die vielzähligen individuellen Gestaltungsmöglichkeiten. Eine zentrale Rolle bei der Realisierung beider Arbeitszeitoptionen wird durch die Befragten dem direkten Vorgesetzten zugeschrieben. Seine Offenheit dafür und seine Unterstützung der interessierten Mitarbeiter scheint ein entscheidender Faktor zu sein.

Vor allem im direkten Bereich in der Fertigung werden vermehrt hinderliche Faktoren der Realisierung von Teilzeit genannt, so zum Beispiel die Umsetzung bisher ausschließlich in ganzen Schichten, die schwere Suche nach dem »Teilzeitpartner«, der die restliche Zeit den Arbeitsplatz besetzen soll und insgesamt die geringe Stellenauswahl für Teilzeitmitarbeiter.

Anhand dieser Ergebnisse wurden die folgenden Maßnahmen identifiziert:

- ⇨ Ausbau der Information für Mitarbeiter über Teilzeit (verschiedene Kanäle und Medien) und über Sabbatical (Nutzungsmöglichkeiten im höheren Alter)
- ⇨ Aufbau einer Datenbank für Personalreferate (Inhalte: Interessenten, Modellangebot, interessierte Bereiche)
- ⇨ Einbindung der Leitung
  - Imagewandel der Teilzeit – Arbeitgeberattraktivität
  - Information aller Ebenen zu Teilzeit
  - Commitment über alle Führungsebenen
- ⇨ Weitere Entwicklung spezieller Teilzeitmodelle in der Fertigung
- ⇨ Anpassung der Sabbatical-Regelung
  zum Beispiel Ausweitung der möglichen Länge der Freistellungsphase von zwei bis 18 Monaten auf ein bis 24 Monate

Arbeitszeit in rentennahen Phasen

Das Auslaufen der gesetzlichen Altersteilzeit ab 2010, die tarifliche Anschlussregelung sowie die Neuregelung des gesetzlichen Rentenzugangsalters machen es für Audi notwendig, das Konzept einer betrieblichen Altersteilzeitregelung und ein Langzeitkonto als Erfassungsinstrument von Lebensarbeitszeit zu entwickeln.

In der Vereinbarung »Zukunft Audi – Leistung, Erfolg, Beteiligung« wurde bereits das Angebot einer »Audi Altersteilzeit« zugesagt. Das neue Konzept muss eine Reihe von Anforderungen erfüllen. Die Audi Altersteilzeit hat die neuen gesetzlichen und tariflichen Rahmenbedingungen in der gesetzlichen Rente zu berücksichtigen. Darüber hinaus muss eine Audi Altersteilzeit nachhaltig finanzierbar sein. Eine deutlich stärkere Beteiligung der Belegschaftsmitglieder an den Kosten wird unvermeidbar sein. Erworbene Zeit- und Zeitwert-Guthaben sollen im Rahmen der Audi Altersteilzeit zur bezahlten Freistellung verwendet werden können. Dies wird in Form eines gleitenden Übergangs in den Ruhestand als auch in Form von Verkürzung der Arbeitsphase durch Block-Altersteilzeit erfolgen. Hierbei gehen wir davon aus, dass gleitende Teilzeitmodelle in Verbindung mit einem späteren Rentenzugang an Bedeutung gewinnen werden.

Auch zu diesem Themenbereich führten wir eine Befragung der Beschäftigten durch. In Form von Interviews verschiedener Mitarbeitergruppen (Ingenieure, gewerbliche Mitarbeiter im direkten und im indirekten Bereich) und Altersgruppen (Alter 25 bis 30, 40 bis 48, 55 bis 60 Jahre) wollten wir erfahren, welche Lebensarbeitszeitkonzepte die Beschäftigten haben, wie sie sich ihre Arbeitszeit im Alter vorstellen, beziehungsweise von den Älteren, was sie den jüngeren Kollegen zum Erhalt geistiger und körperlicher Fitness empfehlen würden (vgl. [4]).

Die Ergebnisse zeigten, dass das Alter von 60 Jahren immer noch eine »magische Grenze« darstellt, wenn es um die Frage nach dem präferierten Austrittsalter aus dem Berufsleben geht. Jedoch kann sich die absolute Mehrheit der Befragten auch einen schrittweisen

Austritt vorstellen. Hier sind sicherlich eine verstärkte Sensibilisierung der Mitarbeiter hinsichtlich der Realisierbarkeit und Finanzierbarkeit eines frühzeitigen Austritts als auch eine Aufklärungsarbeit zu möglichen Arbeitszeiten im Alter notwendig.

Bei den Beschäftigten in Schicht zeigte sich ferner ein ziemlich hoher Bedarf, im Alter aus der Schichtarbeit austreten beziehungsweise die Schichtgestaltung ändern zu können. Daher werden wir uns im nächsten Schritt intensiv mit der alternsgerechten Schichtgestaltung beschäftigen.

Wie bereits beim Thema Teilzeit und Sabbatical gilt auch bei der Arbeitszeit in rentennahen Phasen, den Informationsstand hinsichtlich der Möglichkeiten zur Realisierung einer zeitweisen Arbeitszeitverringerung auch unter dem entgeltspezifischen Aspekt zu intensivieren.

Lebensarbeitszeitkonzepte erfordern auch entsprechende Steuerungsinstrumente. Daher wird bei Audi, unter Beachtung gesetzlicher und tariflicher Bestimmungen, gleichzeitig ein neues Langzeitkonto konzipiert. Die Eckpunkte des Konzeptes sind:

⇨ Zufluss
- Zeit und Geld (Entgeltbestandteile analog BV Zeit-Wertpapier)
- geregelter Zufluss
- einzelvertraglich (Reduzierung des Arbeitszeitfaktors)
- zweckgebunden (Aufbau vom Guthaben auf dem Zeitwertkonto)
- ohne Begrenzung
- möglich für alle Mitarbeiter
- ungeregelter Zufluss
- aus dem Kurzzeitkonto (MTV: max. 152 Std./Jahr)

⇨ Entnahme
- Zeitentlastung im Alter (Freistellung, Istzeit-Reduzierung)
- Sabbatical – keine Zweckbindung

⇨ Instrument auch für die Audi-Altersteilzeit

⇨ Führung in Geld (Zeit-Wertpapier)

Fazit

Das Handlungsfeld der alternsgerechten Arbeitszeitgestaltung spielt bei der Bewältigung der demografischen Entwicklung eine zentrale Rolle. Die Demografie als Betrachtungsfokus ist aber nicht nur bei der alternsgerechten Gestaltung der Arbeitszeit erforderlich. Für eine erfolgreiche Bewältigung des demografischen Wandels in den Betrieben ist es genauso unabdingbar, dass die an Personalentscheidungen und Arbeitsgestaltung beteiligten Akteure den Blickwinkel der demografiebezogenen Relevanz in den Entscheidungs- und Gestaltungsprozessen in allen Bereichen und auf allen Ebenen einnehmen. Die demografiebezogene Relevanz muss zu einer Art Filter werden, durch die die Projekte, Konzepte, Maßnahmen sowie alltäglichen Entscheidungen unter die Lupe genommen, auf demografiespezifische Wirkung überprüft und eben unter diesem Aspekt »fein justiert« werden.

Literatur

[1] HORNBERGER, S. 2006, *Arbeitszeitgestaltung bei der AUDI AG*. In: Antoni, C., Eyer, E. (Hrsg.), *Das flexible Unternehmen. Gruppenarbeit, Entgelt, Arbeitsorganisation*. Symposion Publishing, Düsseldorf, Loseblattwerk, S.1-23

[2] HORNBERGER, S. & KNAUTH, P. 2000, *Innovative Flexibilisierung der Arbeitszeit*. In: Knauth, P. & Zülch, G. (Hrsg.), *Innovatives Arbeitszeitmanagement*. Aachen: Shaker Verlag, S. 23-49.

[3] ILMARINEN, J. & TEMPEL, J. 2002, *Arbeitsfähigkeit 2010*. Hamburg: VSA-Verlag.

[4] KIRSCHNER, M, 2008, *Arbeitszeiten und Austrittswege im Alter. Empirische Studie zu den Vorstellungen unterschiedlicher Mitarbeitergruppen der AUDI AG*. Diplomarbeit am Lehrstuhl für Soziologie und Empirische Sozialforschung, Friedrich-Alexander-Universität Nürnberg-Erlangen.

[5] KNAUTH, P. 2007, *Arbeitszeitgestaltung für die alternde Belegschaft*. In: Gesellschaft für Arbeitswissenschaft (Hrsg.), *Die Kunst des Alterns. Tagungsband der Herbstkonferenz 2007 der Gesellschaft für Arbeitswissenschaft*. Dortmund: GfA Press.

[6] MORSCHHÄUSER, M., OCHS, P. & HUBER, A. 2005, *Erfolgreich mit älteren Arbeitnehmern. Strategien und Beispiele für betriebliche Praxis*, Gütersloh: Verlag Bertelsmann Stiftung.

[7] WIDUCKEL, W. 2006, *Gestaltung des demografischen Wandels als unternehmerische Aufgabe der Audi AG. In: Prager, J.U. & Schleiter, A. (Hrsg.), Länger leben, arbeiten und sich engagieren. Gütersloh: Verlag Bertelsmann Stiftung, S. 117-132.*

[8] ZIMMERMANN, E. 2002, *Chancen und Risiken innovativer Arbeitszeitmodelle für ältere Arbeitnehmer. In: Badura, B.; Schellschmidt, H.; Vetter, C. (Hrsg.), Fehlzeiten-Report 2002 - Demographischer Wandel: Herausforderung für die betriebliche Personal- und Gesundheitspolitik, Berlin: Springer-Verlag, S.167-183.*

Zusammenfassung

Die demografische Entwicklung konfrontiert Unternehmen mit vielschichtigen Herausforderungen. Die AUDI AG stellte sich diesen Herausforderungen, als in der im Jahre 2005 von der Betriebs- und Tarifparteien unterzeichneten Vereinbarung »Zukunft Audi – Leistung, Erfolg, Beteiligung« die Erarbeitung und Umsetzung von Maßnahmen zur Bewältigung der demografischen Entwicklung definiert wurde.

Das Handlungsfeld der alternsgerechten Arbeitszeitgestaltung spielt bei der Bewältigung der demografischen Entwicklung eine zentrale Rolle. Unter dem Aspekt der Demografierelevanz von bestehenden oder zu entwickelnden Arbeitszeitmodellen ist zu prüfen, ob diese eine belastungsbezogene Differenzierung, Anpassung in Abhängigkeit der individuellen Beanspruchung, Gestaltung entsprechend der Lebensphasen und individuelle Steuerung ermöglichen. Es sind mehr individualisierte Arbeitszeitoptionen notwendig, die maßgeschneiderte Lösungen entsprechend der individuellen Situation zulassen.

In der ersten Phase wurde bei Audi der Schwerpunkt daher auf die lebensphasenorientierte Arbeitszeit gelegt, die eine flexible Anpassung der individuellen Arbeitszeit an Belastungsschwankungen, persönliche Belange und Lebensphasen ermöglichen soll. So wurden Maßnahmen zur Erhöhung der Inanspruchnahme von bestehenden belastungsreduzierenden Arbeitszeitregelungen wie Teilzeit und Sabbatical vor allem durch Ältere identifiziert und umgesetzt. Gleichzeitig wurden betriebliche Instrumente zur Gestaltung von Arbeitszeit in rentennahen Phasen insbesondere ein Konzept für die betriebliche Altersteilzeit sowie ein Langzeitkontomodell entwickelt.

Das Projekt »Heute für morgen« bei der BMW Group

Der Alterungsprozess der Bevölkerung hat bereits heute Auswirkungen auf Unternehmen und Mitarbeiter. Auch die BMW Group muss die steigenden betrieblichen Anforderungen künftig mit einer wesentlich älteren Belegschaft erfüllen. Als personalpolitische Antwort wurde das Projekt »Heute für morgen« gestartet.

In diesem Beitrag erfahren Sie:
- welche Auswirkungen der demografische Wandel auf Unternehmen hat,
- welche fünf Handlungsfelder das Projekt »Heute für morgen« umfasst,
- welche Pilotprojekte noch gestartet wurden.

MICHAEL PIEPER

Demografische Realitäten als unternehmerischer Umfeldfaktor

Strategisch ausgerichtete Unternehmen – wie die BMW Group –, die statt kurzfristiger Gewinnmaximierung den dauerhaften Erfolg zum Ziel haben, müssen langfristig denken und handeln. Die BMW Group und die neue Strategie Number ONE stehen für langfristige Wertentwicklung und vorausschauendes Handeln. Daher ist eine stete Auseinandersetzung mit Veränderungen im Geschäftsumfeld auf nationaler und globaler Ebene erforderlich. Die Auswirkungen von nachhaltigen technischen Innovationen, die zunehmende Konzentration in der Automobilbranche, die Verschiebung der Wachstumsregionen, Verknappung der fossilen Energieträger, wachsende Mega-Metropolen und insbesondere auch veränderte Ansprüche der Kunden sind zu antizipieren, so dass frühzeitig die entsprechenden Maßnahmen ergriffen werden können. Im Rahmen der neuen Strategie Number ONE wurden mehr als 200 Trends in einer Umfeldanalyse untersucht. Der demografische Wandel wurde dabei als wesentliche externe und interne Herausforderung definiert.

Die demografische Entwicklung ist ein globales Phänomen, auch wenn die Weltbevölkerung im Durchschnitt regional unterschiedlich schnell altert. Gemäß einer UN-Prognose wird das mittlere Alter beispielsweise in Europa von heute circa 38 auf über 47 Jahre im Jahr 2050 ansteigen. Europa hat bereits heute die älteste Bevölkerung und wird diesen »Vorsprung« auch in Zukunft halten. Darüber hinaus wird die Bevölkerung in vielen Industrienationen in den nächsten Jahrzehnten rückläufig sein. In Deutschland lag die Anzahl der Geburten erstmals 1972 niedriger als die der Sterbefälle. Bis 2002 konnte diese Lücke mit Zuwanderung geschlossen werden, seither aber nicht mehr – der Bevölkerungsrückgang ist somit bereits seit einigen Jahren im Gange.

> **BMW Group**
>
> Die BMW Group mit Sitz in München ist ein Automobil- und Motorradhersteller, der sich mit allen Marken und über alle relevanten Segmente hinweg ausschließlich auf das Angebot von Premium-Produkten und Premium-Dienstleistungen für individuelle Mobilität konzentriert. Die Marke BMW steht für »Freude am Fahren«, MINI ist die einzige Premiummarke im Kleinwagensegment und Rolls Royce ist Synonym für Fortbewegung in ihrer luxuriösesten Form. Agilität und Wirtschaftlichkeit sind die obersten Prämissen im weltweiten Produktionsnetzwerk der BMW Group. Die Produktion erfolgt an 23 Standorten in zwölf Ländern auf vier Kontinenten. Im Jahr 2007 wurden insgesamt mehr als 1,5 MIlionen Automobile und mehr als 102.000 Motorräder ausgeliefert. Darüber hinaus ist die BMW Group auch im Finanzdienstleistungsgeschäft tätig. Mit einem Umsatz von mehr als 56 Milliarden Euro im Jahr 2007 hat die BMW Group im abgelaufenen Geschäftsjahr einen neuen Umsatzrekord erzielt.

Auswirkungen des demografischen Wandels auf die Unternehmen

Die demografische Entwicklung stellt uns schon heute vor enorme Herausforderungen und greift in fast alle Bereiche des gesellschaftlichen Lebens ein. Die demografischen Realitäten werden jeden, ob jung oder alt betreffen. In den letzten Jahren hat die Diskussion über den demografischen Wandel mit seinen verschiedenen Facetten und vielfältigen Auswirkungen in den Medien, der Politik und in der Öffentlichkeit stark zugenommen. Im Fokus der Diskussion steht bereits seit langer Zeit die Demografiefestigkeit der umlagefinanzierten Sozialversicherungssysteme wie Renten-, Kranken- und Pflegeversicherung, deren Finanzierbarkeit eng mit der Bevölkerungsentwicklung zusammenhängt.

Es wird aber zunehmend deutlich, dass es nicht alleine um renten- und sozialpolitische Konsequenzen geht. Auch die Unternehmen sind in vielfältiger Weise von den Wirkungen der demografischen Realitäten betroffen.

Abb. 1: *Die strategischen Handlungsfelder aus der demografischen Entwicklung*

Durch die Alterung der Bevölkerungen werden sich sowohl die Kunden- als auch die Erwerbstätigenstrukturen ändern. Bei der Veränderung der Kundenstrukturen geht es zum einen um die Frage, wie sich die weltweiten Absatzpotenziale vor dem Hintergrund der demografischen Entwicklung verändern werden. Eine im Durchschnitt alternde Bevölkerung bedeutet im Schnitt auch ältere Kunden. Die Länder und Regionen, die in den nächsten Jahrzehnten am stärksten und schnellsten altern, sind gleichzeitig die wichtigsten Absatzmärkte der BMW Group. Für einen Premiumhersteller wie die BMW Group könnte eine insgesamt alternde Gesellschaft durchaus Vorteile haben. Da tendenziell eher ältere, finanzkräftige Kunden Premiumautomobile erwerben, dürfte der Markt für diese Fahrzeuge durch den wachsenden Anteil älterer Kundengruppen einen zusätzlichen Wachstumsimpuls erhalten. Als junge, dynamische Marken werden gerade BMW und MINI davon profitieren, denn diese Markenwerte und dynamische Automobile werden auch und gerade von den »neuen Alten« der Zukunft geschätzt.

Zum anderen sind die Auswirkungen eines höheren Anteils älterer Käufer auf die Fahrzeugkonzepte zu überprüfen. Ältere Kunden haben in Sachen Komfort, Bedienung und Funktionalität ihres Automobils andere Bedürfnisse als junge Kunden. Dies muss nicht zwangsläufig im Widerspruch stehen zu dem Wunsch nach einem sportlichen Automobil. BMW wird auch künftig eine junge, dynamische und sportliche Marke sein. Anstatt explizit »altersgerechte« Angebote zu unterbreiten, die unsere Kunden nicht haben möchten, arbeitet die BMW Group an Innovationen und Funktionalitäten, die das Fahren noch komfortabler und sicherer machen und damit attraktiv für alle Altersgruppen sind. So werden zum Beispiel Fahrer-Assistenzsysteme wie die Warnung bei Verlassen der Fahrspur, situationsadaptive Bremsassistenz oder Parkassistenzsysteme die aktive Sicherheit weiter erhöhen. Weitere Möglichkeiten zur markengerechten Anpassung an die speziellen Anforderungen der wachsenden Generation 60 Plus ergeben sich bei Fahrwerk und Komfort, bei der Optimierung der Bedienelemente, der Anzeige und des Anzeigeumfangs sowie von Schrift und Symbolik im Hinblick auf Lesbarkeit sowie bei der Informationsausgabe.

Als Antwort auf das dritte strategische Handlungsfeld »Personalpolitik« hat die BMW Group mit dem Projekt »Heute für morgen« als eines der ersten Unternehmen der Automobilindustrie ein umfassendes Maßnahmenpaket geschnürt. Die Herausforderung besteht darin, die Rahmenbedingungen und Arbeitsstrukturen so zu verändern, um auch mit einer im Durchschnitt wesentlich älteren Belegschaft wettbewerbsfähig zu sein. Die im Projekt entwickelten personalpolitischen Maßnahmen richten sich an alle Altersgruppen im Unternehmen, da der Vorsorgegedanke im Vordergrund steht und sich die Leistungsfähigkeit nicht an der Anzahl der Lebensjahre festmachen lässt. Das Maßnahmenpaket wird im Folgenden konkreter dargestellt.

Das Projekt »Heute für morgen« als personalpolitische Antwort auf den demografischen Wandel

Obwohl die BMW Group ein internationales Unternehmen ist, werden die demografischen Verschiebungen in Deutschland besonders spürbar sein. Zwar setzte die BMW Group in 2007 mehr als 80 Prozent der Fahrzeuge im Ausland ab und generierte circa 80 Prozent des Umsatzes auf internationalen Märkten, aber etwa drei Viertel der über 107.000 Mitarbeiter sind in Deutschland beschäftigt, was einen entsprechenden Handlungsdruck impliziert. Aus diesem Grund legt das Projekt »Heute für morgen« zunächst den Fokus auf die deutschen Produktionsstandorte. Die Konzepte, die wir für die deutschen Standorte zur Analyse und Bewertung von demografischen Umwälzungen aus strategischer und personalpolitischer Perspektive entwickeln, können später als »Best practice«-Lösungen an Produktionsstandorten in anderen Ländern genutzt werden.

Bereits in den nächsten Jahren nimmt der Anteil der über 50-jährigen Mitarbeiter in der deutschen Industrie analog zur Gesamtbevölkerung deutlich zu. Dieser Anteil wird sich an den deutschen Standorten der BMW Group innerhalb von zehn Jahren verdoppeln. Im Jahr 2018, so die Prognose, wird mindestens jeder dritte Mitarbeiter älter als 50 Jahre sein. Dies hat zur Folge, dass das Durchschnittsalter der Mitarbeiter in diesem Zeitraum um etwa fünf Jahre ansteigt. Zudem verlängern sich aufgrund der Anhebung der gesetzlichen Altersgrenzen die Erwerbsbiographien. Gleichzeitig wachsen jedoch die Anforderungen an die Unternehmen. Für die BMW Group resultieren diese vor allem aus der fortgesetzten Produkt- und Marktoffensive mit immer mehr Fahrzeuganläufen und dem intensiven Wettbewerb. Um weiterhin erfolgreich zu sein, muss die Effizienz stetig gesteigert werden. Das funktioniert nur mit einer echten Hochleistungsorganisation und motivierten, leistungsfähigen Mitarbeitern.

An der Altersstruktur der Werke lässt sich oftmals ablesen, wann das jeweilige Werk aufgebaut wurde, da früher beim Aufbau eines Werkes überwiegend auf eine junge Belegschaft gesetzt wurde, die jetzt gemeinsam altert. Durch eine homogene Altersstruktur ergeben sich zwei Probleme: Zum einen gibt es über Jahre hinweg kaum altersbedingte Fluktuation, wodurch nur wenig neues Wissen ins Unternehmen kommt. Zum anderen scheiden zu einem späteren Zeitpunkt relativ viele Beschäftigte nahezu gleichzeitig aus dem Unternehmen aus, was möglicherweise künftig Probleme bei der Rekrutierung neuer Mitarbeiter aufwerfen kann. Mit dem Ausscheiden einer Vielzahl erfahrener Mitarbeiter fließt zudem für das Unternehmen wichtiges Know-how ab, das durch die Einstellung jüngerer Mitarbeiter nicht einfach ersetzt werden kann. Beim Aufbau des neuen BMW-Werkes in Leipzig sollte genau das vermieden werden. Von Anfang an wurde auf eine ausgewogene Altersstruktur geachtet und dementsprechend auch ältere Mitarbeiter eingestellt. Die Einstellungen älterer Mitarbeiter haben sich von Anfang an bezahlt gemacht, da das Erfahrungswissen der älteren Mitarbeiter beim Werksaufbau bedeutend war.

Grundsätzlich gehen wir davon aus: Auch im Alter sind Höchstleistungen möglich. Ältere Mitarbeiter haben spezifische Potenziale, verfügen über einen großen Erfahrungsschatz und ein breites betriebsspezifisches Wissen. Sie sind zuverlässig und verfügen über ein ausgeprägtes Pflicht- und Verantwortungsbewusstsein. Wissenschaftliche Studien zeigen längst, dass Bereitschaft und Fähigkeit zur Leistung nicht vom Lebensalter abhängig sind. Diese Potenziale älterer Mitarbeiter gilt es, in Zukunft noch konsequenter zu nutzen. Die gezielte

Schaffung altersgemischter Teams, die die höchste Produktivität erzielen, wird dabei eine wesentliche Rolle spielen.

Ein signifikanter Zusammenhang darf aber nicht übersehen werden: Die Krankenquote steigt mit dem Alter der Mitarbeiter deutlich an. Gleichzeitig steigt auch die Anzahl der Mitarbeiter, die aufgrund gesundheitlicher Probleme nur noch eingeschränkt einsetzbar sind. Bei Zugrundelegung dieser Zusammenhänge führt die Verschiebung der Altersstruktur automatisch zu höheren Personalkosten. Jedoch ist ein Leistungsabfall mit zunehmendem Alter keine zwangsläufige Entwicklung. Interne Erhebungen des »Work Ability Index« (Arbeitsfähigkeitsindex), der die tätigkeitsbezogene Arbeitsfähigkeit der Mitarbeiter aufzeigt, verdeutlichen, dass viele ältere Mitarbeiter mindestens genauso leistungsfähig sind wie ihre jüngeren Kollegen. Es gibt also durchaus Erwerbstätige, die ihre Leistungsfähigkeit im Alter aufrechterhalten oder sogar weiter steigern können. Die Streuung der Arbeitsfähigkeit innerhalb einer Altersgruppe wird mit zunehmendem Alter jedoch deutlich größer. Nicht das Alter ist die entscheidende Einflussgröße, sondern wie der persönliche Werdegang verlaufen ist: hat es Lernanreize gegeben, unter welchen Rahmenbedingungen lief die Arbeit ab, welche Aktivitäten erfolgten außerhalb des beruflichen Umfeldes, wurde auf die eigenen Gesundheit geachtet? Es gibt somit ein erhebliches Präventionspotenzial, dessen Nutzung insbesondere auch in Verantwortung des Mitarbeiters selbst liegt.

Das Projekt »Heute für morgen« soll dazu beitragen, dass die Mitarbeiter leistungs- und beschäftigungsfähig über die gesamte Erwerbsphase hinweg bleiben können. Hierfür werden Maßnahmen in den Handlungsfeldern Gesundheit, Qualifizierung und Arbeitsumfeld umgesetzt. Es ist allerdings davon auszugehen, dass nicht jeder Mitarbeiter bis zum Renteneintrittsalter leistungsfähig bleiben kann oder Höchstleistung erbringen will. Daher benötigen wir auch in Zukunft bedarfsgerechte Altersaustrittsmodelle und spezielle Arbeitsplätze für Mitarbeiter mit gesundheitlichen Leistungseinschränkungen, die sich wirtschaftlich rechnen. Mit dem Thema Kommunikation/Change Management soll ein Bewusstsein für die demografischen Veränderungen geschaffen werden. Um die Chancen aus dieser Entwicklung ergreifen zu können, reicht es nicht aus, die demografischen Fakten nur zur Kenntnis zu nehmen. Führungskräfte und Mitarbeiter müssen daher in die Lage versetzt werden, bereits heute die entsprechenden Maßnahmen zu ergreifen. Die fünf Handlungsfelder werden im Folgenden näher dargestellt.

Die Handlungsfelder des Projektes »Heute für morgen«

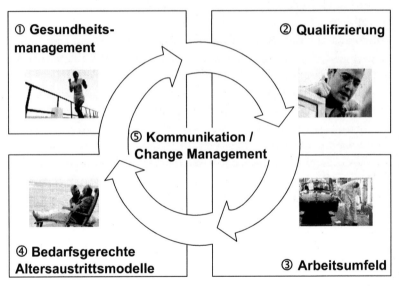

Abb. 2: *Zur inhaltlichen Vertiefung wurden fünf Handlungsfelder gebildet*

(1) Handlungsfeld »Gesundheitsmanagement«

Den BMW-Group-Mitarbeitern wird traditionell eine Vielzahl von Angeboten unterbreitet, ihre Gesundheit nachhaltig zu fördern beziehungsweise wiederherzustellen. Im Mai 2006 wurde das Unternehmen für sein vorbildliches Gesundheitsmanagement vom Bayerischen

Staatsministerium für Umwelt, Gesundheit und Verbraucherschutz ausgezeichnet. Die Maßnahmen in den einzelnen Handlungsfeldern setzen sowohl beim Arbeitsumfeld als auch beim Verhalten des Mitarbeiters an und richten sich entweder an die ganze Belegschaft oder einzelne Zielgruppen.

In den betriebseigenen Fitnesscentern, die es an fast allen Werksstandorten der BMW Group gibt, kann unter professioneller Anleitung durch qualifizierte Trainer ein individuell zugeschnittenes, präventives Kraft- und Ausdauertraining durchgeführt werden. Das präventive Gesundheitstraining ist Teil des standortübergreifenden Bewegungsprogramms »MoveUp«, das speziell zur Erhaltung, Verbesserung und Wiederherstellung der Gesundheit des Stütz- und Bewegungsapparates entwickelte wurde. »MoveUp« setzt sich aus zielgruppenspezifischen Modulbausteinen (Training, Physiotherapie, therapeutisches Gerätetraining, Verhaltensprävention mit Bezug zum Arbeitsplatz) zusammen, wodurch eine individuelle Behandlung gewährleistet wird.

Im Bereich der Krebs-Früherkennung ist es den Betriebsärzten gelungen, eine hohe Anzahl an Mitarbeitern zu sensibilisieren. Neben Maßnahmen zur Brustkrebsfrüherkennung wurden gemeinsam mit der BKK BMW wiederholt Aktionen zur Darmkrebsvorsorge durchgeführt, die bisher etwa 20.000 Mitarbeiter der BMW Group nutzten.

Bei einer älter werdenden Belegschaft erlangt die Gesundheitsvorsorge zunehmende Priorität. Laut Weltgesundheitsorganisation (WHO) sind etwa 70 Prozent aller Todesfälle in Industrienationen auf einen ungesunden Lebensstil zurückzuführen. Körperliche Inaktivität, Rauchen, Alkohol und unausgewogene Ernährung sind die Hauptgründe dafür. Das bedeutet im Umkehrschluss: Die meisten Erkrankungen könnten durch einen gesünderen Lebensstil verhindert oder in ein späteres Lebensalter verschoben werden. Eines der am weitesten verbreiteten Probleme, das mit dem heutigen Lebensstil verbunden ist, ist das Übergewicht. Laut der jüngsten Nationalen Verzehrsstudie des Bundesministeriums für Ernährung, Landwirtschaft und Verbraucherschutz (2008) sind zwei Drittel der Männer und die Hälfte der Frauen in Deutschland übergewichtig.

Im Projekt »Heute für morgen« wurden Gesundheitstrainings entwickelt, die Wissen über gesunde Lebensführung vermitteln. Während sich »Fit for Job« an alle Mitarbeiter richtet, ist »Fit for Leadership« speziell für Führungskräfte zugeschnitten. In dem Training für Mitarbeiter mit Personalverantwortung wird deutlich die Vorbildfunktion der Führungskräfte angesprochen. In beiden Seminaren wird den Teilnehmern aufgezeigt, wie sie im beruflichen und privaten Alltag stärker auf eine gesunde Ernährung, körperliche Fitness und mentale Ausgeglichenheit achten können. Diese Trainingsmaßnahme wurde inzwischen evaluiert. Das Ergebnis zeigt, dass die auf die Gesundheit wirkenden Einflussfaktoren signifikant verbessert werden konnten.

Für Mitarbeiter, die eine Rehabilitationsmaßnahme planen, wurde das Modellprojekt Netzwerk Reha ins Leben gerufen. Der BMW Group Gesundheitsdienst, die BKK BMW, die Deutsche Rentenversicherung Bayern Süd und Schwaben und sieben Rehabilitations-Kliniken haben sich dafür zu einem Netzwerk zusammengeschlossen. Durch die Vernetzung aller Prozesspartner sollen Wartezeiten verkürzt, eine medizinisch hochwertige Reha garantiert und insbesondere die Wiedereingliederung in den Arbeitsprozess erleichtert werden. Der Mitarbeiter erhält als Basis für eine gezielte Analyse und Behandlung seine Arbeitsplatzbeschreibung zur Mitnahme in die Klinik. Sollte sich während der Behandlung zeigen, dass Maßnahmen zur Umgestaltung seines Arbeitsplatzes bis hin zum Wechsel der Tätigkeit erforderlich sind, kontaktiert der Rehabilitationsarzt den Werksarzt, damit weitere Schritte eingeleitet werden können.

Praxisbeispiel im Detail: Das ganzheitliche Präventionsprogramm der BMW Group

Im Rahmen des Projektes »Heute für morgen« wurde ein ganzheitliches und nachhaltiges Präventionsprogramm entwickelt, das Gesundheitschecks und zielgruppenspezifische Präventionsmaßnahmen

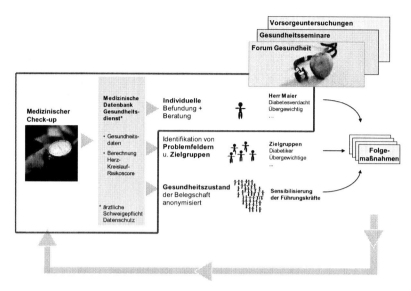

Abb. 3: *Elemente des ganzheitlichen und nachhaltigen Präventionsprogramms*

miteinander verbindet. Ausgangspunkt dieses Programms sind die Gesundheitsforen, die mittlerweile für die Standorte der BMW Group in Deutschland und des Werkes Steyr standardisiert worden sind. In den Gesundheitsforen können alle Mitarbeiter auf freiwilliger Basis einen individuellen Gesundheits-Check mit Risikoberechnung durchführen lassen. Dieser beinhaltet zum Beispiel Bluttests, Messung der Wanddicke der Halsschlagader, Lungenfunktionsmessungen und weitere Untersuchungen. Im Anschluss an den Check erfolgt ein erstes Beratungsgespräch mit einem Betriebsarzt. Zudem kann sich der Mitarbeiter auf dem Gesundheitsforum über gesunde Ernährung, ergonomische Maßnahmen am Arbeitsplatz und Gesundheitsangebote der BMW Group und der BKK BMW informieren.

Entscheidend ist aber die Nachhaltigkeit. Die – unter Wahrung datenschutzrechtlicher Bestimmungen sowie der ärztlichen Schweigepflicht – personenbezogene Erfassung der Daten ermöglicht es, jedem Teilnehmer nach Auswertung der Bluttests ein medizinisch hochwertiges Gesundheitsprofil zuzusenden. Dieses enthält nicht nur die medizinischen Ergebnisse, sondern auch darauf basierende Empfehlungen für geeignete Gesundheits- und Vorsorgemaßnahmen sowie entsprechende betriebliche Angebote. Teilnehmer mit hohen gesundheitlichen Risiken werden gezielt auf entsprechende Präventionsangebote der BMW Group hingewiesen. So ist für schwer übergewichtige Mitarbeiter (mit einem »Body Mass Index« von 30 bis 40) und einem begleitenden Risikofaktor für Herz-Kreislauf-Erkrankungen das Pilotprojekt »M.O.B.I.L.I.S.« (Multizentrisch organisierte bewegungsorientierte Initiative zur Lebensstiländerung in Selbstverantwortung) angelaufen, das auf eine Änderung des Lebensstils abzielt. Für Mitarbeiter mit Herzerkrankungen wurde eine Herzsportgruppe eingerichtet. Das regelmäßige Bewegungstraining unter ärztlicher Kontrolle soll den Gesundungsprozess fördern. Die Teilnehmer des Gesundheitsforums werden, sofern sie vorab ihr Einverständnis erteilt haben, bei Vorliegen spezifischer Befunde wie zum Beispiel Diabetes oder chronischer Lungenerkrankung von der BKK BMW kontaktiert. Diese kann dann gezielt auf die strukturierten Behandlungsprogramme der Krankenkassen zur Sicherstellung der optimalen Versorgung von chronisch Erkrankten (»Disease Management Programme«) hinweisen.

Die aggregierten Daten zum Gesundheitszustand der Belegschaft dienen auch dazu, Handlungsfelder im Unternehmen zu erkennen, weitere Maßnahmen abzuleiten und deren Nachhaltigkeit zu überprüfen. So hat sich beispielsweise gezeigt, dass nur wenige Mitarbeiter ausreichend Obst und Gemüse essen. Mit einer standortübergreifenden Kennzeichnung der Speisen im Betriebsrestaurant nach gesundheitsrelevanten Kriterien soll daher den Mitarbeitern Orientierung bei der Wahl ihrer Mittagsmenüs gegeben werden. Für übergewichtige Mitarbeiter wurden Abnehmaktionen und spezielle Bewegungsprogramme gestartet.

Die neu konzipierten Gesundheitsforen wurden bereits an den Standorten München, Dingolfing, Berlin, Leipzig und Steyr durchgeführt. Insgesamt nahmen bisher etwa 28.000 Mitarbeiter teil. Es ist geplant, die Gesundheitschecks in regelmäßigen Abständen durchzuführen, um zu sehen, welche Veränderungen sich bezüglich des Gesundheitsverhaltens und der untersuchten Risikofaktoren vollzogen haben.

Die Gesundheitsforen sind ein gutes Beispiel für das Zusammenspiel von Unternehmen und Mitarbeitern zur Gesundheitsprävention. Beide leisten ihren Beitrag: Das Unternehmen macht entsprechende Angebote; der Erhalt der Gesundheit liegt aber letztlich in der Eigenverantwortung der Mitarbeiter. Der verantwortungsvolle Umgang mit der eigenen Gesundheit bedeutet Sicherung der Leistungsfähigkeit und Lebensqualität im Privat- und Berufsleben.

(2) Handlungsfeld »Qualifizierung«

Lebenslanges Lernen spielt in einem auf Innovation beruhendem Unternehmen wie der BMW Group schon immer eine große Rolle. Neue Technologien und Prozesse führen ständig zu veränderten Qualifikationsanforderungen. Daher wird bereits seit geraumer Zeit im Rahmen der »Qualitativen Personalplanung (QPP)« der künftige Bedarf an Kompetenzen ermittelt. Im Zuge des QPP-Prozesses werden auch Altersstrukturanalysen durchgeführt, um analysieren zu können, wann welches Wissen aufgrund des Ausscheidens von Mitarbeitern aus dem Unternehmen abfließen wird. So wurden einzelne Bereiche oder Gruppen identifiziert, in denen ein verstärkter Verlust von für das Unternehmen wesentlichen Kompetenzen zu erwarten ist. Hier werden frühzeitig, bevor der konkrete Bedarf besteht, Weiterbildungsmaßnahmen ergriffen oder jüngere Mitarbeiter eingestellt, um den Wissenstransfer von Jung nach Alt und damit den Kompetenzerhalt zu sichern.

Im Projekt wurde ein Modul zur stärkenorientierten Weiterentwicklung der Mitarbeiter konzipiert, welches als langfristiges Personal- und Weiterbildungskonzept anzusehen ist. Es fördert die intrinsische Lernmotivation und damit auch den Bereich des Veränderungslernens. Dieses ausbalancierte Entwicklungskonzept erzielt mit Abstand bessere Ergebnisse als die übliche, lediglich auf äußere Anforderungen beziehungsweise Sollkompetenzen basierte und damit mehr an den Schwächen orientierte Vorgehensweise.

Eine interne Auswertung hat gezeigt, dass von den betrieblichen Weiterbildungsaktivitäten die älteren Mitarbeiter in gleichem Maße wie die jüngeren Mitarbeiter profitieren. Die Altersstruktur der Mitarbeiter ist mit der Altersstruktur der Teilnehmer an den Bildungsveranstaltungen nahezu deckungsgleich. Ausgangsthese im Teilprojekt Qualifizierung ist, dass das biographische Alter kaum Einfluss auf die Entwicklung der Lernfähigkeit hat. Jedoch muss sichergestellt werden, dass bei Mitarbeitern, egal in welcher Lebensphase sie sich befinden, die innere Bereitschaft für stete Veränderung aufrechterhalten bleibt. Das kann beispielsweise über gesteuerte Arbeitsplatzwechsel geschehen. Wenn jemand über viele Jahre hinweg denselben Job macht, muss dieser Mitarbeiter erst wieder lernen zu lernen. Umgekehrt: Wer den Arbeitsplatz öfters wechselt und sich neu einarbeiten muss, bleibt im Lernen drin. In Zukunft muss noch stärker darauf geachtet werden, dass die Arbeitsaufgaben ausreichend Lernmöglichkeiten bieten. Das heißt, die Arbeitsaufgaben müssen ausreichende Anteile von Partizipation an Entscheidungen, Variabilität und Selbstständigkeit beinhalten. Durch geeignete Arbeitsformen wie beispielsweise Projektarbeit können notwendige Lernimpulse gesetzt werden.

Die Ergebnisse des in verschiedenen Fachbereichen erhobenen »Work Ability Index« zeigen, dass das Führungsverhalten eine entscheidende Rolle beim Erhalt der Arbeitsfähigkeit spielt. In Age-Management-Seminaren, die sich an alle Führungskräfte im Unternehmen richten, geht es um die Vermittlung von Kenntnissen zum Thema »Altern und Arbeit«. Ziel des Seminars ist es, Führungsstrategien und Handlungsansätze für den erfolgreichen Umgang mit einer älter werdenden Belegschaft zu erarbeiten. Die Seminare mit dem Titel »Die demografische Entwicklung: Herausforderungen und Chancen für Führungskräfte« werden sowohl als »Standardseminar« als auch bereichsspezifisch durchgeführt werden. Bei letzterem kann konkret auf die Bedingungen vor Ort eingegangen und damit eine besondere Betroffenheit ausgelöst werden.

Ältere Mitarbeiter lernen also nicht schlechter, jedoch lernen sie anders als jüngere. Gleichwohl werden keine Weiterbildungsseminare ausschließlich für ältere Mitarbeiter angeboten. Denn in der Intergenerativität des Lernens werden die größten Potenziale gesehen. In der BMW Group wird gezielt auf das Zusammenspiel der Stärken älterer Mitarbeiter (Erfahrung, Pragmatismus, Urteilsfähigkeit) mit den Stärken jüngerer Mitarbeiter (neues Wissen, Enthusiasmus) gesetzt. Mit altersgemischten Gruppen Weiterbildung zu betreiben ist geradezu notwendig, um die größten Lerneffekte zu erzielen.

Vielmehr wird berücksichtigt, dass ältere Mitarbeiter dann am besten lernen, wenn sie ihre Erfahrungen in die Lernsituation einbringen können, das Lernarrangement mithin praxisorientiert und arbeitsbezogen gestaltet wird. Aus diesem Grund ist es das Ziel, Arbeits- und Lernprozesse stärker miteinander zu verzahnen, was letztlich allen Altersgruppen zugute kommt. Dieser Ansatz wurde beispielsweise im Projektcamp umgesetzt.

Praxisbeispiel im Detail: Lernen im Projektcamp – je realer, desto besser

Die Integration von Lernen und Arbeiten wurde als Pilotlauf in einem internen IT-Bereich umgesetzt, in dem Projektleitungs- und Projektmanagementaufgaben überwiegen. Hier stellte sich die Frage, ob die Qualifikation der Mitarbeiter mit Projekt- und Projektleitungsaufgaben weiterhin mit der üblichen Lernform einer Seminarschulung sinnvoll sei. Aus verschiedenen Gründen (unter anderem unterschiedliche Erfahrungen in der Projektarbeit, unterschiedliche Aufgaben und Rollen, divergierende Projektstände) wurde eine neue Form der Qualifizierung – das Projektcamp – entwickelt. Die Qualifikation wurde erfolgreich direkt in die Projektarbeit integriert.

Die Mitarbeiter dieses IT-Bereiches wurden gezielt in altersgemischte Gruppen mit maximal zwölf Mitarbeitern eingeteilt. Neben den von den Führungskräften vorgegebenen Lerninhalten konnte

Das Projekt »Heute für morgen« bei der BMW Group

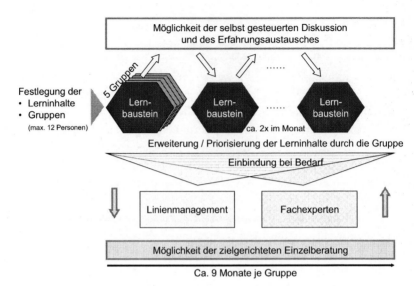

Abb. 4: *Struktur des Projektcamps*

die Gruppe selbst Lernthemen aus der Praxis der realen Projekte definieren. Die Gruppen trafen sich circa zwei Mal im Monat am späten Nachmittag zu kurzen Lernbausteinen von rund zwei Stunden, lernten gemeinsam unter Anleitung eines methodisch geschulten Trainers und bearbeiteten aktuelle Probleme aus dem Alltag. Durch den unmittelbaren Bezug zur eigenen Tätigkeit wurden die aufgeworfenen Probleme mit maximalem Lernerfolg analysiert und diskutiert. Dabei gaben die erfahrenen Mitarbeiter den jungen Projektmanagern ihren Erfahrungsschatz weiter und umgekehrt konnten die erfahrenen Mitarbeiter von den jüngeren Mitarbeitern neues technologisches und methodisches Know-how erhalten. Darüber hinaus gibt es gleich Ergebnisse für die tägliche Projektarbeit selbst.

Das Pilotprojekt wurde evaluiert und von den Beteiligten als erfolgreich und effektiv bewertet. Diese Form des arbeitsintegrierten Lernens wird zukünftig verstärkt die traditionellen Weiterbildungsformen ergänzen und teilweise auch ersetzen.

(3) Handlungsfeld »Arbeitsumfeld«

Im Handlungsfeld Arbeitsumfeld geht es um die alternsgerechte Gestaltung von technischen und organisatorischen Arbeitsbedingungen – insbesondere der Arbeitsplätze, Arbeitszeiten und Arbeitsstrukturen. Mithilfe dieser Stellhebel kann ein wesentlicher Beitrag zum langfristigen Erhalt der Arbeitsfähigkeit aller Mitarbeiter geleistet werden. Ein weiteres Ziel ist es, die Einsatzmöglichkeiten von Mitarbeitern mit gesundheitlichen Leistungseinschränkungen zu erhöhen.

Ergonomie spielt bei der BMW Group eine große Rolle. Bei der Gestaltung ergonomisch optimierter Produktionsarbeitsplätze handelt es sich insbesondere um solche Maßnahmen, die zum einen ein Bücken, Beugen und Strecken vermindern und zum anderen das Heben und Tragen von Lasten reduzieren. So konnte zum Beispiel durch die Einführung höhenverstellbarer Schubplatten die Belastungen von Rumpf (um 80 Prozent), Knie (um 63 Prozent) und Nacken (um 46 Prozent) deutlich gesenkt werden. Zudem wird ein Arbeiten über Schulterhöhe mittels Schwenkmontage weitgehend vermieden. Eine weitere Verbesserung der ergonomischen Arbeitsplatzgestaltung wird durch die fertigungsbezogene Aufteilung des Gesamtfahrzeuges in Großmodule erreicht (zum Beispiel Cockpitmodul). Die Montage dieser Module ist durch eine verbesserte Zugänglichkeit und somit ergonomisch optimale Arbeitsbedingungen gekennzeichnet, da ein Großteil der Arbeitstätigkeiten außerhalb der Fahrzeugkarosse durchgeführt werden kann. Auch die Integration von Vormontagen in Hauptbandnähe führt zu flexiblen Einsatzmöglichkeiten der Mitarbeiter, denn es erfolgt so eine Entkoppelung von den streng taktgebundenen Montagetätigkeiten. Hier kann der Mitarbeiter – innerhalb bestimmter Grenzen – Tempo und Methodik seiner Arbeit selbst bestimmen und auch begrenzt einsetzbare Mitarbeiter 100 Prozent Leistung erbringen. Ergonomiemaßnahmen sind Investitionen in die Zukunft und kein Gegensatz zur Wirtschaftlichkeit.

Mit der standardisierten »Anforderungs- und Belastbarkeitsanalyse« (ABA) soll der optimale Einsatz der Mitarbeiter mit Leistungseinschränkungen erreicht werden. Die ABA ist in zwei Teile gegliedert: In den technischen Anteil ABAtech (= ergonomisches Bewertungsinstrument für Arbeitsplätze) und in den medizinischen Anteil ABAmed (= standardisierte Bewertung der Leistungseinschränkungen von Mitarbeitern). ABAtech und ABAmed basieren auf denselben Kriterien. Dadurch kann die vom Werkarzt ermittelte Einstufung der Mitarbeiter mit Leistungseinschränkungen mit den vorhandenen, mittels ABAtech bewerteten Arbeitsplätzen abgeglichen und für den betroffenen Mitarbeiter ein adäquater Arbeitsplatz gesucht werden. Das mittels Ampelfarben dargestellte Ergebnis von ABAtech zeigt darüber hinaus in anschaulicher Form weitere Möglichkeiten zur ergonomischen Optimierung eines Arbeitsplatzes auf.

Im Bereich Arbeitsstrukturen werden neue Ansätze einer systematischen und kurzzyklischen Mitarbeiterrotation vor dem Hintergrund des physischen Belastungswechsels sowie dem Erhalt der Qualifikation und Flexibilität erprobt. Trotz ergonomischer Optimierung verbleiben Arbeitstätigkeiten mit verschiedenen körperlichen Belastungen. Durch den gesteuerten Wechsel zwischen den Arbeitsplätzen innerhalb einer Schicht sollen die Zeiten einseitiger Belastungen reduziert werden. Wenn die Belastungsdauer an einem Arbeitsplatz vermindert wird, ergeben sich auch für Mitarbeiter mit Leistungseinschränkungen wieder höhere Einsatzmöglichkeiten.

Ein weiteres Thema in diesem Handlungsfeld ist die Gestaltung der Arbeitszeiten. Alternsgerechte Arbeitszeitgestaltung bedeutet insbesondere auch, differenzierte Arbeitzeitreduktionen in Abhängigkeit von den individuellen Bedarfen und Leistungsmöglichkeiten zu ermöglichen. In Zeiten des intensiven Wettbewerbs sind von jedem Einzelnen Höchstleistungen erforderlich. Damit wächst der Wunsch nach längeren Erholungsphasen. Auch im Hochleistungssport muss auf intensive Wettkampfphasen eine Zeit der Regeneration erfolgen. Bereits seit 1994 bietet die BMW Group ihren Mitarbeitern die Möglichkeit eines ein- bis sechsmonatigen Sabbaticals an. Allein im Jahr 2007 haben mehr als 1.000 Mitarbeiter der BMW Group diese Möglichkeit genutzt. Oftmals wird ein Sabbatical für eine längere

Reise, den Abschluss der Meisterschule oder andere Weiterbildungsaktivitäten genutzt. Finanziert wird das Sabbatical durch entsprechende Kürzung der betrieblichen Sonderzahlungen oder – auf Wunsch des Mitarbeiters – des Monatsentgeltes.

Die Erfahrungen mit dem Sabbatical zeigen, dass vollzeitnahe Modelle in Form von reduzierten Arbeitstagen für Vollzeitmitarbeiter besonders interessant sind. Die Mitarbeiter gewinnen spürbar mehr Freiheit in der aktiven Gestaltung ihrer Arbeitszeiten je nach Lebensphase. Gleichzeitig halten sich die materiellen Einbußen in Grenzen, was den Wunsch vieler Vollzeitmitarbeiter nach einer geringen Reduktion der Arbeitszeiten begründet. Arbeitsorganisatorisch sind vollzeitnahe Modelle mit entsprechender Vorlaufzeit vergleichsweise leicht umsetzbar.

Um eine individuelle Arbeitszeitgestaltung vor dem Hintergrund des Erhalts der Leistungs- und Beschäftigungsfähigkeit noch stärker zu fördern, wurde bei der BMW Group mit »Vollzeit Select« ein ergänzendes Modell zum Sabbatical eingeführt. Mit »Vollzeit Select« kann der Mitarbeiter zusätzlich zu seinem Jahresurlaub bis zu 20 zusätzliche freie Tage pro Jahr wählen. Dabei behält der Mitarbeiter den Status Vollzeitmitarbeiter. Die Entscheidung wird jeweils für ein Kalenderjahr getroffen. Zum Ende des Kalenderjahres läuft »Vollzeit Select« automatisch aus, kann aber auf Wunsch des Mitarbeiters erneut beantragt werden. Ein Mitarbeiter muss sich also nicht langfristig festlegen, sondern kann die Möglichkeit zusätzlicher freier Tage einfach für ein Kalenderjahr ausprobieren. Die Verteilung der freien Tage ist nach Absprache mit der Führungskraft frei wählbar. Finanziert wird »Vollzeit Select« – wie das Sabbatical – wahlweise durch Kürzung der Sonderzahlungen oder des Monatsentgeltes.

Praxisbeispiel im Detail: ABA Schicht – arbeitswissenschaftliche Erkenntnisse systematisch berücksichtigen
Die BMW Group beteiligte sich 2005 an dem Projekt KRONOS der Universität Karlsruhe, das die Auswirkungen altersdifferenzierter Arbeitszeitmodelle auf die Entwicklung der Arbeitsfähigkeit unter-

sucht. Das Projekt KRONOS ist Teil des DFG-Forschungsprojektes »Altersdifferenzierte Arbeitssysteme«. Ziel des Projektes in der BMW Group war, die Entwicklung eines Tools zur Bewertung bestehender und zukünftiger Schichtpläne aus arbeitswissenschaftlicher Sicht sowie eine etwaige erforderliche Schichtplanumstellung vorzunehmen. Bei der Schichtplangestaltung sind eine Vielzahl von Kriterien zu beachten wie zum Beispiel rechtliche Restriktionen, Betriebszeit- und Flexibilitätsanforderungen, Mitarbeiterpräferenzen, Handhabbarkeit und Wirtschaftlichkeit. Eine stärkere Berücksichtigung arbeitswissenschaftlicher Kriterien, die dem allgemein anerkannten Stand der Wissenschaft entsprechen, wird künftig eine höhere Bedeutung erlangen. Das soll dazu führen, dass die Belastungen aus Schichtarbeit reduziert werden und damit ein Beitrag zum Erhalt der Arbeitsfähigkeit mit zunehmendem Alter geleistet wird.

Untersuchungsgegenstand war der vollkontinuierliche Betrieb in der mechanischen Fertigung im Werk Berlin. Um alle Beteiligten frühzeitig in den Prozess mit einzubeziehen, wurde ein Auftakt-Workshop mit Vertretern der Werkleitung, des Personalwesens, des Betriebsrates und der Gewerkschaft durchgeführt. Diese Teilnehmer bildeten auch die Arbeitsgruppe für die weitere Ausarbeitung. Neben der Analyse bestehender Bewertungsmodelle und Gestaltungstools für Schichtpläne wurden von der Universität Karlsruhe vor Ort Expertengespräche, Informationsveranstaltungen, Befragungen der betroffenen Mitarbeiter und Arbeitsgruppensitzungen durchgeführt. Die empirische Datenerhebung umfasste sowohl quantitative als auch qualitative Aspekte. Bei der qualitativen Befragung der betroffenen Mitarbeiter ging es unter anderem um eine subjektive Einschätzung zu den Themen Arbeit und Familie, Gesundheit und Autonomiegrad.

Die Erkenntnisse aus den durchgeführten Veranstaltungen und Befragungen waren Grundlage für die Erstellung des Pflichtenheftes. Ergebnis ist ein mehrperspektivisches IT-Bewertungstool, das in der Bedienung sehr einfach ist. Bestehende Schichtpläne werden mittels SAP-Schnittstelle in das Tool importiert, neu entwickelte Schichtpläne manuell erfasst. Im Bewertungsblatt ist eine Bewertung des eingegebenen Schichtplans abzulesen. Die Ampel- und Punktebewertung zeigt auch Ansatzpunkte für Optimierungsmöglichkeiten auf. Grundlage für die Bewertung sind die arbeitswissenschaftlichen Kriterien, die nach den Ergebnissen der empirischen Untersuchung im Werk Berlin gewichtet sind. Der Nutzer des Tools kann die Gewichtungen nach eigenen Befragungsergebnissen oder Erfahrungen bei Bedarf verändern.

Das Bewertungstool für Schichtpläne wird in Analogie zu den in der BMW Group bestehenden ergonomischen und medizinischen Systemen »ABA Schicht« genannt. Hiermit wurden alle wesentlichen Schichtpläne in der BMW Group aus gesundheitlicher Sicht bewertet und Verbesserungsmöglichkeiten aufgezeigt. Im Pilotbereich des Werkes Berlin wurde Anfang 2008 ein ergonomisch wesentlich günstigerer Schichtplan umgesetzt. Bei der Umstellung war der Einbezug der Mitarbeiter bei der Erarbeitung des neuen Schichtplans ein entscheidender Erfolgsfaktor. Schichtmitarbeiter (und ihre Familien) haben sich oftmals über Jahre an die Vor- und Nachteile eines bestimmten Schichtplanes gewöhnt und sind daher eher skeptisch gegenüber jeder Änderung. Bei Schichtplanumstellungen muss daher mit Bedenken, Ängsten und Akzeptanzproblemen gerechnet werden. Mit umfangreichen Informationen, die den Sinn der geplanten Maßnahme, die Vorgehensweise bei der konkreten Lösungssuche und die Erfahrungen anderer Bereiche oder Betriebe mit der Einführung ähnlicher Maßnahmen aufzeigen, kann dem begegnet werden.

Alle Produktionsstandorte haben zudem entschieden, dass bei jeder Neuplanung eines Schichtmodells durch den Arbeitszeitexperten des Standortes für die erarbeiteten Alternativen ein ergonomischer Check mit Hilfe des Bewertungstools vorzunehmen ist. Diese verpflichtende Anwendung führt in den Projektgruppen nun zu einer Mitbetrachtung arbeitswissenschaftlicher Erkenntnisse und lenkt den Fokus in den Entscheidungsabläufen damit auch auf gesundheitliche Aspekte. Das Personalwesen kann als professioneller Berater in Erscheinung treten und ein wissenschaftlich fundiertes Expertensystem

Das Projekt »Heute für morgen« bei der BMW Group

Arbeitswissenschaftliche Kriterien	Empfehlungen	Aktueller Wert / Aktuelle Anzahl	Bewertung
maximale Anzahl hintereinanderliegender gleicher Schichten	möglichst wenige hintereinanderliegende Nachtschichten (max. 3); Dauernachtschicht vermeiden	2	
	möglichst wenige hintereinanderliegende Frühschichten (max. 3)	2	
	möglichst wenige hintereinanderliegende Spätschichten (max. 3)	2	
Rotationsschichten	Vorwärtswechsel	Vorwärts	
spezielle Schichten	mindestens 2 freie Tage nach der letzten Nachtschicht (N, frei, frei, F)	4	
	Einzelne Arbeitstage zwischen freien Tagen vermeiden	OK	
maximale Anzahl hintereinanderliegender Arbeitstage	maximal fünf bis sieben Arbeitstage	6	
Schichtdauer	Lange Arbeitsschichten (> 8 h) vermeiden, Ruhezeit (mind. 11 h) einhalten	OK	
Frühschichtbeginn	nicht zu früh (d. h. 6.30 Uhr besser als 6.00 Uhr, etc.)	6:00	
Spätschichtende	nicht zu spät (d. h. 22.00 Uhr besser als 23.00 Uhr, etc.)	22:00	
Nachtschichtende	so früh wie möglich	6:00	
Wochenendarbeit	Wochenendarbeit vermeiden, Geblockte freie Wochenenden (Schnitt pro Woche)	1 1/2	
Durch Arbeitgeber veranlasst	Kurzfristige Schichtplanänderungen und Massierung der Arbeitszeiten vermeiden, Anpassung der Lange der Schichten an Arbeitsbelastung		
Freie Zeit	Durchschnittliche Anzahl der aufeinanderfolgenden freien Tage im Schichtrhythmus	3,78	
	Anzahl der durchschnittlichen freien Abende pro Woche	4,20	
[Skala 1-3]	Bewertung A:	1,13	
	Bewertung B:	1,12	
	Gesamtbewertung:	1,13	

Abb. 5: *Ergebnisblatt ABA Schicht des neuen 21-Schichten-Betriebs im Werk Berlin*

in die oftmals subjektiv geführten Diskussionen über einen neuen Schichtplan einbringen.

(4) Handlungsfeld »Bedarfsgerechte Altersaustrittsmodelle«

Die demografische Entwicklung legt eine Anhebung des Renteneintrittsalters volkswirtschaftlich nahe. Die Politik hat reagiert und die Regelaltersgrenze in Deutschland auf 67 Jahre erhöht. Der früheste mögliche Rentenbeginn liegt jetzt (mit entsprechenden Rentenabschlägen) bei 63 Jahren.

Weil trotz verstärkter Vorsorgemaßnahmen auch künftig nicht jeder Mitarbeiter bis zum gesetzlichen Renteneintrittsalter arbeiten kann oder will, entwickelt die BMW Group gemeinsam mit dem Betriebsrat neue, bedarfsgerechte Altersaustrittsmodelle. Sie sollen sowohl der Lebensplanung des Mitarbeiters als auch den unternehmerischen Bedürfnissen Rechnung tragen und durch neue Finanzierungsmodelle getragen werden. Hierfür wird bereits heute eine finanzielle Basis gelegt.

Übrigens: Zur Unterstützung der eigenfinanzierten Altersvorsorge bietet die BMW Group ihren Mitarbeiten mit dem Persönlichen Vorsorgekapital (PVK) schon seit Jahren ein attraktives Modell an, mit dem Entgeltbestandteile in einen Anspruch auf Alterskapital umgewandelt werden können.

(5) Handlungsfeld »Kommunikation/Change Management«

Das fünfte Handlungsfeld ist ein übergreifendes und begleitet und unterstützt die aufgezeigten Maßnahmen, um die Wettbewerbsfähigkeit in Zeiten des demografischen Wandels zu steigern. Der demografische Wandel kann nur erfolgreich gestaltet werden, wenn sich auch das Verhalten der Menschen im Unternehmen entsprechend ändert. Alle Mitarbeiter werden zukünftig mehr Eigenverantwortung für ihre Leistungs- und Beschäftigungsfähigkeit übernehmen müssen. Aufgabe der Führungskräfte ist es, ihre Mitarbeiter hierbei zu fördern, aber auch zu fordern. Hierzu gehört auch, die Führungskräfte und Mitarbeiter für den demografischen Wandel zu sensibilisieren und zu befähigen.

Jeder Mitarbeiter muss wissen, dass ihn die demografische Entwicklung persönlich betrifft. Denn noch immer wähnen sich viele in der trügerischen Illusion, sie selbst würden von den bevorstehenden Umbrüchen nicht betroffen werden oder es werde sich zu gegebener Zeit schon ein Ausweg finden. Für jeden einzelnen Mitarbeiter hat der demografische Wandel zur Folge, dass sich die Lebensarbeitszeit verlängern wird. Um auch über eine längere Erwerbsphase hinweg tagtäglich neue Herausforderungen meistern zu können, ist es entscheidend, dass sich jeder Mitarbeiter frühzeitig und umfassend mit allen Aspekten der eigenen Zukunftsvorsorge konkret auseinandersetzt und entsprechend handelt. Umfassende persönliche Vorsorge beinhaltet nicht nur den Erhalt der eigenen Gesundheit, sondern auch die persönliche Weiterbildung, das sichere Verhalten am Arbeitsplatz und die finanzielle Altersvorsorge.

Mit den Kommunikationsmaßnahmen wird somit das Ziel verfolgt, bei allen Führungskräften und Mitarbeitern dieses Bewusstsein für die gesellschaftlichen und betrieblichen Veränderungen nachhaltig zu entwickeln und damit die Voraussetzungen für entsprechendes Verhalten zu verankern. Um dies zu unterstützen wurde mit »Meine Zukunftsvorsorge« ein Markenname entwickelt, unter dem alle Handlungsfelder für das eigenverantwortliche Vorsorgeverhalten der Mitarbeiter zusammengefasst sind.

Als eigenes Medium gibt es die Vorsorgeplattform »Meine Zukunftsvorsorge« im Intranet der BMW Group. Damit wurde eine kommunikative Plattform geschaffen, mit der direkt an die Eigenverantwortung der Mitarbeiter appelliert wird und umfassende Informationen sowie konkrete Unterstützungsleistungen gebündelt zu den Themen Weiterbildung, Gesundheit, Arbeitsumfeld und finanzielle Vorsorge angeboten werden.

Abb. 6: *Der Erhalt der Leistungs- und Beschäftigungsfähigkeit funktioniert nur im Zusammenspiel aller Akteure*

Durch die mittlerweile standardisierte Kommunikation ist sichergestellt, dass »Meine Zukunftsvorsorge« als übergreifender Rahmen in alle Themen eingebunden ist, die einen inhaltlichen Bezug haben und auf die Eigenverantwortung der Mitarbeiter abzielen. In den unternehmensinternen Medien werden fortlaufend redaktionelle Beiträge, die sich mit allen Aspekten und Handlungsfeldern von Zukunftsvorsorge befassen, veröffentlicht, um stetig das eigene Vorsorgeverhalten zu fördern. Für 2008 sind weitere Kommunikationsmaßnahmen für Führungskräfte geplant, die Hilfestellung dabei geben sollen, die eigenen Mitarbeiter für das Thema zu sensibilisieren.

»Heute für morgen«-Pilotprojekte

Die weitere Herausforderung für das Projekt wird in der Integration sämtlicher Stellhebel zur Gestaltung alternsgerechter und gleichzeitig wirtschaftlicher Arbeitssysteme und in der Definition entsprechender Standards bestehen. In einzelnen Piloteinheiten in der Produktion sollen weiter optimierte Arbeitssysteme erprobt werden, in denen Mitarbeiter in den wertschöpfenden Prozessen so beschäftigt werden können, dass sie ihre Arbeitsfähigkeit erhalten und ihre Tätigkeit gesund bis zum Renteneintritt ausüben können.

Ein für die Automobilindustrie einmaliges Pilotprojekt mit dem Titel »Arbeitssystem 2017« befindet sich im Werk Dingolfing seit Oktober 2007 in der Umsetzung. In der Montage für Achsgetriebe wird an einem kompletten Bandabschnitt die Zukunft vorweggenommen. In diesem Bereich wurde zu Projektbeginn die Altersstruktur abgebildet, wie sie sich nach derzeitiger Prognose für das gesamte Werk im Jahr 2017 ergeben wird. Das Durchschnittsalter an diesem Bandabschnitt liegt somit bei rund 47 Jahren, während es im gesamten Werk heute noch bei circa 41 Jahren liegt. Statt die Auswirkungen nur zu prognostizieren, können dadurch tatsächliche Erfahrungswerte mit einer im Durchschnitt wesentlich älteren Belegschaft und den umgesetzten Maßnahmen gesammelt werden. Auf den ersten Blick ist das Pilotprojekt als solches nicht zu erkennen. In dem umgestalteten Bandabschnitt sind nämlich keinesfalls nur ältere Mitarbeiter tätig. Auch jüngere Mitarbeiter sind anzutreffen – nur ihr Anteil ist entsprechend geringer.

Neben der weiteren ergonomischen Anpassung der Arbeitsplätze und einer gezielten Gesundheitsförderung sollen neue Arbeitszeitmodelle sowie ein Führungsverhalten, das den besonderen Stärken älterer Mitarbeiter Rechnung trägt, erprobt werden. Nach rund einem halben Jahr lässt sich eine erste Zwischenbilanz ziehen. Und die fällt positiv aus: Die Qualität ist besser geworden und die Effizienz ist so hoch wie in Produktionsbereichen mit jüngerer Belegschaft. Ein Erfolgsfaktor ist, dass die Mitarbeiter zum Start des Projektes umfangreich über die Ziele und Vorgehensweise informiert worden sind und in die Gestaltung ihres Arbeitsplatzes und der Arbeitsbedingungen aktiv einbezogen werden. So wurden unter anderem mittels Interviews mit den beteiligten Mitarbeitern, die aus Gründen der Anonymität von externen Kräften durchgeführt worden sind, der aktuelle Status zur Arbeitsfähigkeit sowie die Gegebenheiten des Arbeitsumfeldes erfasst.

Mit Hilfe der Befragung wurden auch die ersten Maßnahmen abgeleitet. Dabei handelt es sich auch um viele kleine Optimierungen, die aber für den einzelnen Mitarbeiter einen spürbaren persönlichen Nutzen entfalten. Ein Holzboden unter jedem Arbeitsplatz und die speziellen Arbeitsschuhe sorgen für ausreichend Federung und ein ermüdungsfreies Stehen. Hinzu kommen beispielsweise ergonomisch geformte Stühle, die sich an Steharbeitsplätzen nutzen lassen und zu einer temporären Entlastung des Stütz- und Bewegungsapparates führen. Zur besseren Lesbarkeit sind die an den Bildschirmen angezeigten Schriften größer als sonst üblich. An allen Arbeitsplätzen hängen Anleitungen für gymnastische Ausgleichsübungen in den Arbeitspausen, die speziell für jeden Arbeitsplatz unter Berücksichtigung der jeweiligen Belastungen entwickelt worden sind. Um den Mitarbeitern den – für ihren Biorhythmus nicht einfachen – Wechsel zwischen Spät- und Frühschicht zu erleichtern, wurde der Frühschichtbeginn am Montag um zwei Stunden nach hinten verschoben. Zudem wurde für jeden interessierten Mitarbeiter ein persönlicher Gesundheitsplan mit individueller Zielsetzung erstellt.

Zur Sicherstellung der Nachhaltigkeit stehen die Physiotherapeuten in regelmäßigen Abständen zur Verfügung und einzelne Gesundheitsthemen (Bewegung, Ernährung, geistige Fitness etc.) werden im Rahmen von Gruppengesprächen vertieft. Mit der Zeit erfolgt ein schrittweises Umdenken bei den Mitarbeitern. Denn früher wurde derjenige belächelt, der in der Pause gymnastische Übungen zum Ausgleich und damit zum Erhalt seiner Gesundheit gemacht hat. Eine Schlüsselrolle spielen dabei die Führungskräfte, die die neuen Ansätze konsequent fördern und einfordern müssen. Eine enge Zusammenarbeit mit dem Betriebsrat bei der Ausarbeitung und Umsetzung der Maßnahmen ist unverzichtbar. Alle Beteiligten wissen: Es geht um die Gestaltung der Arbeitssysteme der Zukunft.

Das Pilotprojekt dient der praktischen Erprobung der im Projekt »Heute für morgen« erarbeiteten Maßnahmen vor Ort. Es zeigt sich, dass die Gestaltung alternsgerechter Arbeitssysteme aus der Summe einer Vielzahl einzelner Maßnahmen besteht. Die Stellhebel zur Ausgestaltung müssen durch interdisziplinäre Zusammenarbeit unter Berücksichtigung der bereichsspezifischen Ausgangssituation integriert

Das Projekt »Heute für morgen« bei der BMW Group

Abb. 7: linkes Bild: Holzboden und Stühle zur Entlastung des Stütz- und Bewegungsapparates; rechtes Bild: arbeitsplatzspezifische Ausgleichsübungen

werden. Daher sind neben dem Produktionsbereich, seinen Mitarbeitern und dem Betriebsrat, unter anderem auch Produktions- und Arbeitszeitspezialisten, Vertreter der Arbeitssicherheit, die betreuende Personalabteilung und das Gesundheitswesen beteiligt. Die Erfahrungen werden auf weitere Pilotprojekte an anderen Werksstandorten übertragen, die sich in der Startphase befinden.

Zusammenfassung

Die BMW Group stellt sich bereits heute bewusst und chancenorientiert auf die demografischen Realitäten von morgen ein. Niemand wird behaupten können, der demografische Wandel ist etwas Plötzliches oder Unvorhergesehenes gewesen. Vielmehr handelt es sich um eine langfristige und durchaus kalkulierbare Entwicklung. Die personalpolitischen Herausforderungen, die aus den demografischen Verschiebungen für Unternehmen entstehen, sind ausgesprochen komplex und benötigen komplexe Antworten. Es gibt daher nicht die Lösung als Antwort auf die demografische Frage. Die Antwort besteht vielmehr aus der Summe vieler Einzelmaßnahmen.

In Deutschland werden sich die Konsequenzen einer immer stärker alternden und schrumpfenden Gesellschaft besonders spürbar und nachhaltig auswirken. Da hier etwa drei Viertel der BMW- Group-Mitarbeiter beschäftigt sind, spielt der Erhalt der Leistungs- und Beschäftigungsfähigkeit für die Wettbewerbsfähigkeit eine wesentliche Rolle. Adäquate Maßnahmen zur Qualifizierung, eine weit reichende Gesundheitsprävention und eine veränderte Arbeitsorganisation sind heute drei wichtige Handlungsfelder, wodurch das Unternehmen auch in Zukunft hoch produktiv, innovativ und effizient sein wird. Daneben wird an langfristig tragfähigen Altersaustrittsmodellen gearbeitet, die ein bedarfsgerechtes Ausscheiden ermöglichen. Führungskräfte und Mitarbeiter werden für das Thema Demografie sensibilisiert. So werden aus der Herausforderung »demografischer Wandel« Chancen, die zu Wettbewerbsvorteilen führen. Diese Chancen werden wir nutzen.

Strategien zur alternden Belegschaft bei der BASF AG

Der demografische Wandel betrifft die Unternehmen bereits ganz konkret und weckt zunehmend Handlungsbedarf. Dieser Beitrag zeigt die Entwicklung und Umsetzung einer Strategie zum demografischen Wandel am Beispiel der BASF AG.

> **In diesem Beitrag erfahren Sie:**
> - wie sich Unternehmen auf den demografischen Wandel einstellen können,
> - wie sie Leistungsfähigkeit und Produktivität ihrer alternden Belegschaft erhalten können,
> - wie sie den notwendigen Kulturwandel gestalten können.

HANS-CARSTEN HANSEN, ANDREAS ZOBER

Anlass des Engagements

Wie viele andere Unternehmen ist BASF weltweit, insbesondere in Deutschland, von den Auswirkungen des demografischen Wandels betroffen. Die schrumpfende Bevölkerung, die beständig ansteigende Lebenserwartung, der steigende Anteil älterer Arbeitnehmer sowie die komprimierte Altersstruktur der Belegschaft stellen das Personalmanagement vor besondere Herausforderungen.

Wie genau diese Herausforderungen aussehen, wird in der Literatur sowie der Öffentlichkeit kontrovers diskutiert [1, 2]. Während auf der einen Seite negative Konsequenzen wie sinkende Produktivität, steigende Kosten für soziale Sicherungssysteme sowie drohender Nachwuchskräftemangel betont werden [3], stellen andere Autoren Vorteile wie sinkende Arbeitslosigkeit oder den Erfahrungsschatz und die Zuverlässigkeit älterer Arbeitnehmer in den Vordergrund [4, 5].

Strategien zur alternden Belegschaft bei der BASF AG

BASF hat sich zum Ziel gesetzt, den demografischen Wandel als Chance zu begreifen und sich durch eine erfolgreiche Auseinandersetzung mit diesem Thema positiv vom Wettbewerb abzuheben. Daher wurde bereits 2004 ein strategischer Analyseprozess gestartet, der eine systematische und strukturierte Aufarbeitung der aktuellen Situation sowie zukünftiger Herausforderungen ermöglicht und eine Analyse der einzelnen Standorte der BASF Gruppe aufweist.

Um diejenigen Standorte mit dem dringlichsten Handlungsbedarf zu identifizieren, wurden sowohl externe demografische Bedingungen wie Lebenserwartung und Altersstruktur der nationalen Bevölkerungen im geografischen Umfeld des Standortes als auch interne Bedingungen, wie die Altersstruktur und Zusammensetzung der Belegschaften berücksichtigt. Aus der Kombination beider Faktoren kann das Handlungsmoment für den jeweiligen Standort abgeleitet werden.

Die folgende Grafik zeigt einen Ausschnitt aus der Analyse europäischer Standorte. Es wird ersichtlich, dass sich die Situation innerhalb der BASF sehr differenziert darstellt. Die Größe der Kreise zeigt die Anzahl der Mitarbeiter am jeweiligen Standort.

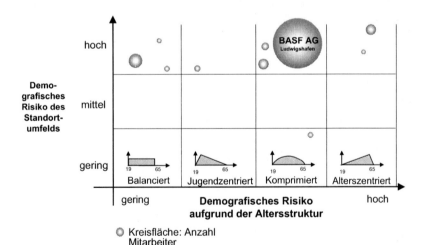

Abb. 1: *Demografie-Portfolio ausgewählter europäischer BASF-Standorte*

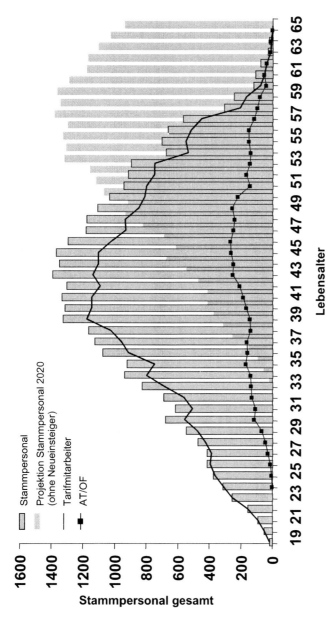

Abb. 2: Komprimierte Altersstruktur der BASF AG

Der Handlungsbedarf für den Standort Ludwigshafen wurde, auch unter Berücksichtigung der hohen Mitarbeiterzahl, als am dringlichsten erkannt.

Die Altersstruktur der BASF AG in Ludwigshafen ist komprimiert. Zum Ende des Jahres 2005 waren 54 Prozent der Mitarbeiter im Alter zwischen 35 und 50 Jahren. Projiziert man diese Zahl in die Zukunft, wird im Jahr 2020 die Mehrzahl der Beschäftigten über 50 Jahre alt sein. Auch ist zu erwarten, dass der Ersatzbedarf für in Rente gehende Mitarbeiter ab 2015 ansteigen wird. Diese Entwicklungen haben weitreichende Auswirkungen auf das gesamte Unternehmen, die im Folgenden näher erläutert werden.

Neue Herausforderungen an das Personalmanagement der BASF

Der demografische Wandel konfrontiert die Personalarbeit mit neuen Herausforderungen [6]: Wie können Unternehmen die Leistungsfähigkeit, Flexibilität und Produktivität ihrer alternden Belegschaft erhalten? Wie können sie angesichts der bisher oft noch altersorientierten Vergütungspraxis die Personalkosten im Griff behalten und wie qualifizierten Nachwuchs weiterhin gewinnen? Aus Sicht der BASF sind sechs Aspekte hierbei von zentraler Bedeutung:

⇨ die Beschäftigungsfähigkeit der Mitarbeiter
⇨ die nachhaltigen Rekrutierung von Nachwuchskräften
⇨ die Erhaltung wettbewerbsfähiger Produktivität und Innovativität
⇨ die solide Finanzierung betrieblicher Altersversorgung
⇨ der Kulturwandel inner- und außerhalb des Unternehmens
⇨ die Ausrichtung des gesellschaftlichen Engagements

Die Aspekte Beschäftigungsfähigkeit, Rekrutierung und Kulturwandel werden im Folgenden näher erläutert.

Beschäftigungsfähigkeit sichern

Eine der größten unternehmenspolitischen Herausforderungen ist es, die Beschäftigungsfähigkeit einer alternden Belegschaft sicherzustellen, um die bestehenden Standorte auch für die Zukunft wettbewerbsfähig zu halten. Im Fokus steht hierbei die Frage, mit welchen Maßnahmen eine alternde Erwerbsgesellschaft gesund, leistungsfähig, flexibel und motiviert gehalten werden kann.

Mit der schrittweisen Heraufsetzung des gesetzlichen Rentenalters auf 67 Jahre müssen sich Arbeitnehmer, aber auch Unternehmen auf ein längeres Erwerbsleben als bisher einstellen. In diesem Zusammenhang ist es unerlässlich, die mit dem demografischen Wandel in der Arbeitswelt zusammenhängenden gesundheitlichen Probleme zu betrachten. So fühlen sich laut einer Studie von INIFES und TNS [7] mit 5.500 Erwerbstätigen nur 59 Prozent der Befragten in der Lage, die von ihnen heute ausgeübte Tätigkeit bis ins Rentenalter fortzuführen. Dagegen geht jeder vierte Arbeitnehmer davon aus, dazu nicht in der Lage zu sein.

In der Literatur werden sowohl einseitig belastende oder schwere körperliche Arbeit als auch psychische Belastungen wie hoher Zeitdruck als Risikofaktoren genannt, die einer Erwerbstätigkeit bis zum Rentenalter von 67 Jahren im Wege stehen [8]. Je früher Organisationen nachhaltige Lösungen entwickeln, desto eher werden sie in der Lage sein, die Beschäftigungsfähigkeit ihrer Belegschaften im positiven Sinne zu beeinflussen.

Altersgerechte Arbeitsorganisation und Arbeitszeitgestaltung können hierzu sinnvolle Ansatzpunkte darstellen. Wissenschaftliche Studien zeigen, dass ältere Menschen andere Arbeitsrhythmen haben als junge. Daher gilt es, die Arbeitszeitsysteme mit Blick auf die Bedürfnisse älterer Arbeitnehmer zu untersuchen und weiterzuentwickeln. BASF kooperiert bei diesem Thema gezielt mit der Wissenschaft. In Zusammenarbeit mit der Universität Karlsruhe wird das von der DFG unterstützte Forschungsprojekt »Lebensarbeitszeitmodelle« im

Rahmen des Schwerpunktthemas »Altersdifferenzierte Arbeitssysteme« durchgeführt.

Durch die freiwillige Befragung von Mitarbeitern werden Zusammenhänge zwischen verschiedenen Arbeitszeitmodellen und der individuellen gesundheitlichen Belastung hergestellt. Ziel ist es, altersspezifische Besonderheiten in Bezug auf die Arbeitsbedingungen zu identifizieren und im Unternehmen zu implementieren. So können beispielsweise mehrere kürzere an Stelle von wenigen langen Pausen erheblich zur Produktivität und zum Wohlbefinden von Arbeitnehmern beitragen [9].

Den Fokus über die körperliche Leistungsfähigkeit hinaus weitend, rücken Aspekte der kontinuierlichen Qualifizierung und Flexibilisierung ins Blickfeld. Es wird zunehmend unwahrscheinlicher, dass eine einmal gelernte Tätigkeit bis zum Ende des Erwerbslebens ausgeübt werden kann. Vielmehr stellen Fortschritte in den Produktionsprozessen, beispielsweise bei der Automatisierungstechnik, regelmäßig neue Anforderungen an die Arbeitskräfte. Die Fähigkeit, sich auf diese neuen Anforderungen einzustellen und vorhandenes Wissen in neuen Kontexten anzuwenden, wird entscheidend sein für die individuelle Beschäftigungsfähigkeit. Daher kann die Implementierung lebenslangen Lernens als eine der wichtigsten Aufgaben für Organisation und Mitarbeiter identifiziert werden.

In Unternehmen ist ein Umdenken erforderlich – weg von einmaligen Qualifizierungsmaßnahmen hin zu kontinuierlichem, berufsbegleitendem Lernen. Dies steht in Widerspruch zu der in vielen Unternehmen gelebten Praxis, nach der Weiterbildungsmaßnahmen vorrangig für jüngere Mitarbeiter angeboten werden [10].

Die Verantwortung für die individuelle Weiterentwicklung liegt jedoch nicht ausschließlich beim Unternehmen. Auch bei den Mitarbeitern muss ein Bewusstseinswandel erfolgen, der eine stärkere Selbstverantwortung für die eigene Erwerbsbiografie und die dafür notwendigen Schritte beinhaltet.

Die BASF AG mit ihrer tendenziell alternden Belegschaft ist zukünftig verstärkt auf die Leistungsfähigkeit ihrer älteren Mitarbeiter angewiesen. Ein frühzeitiger Umgang mit dieser Thematik und die Qualität der dazu entwickelten Lösungen werden daher als wettbewerbsentscheidend angesehen.

Rekrutierung nachhaltig erfolgreich gestalten

Neben der steigenden Lebenserwartung ist der Geburtenrückgang in den letzten Jahrzehnten ein zentrales Merkmal des demografischen Wandels [11]. Damit einhergehend wird langfristig eine Verknappung des Angebots an qualifizierten Arbeitskräften erwartet. Laut dem Institut für Arbeitsmarkt und Berufsforschung (IAB) wird das Erwerbspersonenpotenzial in Deutschland bis 2040 um bis zu 7,3 Millionen sinken [12]. In einigen Bereichen, beispielsweise den Ingenieurswissenschaften, kann bereits heute ein Mangel an Fachkräften festgestellt werden. Trotz des steigenden Anteils an Hochschulabsolventen wird voraussichtlich die absolute Zahl an dem Arbeitsmarkt verfügbaren Ingenieuren in den nächsten zehn Jahren noch sinken [13].

Für die BASF AG ist diese Entwicklung von besonderem Interesse. Die komprimierte Altersstruktur – wie oben abgebildet – führt dazu, dass innerhalb weniger Jahre der Ersatzbedarf für aus Altersgründen ausscheidende Mitarbeiter erheblich ansteigt.

Wenn zeitgleich die Anzahl gut qualifizierter Arbeitskräfte sinkt, gewinnen Fragen der Nachwuchsrekrutierung und Mitarbeiterbindung an Bedeutung. Eine verstärkte Positionierung als attraktiver Arbeitgeber ist daher essenziell, um die strategische Leitlinie »Wir bilden das beste Team der Industrie« zu erfüllen. BASF verfolgt aus diesem Grund auch das Ziel, selbst in Zeiten geringen Ersatzbedarfs die kontinuierliche Ausbildung von Nachwuchskräften fortzuführen und darüber hinaus auch über den aktuellen Bedarf auszubilden.

Kulturwandel vorantreiben

Langfristig müssen die oben genannten Veränderungen von einem Einstellungs- und Wertewandel im Unternehmen sowie in der gesamten Gesellschaft begleitet werden. Dieser bezieht sich nicht nur auf die Einstellung zum Alter und Altern generell, sondern auch auf damit zusammenhängende Aspekte der Erwerbsbiografie, Karriereplanung oder Work-Life-Balance.

Beispielsweise werden traditionell die Lebensphasen nach dem Alter definiert – eine Einteilung, die in Bezug auf die Arbeitszeitgestaltung und Karriereplanung nicht notwendigerweise sinnvoll ist [14]. Ansätze, die eine individuelle Karriereplanung ermöglichen, indem sie sich an den jeweiligen beruflichen und privaten Rahmenbedingungen orientiert und dadurch die übliche »Rush-Hour« des Lebens zwischen 25 und 40 Jahren entzerrt, gibt es bereits. Deren Umsetzung muss jedoch durch einen entsprechenden Wertewandel im gesellschaftlichen Umfeld unterstützt werden.

Auch die vorherrschende Einstellung gegenüber dem Alter bedarf einer Reflektion. In manchen Branchen zählen Mitarbeiter bereits ab 40 Jahren zu den »Älteren« [15]. Tatsächlich sind die heute 50-Jährigen aber teilweise besser qualifiziert als der Nachwuchs. Laut einer Untersuchung des IAB [16] werden in zehn Jahren die 54-Jährigen ein deutlich höheres Qualifikationsniveau aufweisen als jüngere Arbeitskräfte. Dazu kommt, dass Ältere meist über ein größeres Erfahrungswissen verfügen als Jüngere. Unternehmen können es sich nicht leisten, auf dieses Potenzial zu verzichten.

BASF AG: Demografischen Wandel als Chance begreifen – GENERATIONS@WORK

Das Projekt GENERATIONS@WORK der BASF wurde in 2006 nach umfangreichen Vorarbeiten als Antwort auf den demografischen Wandel aufgesetzt. Ziel des Projektes ist es, die Wettbewerbsfähigkeit der BASF vor diesem sich verändernden Hintergrund weiter auszubauen sowie Produktivität und Innovationsfähigkeit zu erhalten. Intern gilt es, für ältere Mitarbeiter tragfähige Zukunftsperspektiven zu schaffen, extern will sich BASF im stärker werdenden Wettbewerb um Nachwuchskräfte effektiver positionieren.

GENERATIONS@WORK ist in die Gesamtstrategie des Konzerns eingebunden und leistet einen wesentlichen Beitrag zur Umsetzung der strategischen Leitlinie »Wir bilden das beste Team der Industrie«.

Das Projekt ergänzt und integriert bereits seit 2004 laufende innovative Maßnahmen, mit denen Personalarbeit bei der BASF »demografiefest« gemacht wird. So wurde beispielsweise beim Aufbau des European Shared Service Centers in Berlin seit 2005 gezielt eine ausgeglichene Mitarbeiterstruktur geschaffen und ältere Bewerber in gleichem Maße wie jüngere berücksichtigt. Auch die Einrichtung des Lernzentrums in Ludwigshafen mit der bewussten Förderung lebenslangen und generationenübergreifenden Lernens für alle Mitarbeitergruppen stellt eine wichtige Maßnahme im Hinblick auf die oben beschriebenen Herausforderungen des demografischen Wandels dar.

Mit GENERATIONS@WORK nimmt BASF bewusst Abstand von dem oft verbreiteten Pessimismus in Verbindung mit dem Thema demografischer Wandel. Vielmehr soll das Projekt innerhalb und außerhalb der Organisation ein Bewusstsein für die bestehenden Chancen und Gestaltungsmöglichkeiten erzeugen. Durch das Engagement in der Region sowie den aktiven Austausch mit anderen Unternehmen wird die Diskussion über die Unternehmensgrenzen hinaus verstärkt.

Die Ziele des Gesamtprojektes GENERATIONS@WORK lauten:

⇨ *Beschäftigungsfähigkeit:* Die BASF-Mitarbeiter sind bis ins Rentenalter körperlich und geistig leistungsfähig – durch gezielte Maßnahmen des Unternehmens und eigene Initiative.

⇨ *Wettbewerbsfähige Produktion:* Die Produktion bleibt auch bei steigendem Durchschnittsalter international konkurrenzfähig.

⇨ *Nachhaltige Rekrutierung:* BASF ist ein attraktiver Arbeitgeber auf allen relevanten Arbeitsmärkten; kontinuierlich wird ausgebildet und innovative Nachwuchskräfte eingestellt.

⇨ *Kulturwandel:* Durch einen grundlegenden Wandel im Umgang mit dem Altern schafft BASF ein motivierendes Arbeitsumfeld für alle Generationen.
⇨ *Gesellschaftliches Engagement:* Das gesellschaftliche Engagement des Unternehmens trägt dazu bei, die Chancen des demografischen Wandels im Umfeld zu erkennen und zu verwirklichen.
⇨ *Finanzierung Altersversorgung:* Die betriebliche Altersversorgung ist weiterhin solide finanziert und zukunftssicher.

Die Konkretisierung dieser Ziele durch praxisbezogene Maßnahmen erfolgt im Rahmen von zwölf Teilprojekten.

Personalstrukturmanagement

Die demografischen Veränderungen stellen auch neue Anforderungen an die Personalberichtsstrukturen und -prozesse.

War Demografie in der Vergangenheit eng mit Altersverteilungen nach verschiedenen Gesichtspunkten in flachen Listen verbunden, so entwickeln sich heute umfassendere, interagierende Anforderungen zur Abbildung der demografischen Veränderungen. Um diese neuen Anforderungen im Rahmen des qualitativen Personalcontrollings zu managen, bedarf es des Personalstrukturmanagements, das das quantitative und qualitative Ergebnismonitoring der personalwirtschaftlichen Prozesse gerade auch in Bezug auf demografische Entwicklungen bündelt, SOLL-Anforderungen erstellt und Abweichungsanalysen ermöglicht. Ziel ist es, mit Hilfe belastbarer Daten den demografischen Wandel für die Personalarbeit transparenter sowie nachvollziehbar zu machen.

Zunächst ist es dafür notwendig, geeignete Parameter zu definieren, die eine Aussage über den Stand der Organisation zum jetzigen Zeitpunkt ermöglichen. In einem zweiten Schritt werden darauf aufbauend zukünftige Qualifikationsprofile und -anforderungen für einzelne Stellen definiert und Detailanalysen der Personalstruktur erarbeitet. In der Folge können Veränderungen in den Anforderungen, die an die jeweiligen Mitarbeiter der BASF gestellt werden, abgeleitet werden sowie in anderen Teilprojekten geeignete Maßnahmen zur Erfüllung dieser zukünftigen Anforderungen erarbeitet werden. Beispielsweise dient die Analyse der Personalstruktur als Basis für die zukünftige Ausrichtung der Ausbildung. Dies stellt einen wesentlichen Beitrag zur Ausgestaltung von Bildungskonzepten und damit zur Beschäftigungsfähigkeit dar.

Der demografische Wandel beschränkt sich nicht auf Deutschland oder Europa. Daher ist eines der Ziele dieses Projektes, eine demografische Risikoanalyse der BASF Gruppe weltweit zu erstellen.

Personalentwicklung

In diesem Teilprojekt werden die Aspekte berufliche Weiterentwicklung, Einsatzflexibilität und lebenslanges Lernen analysiert und zusammengeführt. Das Ziel der Beschäftigungsfähigkeit verlangt es, dass berufliche Weiterentwicklung und hohe Einsatzflexibilität zukünftig keine Frage des Alters mehr sind. Vielmehr werden auch für ältere Mitarbeiter neue Aufgaben und Qualifizierungen der Normalfall sein. Da die Möglichkeiten zum hierarchischen Aufstieg begrenzt sind, werden beispielsweise durch Fachkarrieren attraktive und wertschaffende Alternativen entwickelt. Flexibilität und der damit verbundene Mentalitätswandel werden so das ganze Berufsleben lang präsent sein.

Untersuchungen zeigen, dass Mitarbeiter, die für sich persönlich keine zukünftige berufliche Entwicklungsmöglichkeiten sehen oder sich unter- oder überfordert fühlen, einen möglichst frühen Renteneintritt anstreben [17]. Um auch in Zukunft nicht auf qualifizierte Mitarbeiter verzichten zu müssen, verfolgt BASF das Ziel, für alle Altersstufen sinnvolle Entwicklungsmöglichkeiten aufzuzeigen.

Lebenslanges Lernen muss zum festen Bestandteil einer zukunftsgerichteten Arbeitswelt werden. Hierfür hat die BASF beispielsweise mit ihrem neuen Lernzentrum in Ludwigshafen ein erstes wichtiges Zeichen gesetzt. Dort kann sich jeder Mitarbeiter individuell in allen Qualifizierungsfragen beraten lassen, sich selbst bedarfsgerechte Lernpakete schnüren und modernste Lernmedien – beispielsweise das umfangreiche E-Learning-Angebot – nutzen. Dabei wird auf altersspezifische Besonderheiten eingegangen, deren Ausbau Ziel des Teilprojektes ist.

Darüber hinaus muss der Wissenstransfer zwischen den Generationen sichergestellt werden, um wertvolles Know-how auch nach dem Ausscheiden von Mitarbeitern für das Unternehmen sichern zu können. Die Etablierung eines systematischen Wissenstransfers wird daher angestrebt.

Performance Management

Ziel des Performance Managements ist, dass die bisher mit höherem Lebensalter verbundenen höheren durchschnittlichen Lohnkosten nicht zu einem Verlust an Produktivität und Wettbewerbsfähigkeit führen. Auch eine ältere Belegschaft muss um so viel besser sein, wie sie teurer ist. Einen Weg dahin stellt die verstärkte Nutzung leistungsbezogener Vergütungssysteme dar. Die BASF verfügt bereits heute über eine sehr gute Basis, da sie durchgängig über leistungsbezogene Entgeltbestandteile für alle Mitarbeitergruppen verfügt. Verbunden mit attraktiven Möglichkeiten, Teile des Entgelts in eine spätere ergänzende Altersversorgung oder in Aktien umzuwandeln, werden so die Mitarbeiter auch zu mehr Eigenvorsorge für das Alter motiviert.

Abgesehen von Entgeltfragen umfasst das Thema Performance-Management Aspekte der Karriereentwicklung sowie die Fragestellung, wodurch sich Mitarbeiter in unterschiedlichen Altersgruppen motivieren lassen. Auch müssen Ansätze zu einem konstruktiven Umgang mit unterdurchschnittlicher Performance analysiert und weiterentwickelt werden.

Arbeitssicherheit, Ergonomie und Arbeitsorganisation

Ergonomie und Sicherheit am Arbeitsplatz sind zwei Felder personalpolitischer Verantwortung gegenüber dem Mitarbeiter, die verstärkte Aufmerksamkeit vor dem Hintergrund des demografischen Wandels erfahren.

Neben einer Analyse vorhandener Arbeitsplätze finden ergonomische Aspekte auch Berücksichtigung bei der Gestaltung neuer Arbeitsplätze sowie neuer Anlagen. Eines der Ziele hierbei ist es, die faktischen Arbeitsbedingungen den spezifischen Bedürfnissen einer alternden Belegschaft anzupassen.

Auch die heutige Arbeitsorganisation muss weiterentwickelt werden, um das Arbeiten in altersgemischten Teams, und die Potenziale, die sich daraus für den Einzelnen sowie das Unternehmen ergeben, zu verbessern. Dazu steht BASF in Kooperation mit externen Forschungspartnern, die sich explizit mit dieser Fragestellung auseinander setzen.

Ausbildung 2015

Nachhaltige Personalarbeit bedeutet für Unternehmen, kontinuierlich auszubilden und qualifizierten Nachwuchs einzustellen. Dies gilt sowohl für Hochschulabsolventen als auch im Bereich technischer, naturwissenschaftlicher und kaufmännischer Ausbildung.

Als sozial verantwortliches Unternehmen wird BASF auch in der Zukunft jungen Menschen berufliche Chancen bieten. Auch in Zeiten, in denen der Ersatzbedarf für ausscheidende Mitarbeiter eher gering ist, wird daher weiterhin eine nachhaltige Einstellungspolitik verfolgt. Alle wirtschaftlich vertretbaren Spielräume hierfür werden im Rahmen dieses Teilprojektes ausgearbeitet.

Im Hinblick auf sich zukünftig verändernde Berufsfelder wird des Weiteren die qualitative Entwicklung der Ausbildungsberufe definiert und aktiv mitgestaltet. Ausbildungsinhalte können so frühzeitig auf neue Anforderungen, die beispielsweise durch Höherautomatisierung entstehen, ausgerichtet werden.

Bester Arbeitgeber BASF

BASF ist bereits ein attraktiver Arbeitgeber für Chemiker und Chemieingenieure. Gleichwohl wird dem Thema Employer Branding im Rahmen des demografischen Wandels hoher Stellenwert beigemessen. Ein international konsistentes Auftreten am Arbeitsmarkt soll die Vorzüge des Unternehmens als Arbeitgeber bei allen relevanten Zielgruppen kommunizieren und BASF im Wettbewerb um das beste Team von morgen als besten Arbeitgeber aufstellen.
Ein Arbeitgeberimage kann nur langfristig verbessert werden. Auch wenn kurzfristig nicht mit einer Verknappung am Arbeitsmarkt zu rechnen ist, sind Aufbau und Pflege des Arbeitgeberimages daher bereits heute wichtige Bestandteile demografiefester Personalarbeit.

Beruf und Familie

Der nach 2015 zunehmende Wettbewerb am Arbeitsmarkt wird auch ein zunehmender Wettbewerb um qualifizierte Frauen sein. Mit kreativen Ideen zur Förderung der Vereinbarkeit von Beruf und Familie für Frauen und Männer will BASF hier Wettbewerbsvorteile erzielen.

Mehrere Maßnahmen sind bereits umgesetzt. So können Mitarbeiter ihre Kinder in einer von zwei Kinderkrippen, die seit 2005 eröffnet wurden, tagsüber betreuen lassen. Weitere Betreuungsmöglichkeiten werden durch die Vermittlung von Tagesmüttern, die BASF in Kooperation mit dem Kinderschutzbund anbietet, geschaffen. In den Ferien können Kinder an den BASF-Ferienbetreuungsprogrammen »Kids on Tour« und »Teens on Tour« teilnehmen oder im Rahmen des Austauschprogramms »Global Family« mehrere Wochen bei BASF-Familien in anderen Ländern leben.

Ein reibungsloser Wiedereinstieg nach der Elternzeit ist ein weiteres Ziel dieses Projektes. Die Unterstützung der Mitarbeiter durch ihre Führungskräfte stellt hierbei ein wichtiges Element dar. Führungskräfte werden daher durch eine gezielte »Family-Awareness«-Beratung für diese Thematik sensibilisiert. Rückkehr-Vereinbarungen und die Teilnahme an interner Kommunikation sowie Qualifizierungsmaßnahmen während Elternzeit erleichtern die Rückkehr in den Beruf.

Die Vereinbarkeit von Beruf und Familie wird auch durch die Förderung von Teilzeitarbeit verbessert. Nicht nur Eltern, die ihre Kinder versorgen, sondern auch Mitarbeiter, die Angehörige pflegen, nehmen diese Möglichkeit zunehmend wahr. Instrumente wie flexible Arbeitszeitmodelle und Telearbeit werden bereits seit mehreren Jahren in der BASF angeboten. Dass die Familienpolitik der BASF AG auch außerhalb des Unternehmens Anklang findet, zeigt die Zertifizierung durch die Hertie-Stiftung im Jahr 2005.

Unter wirtschaftlichen Gesichtspunkten kann BASF durch diese Maßnahmen nicht nur seine Arbeitgeberattraktivität erhöhen und damit qualifizierte Mitarbeiter gewinnen und halten; auch positive betriebswirtschaftliche Effekte durch Einsparungen bei Fluktuation, Überbrückungs- und Wiedereingliederungskosten sowie Fehlzeiten zählen zu den erwarteten Vorteilen.

Agenturen 2015

Schnelllebige Veränderungen im externen Unternehmensumfeld erfordern flexible Antworten innerhalb des Unternehmens. In den BASF-Mitarbeiteragenturen sind rund 450 Mitarbeiter beschäftigt, die innerhalb des Konzerns, beispielsweise für begrenzte Projekte, flexibel eingesetzt werden. Dieser Mitarbeiterpool ermöglicht es der BASF, bei kurzfristigen Bedarfsschwankungen schnell zu reagieren.

Nicht nur für das Unternehmen bietet dieses Modell Vorteile: Die einzelnen Mitarbeiter können durch mehrere Einsätze verschiedene

Bereiche des Unternehmens kennen lernen und Erfahrung in unterschiedlichen Gebieten sammeln. Insbesondere im Hinblick auf die zunehmend geforderte Flexibilität sind dies Aspekte, die zur Beschäftigungsfähigkeit der Mitarbeiter beitragen.

Vor dem Hintergrund des demografischen Wandels werden die aktuellen Geschäftsmodelle der Agenturen analysiert sowie Konzepte zu deren zukünftigen Gestaltung erarbeitet.

Demografiefeste Finanzierung der betrieblichen Altersversorgung

Aufgrund der höheren Lebenserwartung steigt auch der Mittelaufwand für die betriebliche Altersversorgung in den traditionellen leistungsbezogenen Plänen aus der Vergangenheit. Die BASF wird weiterhin alles Notwendige tun, um ihren Verpflichtungen nachzukommen und den Mitarbeiterinnen und Mitarbeitern eine sichere Versorgung im Alter garantieren zu können. Eine solide und nachhaltige Finanzierung der betrieblichen Altersversorgung bedarf einer ständigen Überprüfung der Pensionspläne – auch dies tut BASF, um demografiefest zu bleiben. Dabei werden leistungsbezogene Pläne durch beitragsorientierte Pläne ersetzt.

Kommunikation und Change Management

Das Leistungspotenzial des BASF-Teams hängt auch von dem Umgang mit dem Thema Alter und den in der Personalpolitik festgesetzten Rahmenbedingungen ab. Einerseits müssen Führungskräfte für das Thema demografischer Wandel sensibilisiert werden, um besser auf sich daraus ergebende Herausforderungen in der Führung von Mitarbeitern eingehen zu können sowie die Potenziale älterer Mitarbeiter optimal zu nutzen.

Auch bei den Mitarbeitern ist ein Bewusstseinswandel, der einen positiven Umgang mit dem Altern und der individuellen Karriereplanung ermöglicht, essenziell. Zwar kann die Förderung von Themen wie Gesundheitsvorsorge und lebenslanger Weiterbildung von Seiten des Unternehmens viel bewirken, letztendlich muss jedoch jeder Mitarbeiter selbst entscheiden, wie er sich persönlich auf eine längere Lebensarbeitszeit vorbereitet.

Deshalb steht bei diesem Teilprojekt der langfristige Einstellungs- und Wertewandel zu Erwerbsbiografie, Karriereplanung und Work-Life-Balance auf allen Ebenen der Organisation im Mittelpunkt.

Gesellschaftliches Engagement

Auch das gesellschaftliche Engagement der BASF wird mit Blick auf den demografischen Wandel analysiert und neu ausgerichtet. Daher wurde 2005 im Rahmen des Aktionsplans »Mit uns gewinnt die Region!« unter anderem die »Offensive Bildung« ins Leben gerufen, mit der das Lernen in Kindergärten und Kindertagesstätten unterstützt wird. Ziel ist es, die Bildungssituation von Kindern – schwerpunktmäßig im Alter von bis zu sechs Jahren – in der Metropolregion Rhein-Neckar zu verbessern. Mit einem Fördervolumen von bis zu fünf Millionen Euro pro Jahr unterstützt das Unternehmen in den nächsten Jahren sieben Projekte in den Bereichen Naturpädagogik, Naturwissenschaften, Sprache und Kunst, die gemeinsam mit städtischen und kirchlichen Trägerorganisationen entwickelt worden sind.

Weitere Projekte ermöglichen den Erziehern, die Potenziale der Kinder zu erkennen und allgemeine Qualitätsstandards der Erziehung sicherzustellen. Dazu werden die Kindertagesstätten-Fachkräfte intensiv geschult und mit den Projekten vertraut gemacht. Alle Projekte werden wissenschaftlich begleitet.

Für BASF ist dieses Engagement aus verschiedenen Gründen sinnvoll. Mit der »Offensive Bildung« kann zum einen ein Beitrag dazu geleistet werden, die individuellen Talente junger Menschen in der Region – und damit potenzieller Nachwuchskräfte für BASF – zu fördern. Vorrangig jedoch untermauert das Engagement die Positionierung der BASF als gesellschaftlich verantwortliches Unternehmen und »good corporate citizen«.

Gesundheitsmanagement

Insbesondere im Hinblick auf die Beschäftigungsfähigkeit der Mitarbeiter rückt die Gesundheitsvorsorge nunmehr unter einem erweiterten Ansatz, in den Fokus unternehmerischer Verantwortung. Deswegen unternimmt BASF bereits heute viel, um die Gesundheit aller Altersgruppen durch präventiven Arbeitsschutz und Vorsorgemaßnahmen positiv zu beeinflussen. Gesundheitsförderung kann sozusagen als »vorweggenommene Demografiearbeit« bezeichnet werden.

Beispiele hierfür sind gezielte Vorsorgeuntersuchungen sowie ein breites Sportangebot für alle Mitarbeitergruppen. Dieses Teilprojekt etabliert neue Maßnahmen und schafft eine höhere Wahrnehmung bestehender Maßnahmen. Einen detaillierten Überblick über die Gesundheitsförderung im Allgemeinen sowie deren Beitrag zur Bewältigung des demografischen Wandels gibt untenstehender Abschnitt »Die betriebliche Gesundheitsförderung in der BASF«.

Die betriebliche Gesundheitsförderung in der BASF

In der Folge erfahren Sie, welche Konzepte zur Gesundheitsförderung ein internationales Unternehmen der chemischen Industrie – auch vor dem Hintergrund des demografischen Wandels – seit mehreren Jahren entwickelt hat, welche organisatorischen Strukturen in diesem Zusammenhang bestehen und welche Maßnahmen ergriffen wurden und werden.

Grundlagen

Im Fokus der gesundheitlichen Probleme des demografischen Wandels steht aus betrieblicher Sicht die Erhaltung von Beschäftigungs-

und Leistungsfähigkeit der Mitarbeiter. Hierzu können Maßnahmen der betrieblichen Gesundheitsförderung einen wesentlichen Beitrag leisten. Unter dem Leitmotiv »Kooperation« versteht sich dabei die moderne Arbeitsmedizin als Impulsgeber in einem breit angelegten betrieblichen Gesundheitsmanagement zur Integration von Gesundheitsbelangen in die Geschäftsprozesse. Aktive Mitarbeiterbeteiligung, Einbindung der Betriebskrankenkasse und intensive Mitgestaltung durch Personalwesen, Arbeitssicherheit und Unternehmensbereiche sind Voraussetzungen für den Erfolg. In dieser Erkenntnis gehört BASF auch zu den ersten Unterzeichnern der »Luxemburger Deklaration zur betrieblichen Gesundheitsförderung« in der Europäischen Union (1997). Die unterschiedlichen Akteure bei der Gesundheitsförderung können sich in der BASF auf eine lange Tradition stützen. Seit der Bestellung von Dr. Carl Knaps zum ersten »Fabrikarzt« im Jahre 1866 besteht das Ziel eines möglichst umfassenden Schutzes von Leben und Gesundheit der Mitarbeiter, das bis heute in der Unternehmenspolitik eine zentrale Rolle spielt. Sicherheit, Umweltschutz und Gesundheit gehören zu den Grundwerten der BASF: »Wirtschaftliche Belange haben keinen Vorrang gegenüber Sicherheit, Umwelt- und Gesundheitsschutz.« Kontinuierliche Verbesserungen in diesen Feldern werden in den Leitlinien des Unternehmens eingefordert. Entsprechende Ergebnisse sind in den jährlich aufgelegten Unternehmensberichten dokumentiert.

Strukturen

Zur Umsetzung der Unternehmenspolitik dienen verschiedene Richtlinien, zu denen seit 1998 auch das »Programm für Arbeitsmedizin und Gesundheitsschutz in der BASF-Gruppe« gehört [18]. Das Programm ist weltweit gültig und definiert die arbeitsmedizinischen Standards für die BASF-Gruppe einschließlich derer für Gesundheitsförderung und Gesundheitsvorsorge. Zum »Know-how«-Transfer wurden entsprechende Kompetenzzentren, zur Qualitätskontrolle ein Auditsystem eingerichtet. Letzteres ist seit 2005 auch extern nach ISAE 3000 zertifiziert. Eine wesentliche Grundlage der betrieblichen Gesundheitsförderung am Standort Ludwigshafen der BASF ist die 1996 eingeführte interdisziplinäre Gesundheitsberichterstattung. Im Zwei-Jahres-Rhythmus wird – unter Federführung der Arbeitsmedizin und in Kooperation mit BKK, Personalwesen und der für Arbeitsschutz zuständigen Abteilung – ein Gesundheitsbericht herausgegeben. Es handelt sich dabei um die regelmäßige strukturierte Auswertung und Zusammenführung vorhandener demografischer, sozialer, arbeitssicherheitsrelevanter und medizinischer Daten aus verschiedensten firmeninternen Quellen. Ziel ist, arbeitsbedingte Gesundheitsgefahren frühzeitig zu erkennen und die allgemeine betriebliche Gesundheitsförderung effektiv, zielgerichtet und damit auch kostengünstig zu gestalten. Jeder dieser Gesundheitsberichte erhält einen Maßnahmenkatalog, spezifisch bezogen auf unterschiedliche Einflussfaktoren im Sinne von Verhältnis- und Verhaltensprävention. Der Steuerung und Koordination dieser Aktivitäten dient der 1995 gegründete Arbeitskreis Gesundheit der BASF Aktiengesellschaft. Er tagt zweimal jährlich und seine interdisziplinäre Zusammensetzung auf hoher organisatorischer Ebene verspricht eine gute Durchsetzung der gefassten Beschlüsse. Dem Arbeitskreis gehört jeweils das Vorstandsmitglied an, das für den Standort Ludwigshafen der BASF zuständig ist. Sein Stellvertreter im Arbeitskreis ist der Betriebsratsvorsitzende. Weitere Mitglieder sind der Werksleiter sowie Vertreter des oberen Managements des Personalwesens, des Bereiches Umwelt, Sicherheit und Energie, eines wichtigen Unternehmensbereiches der Produktion, der Betriebskrankenkasse, der Kommunikation und als ständiger Gast ein leitender Mitarbeiter der Berufsgenossenschaft der chemischen Industrie. Die Geschäftsführung liegt bei Arbeitsmedizin und Gesundheitsschutz.

Die Analyse des Präventionsbedarfes erfolgt systematisch aus unterschiedlichen Quellen. Neben der schon erwähnten Gesundheitsberichterstattung sind dabei vor allem die Ergebnisse der arbeitsmedizinischen Vorsorgeuntersuchungen und Sprechstunden relevant. Circa 50.000 davon werden sowohl auf gesetzlicher Grundlage als auch nach speziellen Betriebsvereinbarungen an definierten Kollektiven am Standort Ludwigshafen regelmäßig durchgeführt. Alle Befunde und Empfehlungen werden schriftlich und individuell übermittelt. Ein wichtiges Instrument in diesem Zusammenhang ist das »Arbeitsmedizinische Dokumentations- und Informationssystem« (AMEDIS) der BASF. Die zugehörige Software wurde in verschiedenen Modulen bis zur elektronischen Gesundheitsakte ausgebaut und erlaubt eine strukturierte Aus- und Bewertung von Diagnosen sowie – über Schnittstellen – eine Verknüpfung mit weiteren, zum Beispiel arbeitsplatzspezifischen und demografischen Daten. Damit sind sowohl deskriptive als auch weiterführende analytische Auswertungen sowie längsschnittliche Betrachtungen möglich. Über verschiedene Anonymisierungsschritte sind dabei die Belange von Datenschutz und Schweigepflicht absolut sichergestellt. Eine weitere Quelle von gesundheitsrelevanten Informationen erschließt sich aus den jährlichen Unternehmens- beziehungsweise Bereichsbefragungen des Personalwesens, die unter anderem mehrere so genannte Gesundheitsfragen, zum Beispiel zur Selbsteinschätzung der Gesundheit, zur Stressbelastung und zur »Work-Life-Balance« enthalten [19]. Bei der Bewertung von beruflichen Belastungsfaktoren in der chemischen Großindustrie ist festzuhalten, dass klassische Faktoren wie schwere körperliche Arbeit, Exposition gegenüber Gefahrstoffen und Stäuben oder physikalische Einwirkungen wie Lärm und Hitze zwar noch existieren, aber mehr und mehr in den Hintergrund treten. Trotzdem werden in diesem Kontext noch diffizile Gefährdungsbeurteilungen durchgeführt und entsprechende Konsequenzen zum technischen und persönlichen Arbeitsschutz gezogen. Allerdings erfordern zum Beispiel die vielfältigen Innovationen bei Produktionsabläufen und Materialien, die Globalisierung der Unternehmen und ihrer Kunden sowie vor allem die Technisierung von Information und Kommunikation (»new ergonomics«) neue Wege bei der Prävention. Neben Information und Training zur Ausbildung eines hohen persönlichen Gesundheitsbewusstseins kommen spezifischen Strategien zur Vermeidung von arbeitsplatzbezogenen und individuellen Risikofaktoren und zur evidenzbasierten Früherkennung bedeutsamer Erkrankungen eine entscheidende Rolle zu. In diesem Sinne erfolgte zum Beispiel zur Definition vordringlicher Handlungsfelder bei der Individualprävention aus dem AMEDIS-Datenbanksystem eine systematische Auswertung der Jahre 2003 bis 2005 zur Häufigkeit und Altersabhängigkeit gesundheitlicher Risikofaktoren und präventionsrelevanter Erkrankungen bei nahezu 24.000 Mitarbeitern am Standort Ludwigshafen.

Bei den Ergebnissen zeigt sich für die Endpunkte Bluthochdruck, krankhaftes Übergewicht, Diabetes und Rückenbeschwerden ein deutlicher Anstieg der Häufigkeit im Altersgang. Bei über 50-Jährigen liegt die Häufigkeit von Diabetes bei sieben Prozent, diejenige der übrigen Erkrankungen zwischen 25 Prozent und 30 Prozent. Die Prävalenz des Rauchens ist weniger alters- als vielmehr sozialgruppenabhängig. Bei Schichtarbeitern beträgt der Raucheranteil mehr als 40 Prozent, bei Führungskräften circa zehn Prozent. Gewerbliche Auszubildende weisen eine Raucherquote von 47 Prozent auf! Vergleichbare Zahlen finden sich auch in der Gesundheitsberichterstattung des Bundes [20]. Das Unternehmen ist also ein Spiegel der Gesellschaft. Die Projektion dieser Daten in die Zukunft mit einem deutlich höheren Anteil älterer Erwerbstätiger lässt Auswirkungen auf Gesundheit, Leistungsfähigkeit und Produktivität erwarten. Hier gilt es konsequent gegenzusteuern.

Maßnahmen

Arbeitsplatzbezogene Maßnahmen in diesem Zusammenhang richten sich vor allem auf Verbesserung der Ergonomie. Neben einer grundlegenden Richtlinie zu Sicherheit, Gesundheits- und Umweltschutz bei Planung und Bau von Anlagen (SGU-Richtlinie) sind zum Beispiel bei Arbeitsmedizin und Gesundheitsschutz so genannte Ergo-PhysConsults im Einsatz. Sie analysieren Arbeitsplatzverhältnisse vor Ort und führen Gruppen- und Einzelarbeitsplatzberatungen sowie

Arbeitstechniktraining durch. Betriebliche Rückenschulen ergänzen dieses Angebot. Für alle Mitarbeitergruppen existieren zusätzlich regelmäßige Gesundheitsseminare mit zielgruppenspezifischen Inhalten. Für Mitarbeiter in Wechselschicht werden beispielsweise einwöchige Seminare im Schwarzwald mit Schwerpunktgruppen »Ergonomische Belastung« (zum Beispiel Bildschirmarbeit, Heben und Tragen) oder »Psychische Belastung« (zum Beispiel erhöhte Vigilanz, Terminarbeit) abgehalten. Für Mitarbeiter in Managementfunktionen wurden kürzere Seminare mit den Schwerpunkten Ernährung, Ausdauertraining und Stressreduktionsstrategien aufgelegt. Zur Vertiefung des Erlernten steht in Ludwigshafen das Gesundheitsförderungszentrum der BASF zur Verfügung. Hier werden in einer interdisziplinären Kooperation zwischen Arbeitsmedizin, Sportreferat, Wirtschaftsbetrieben (Betriebsgaststätten) und Betriebskrankenkasse in einem jährlich aktualisierten Gesundheitsprogramm Kurse, Vorträge und Workshops angeboten. Sie betreffen die Themen Ernährung, Bewegung, Lebensgestaltung und Entspannung. Für BKK-Versicherte ist eine Kostenerstattung von 80 Prozent der Kursgebühren möglich. Ein umfangreiches Unternehmenssportprogramm mit Schwerpunkten beim Teamsport und mit speziellen Services für Mitarbeiter in Wohnortnähe ergänzt diese Angebote. In den Betriebsgaststätten wurde 2006 entsprechend den Empfehlungen der Deutschen Gesellschaft für Ernährung (DGE) ein Gesundheitsmenü (LinAktiv-Menü) eingeführt. Die Ausweisung von Kalorieninhalten der Gerichte ist Standard.

Weit über die Grenzen des Unternehmens hinaus bekannt wurde eine Vielzahl jeweils wissenschaftlich evaluierter Gesundheitsaktionen. Im BASF-Rückenprojekt konnte gezeigt werden, dass sowohl Fehlzeiten als auch Beschwerden der Mitarbeiter durch ein komplexes Interventionsprogramm deutlich reduziert werden können [21]. Erfolgreich war auch eine Raucherentwöhnungskampagne mit positiven Langzeitergebnissen von über 30 Prozent [22, 23]. Die systematische Darmkrebsvorsorge im Betrieb wurde mit dem Felix-Burda-Award 2006 ausgezeichnet und umfassend wissenschaftlich dokumentiert [24]. Die jüngsten Aktivitäten betrafen Übergewicht und Adipositas

(»Weg mit dem Speck«), an der über 2.000 Mitarbeiter teilnahmen und nachhaltig Gewicht reduzierten [25] sowie eine Diabetesfrüherkennungsaktion (»Süß bleiben ohne Zucker«). Hierbei konnten mehr als 200 bisher unerkannte Diabetiker beziehungsweise Prädiabetiker identifiziert und beraten werden. In Vorbereitung befindet sich eine Aktion gegen Bluthochdruck (»Mit Nachdruck gegen Hochdruck«).

Betriebliche Gesundheitsförderung in der BASF – Ausblick

Trotz nachweislicher Erfolge bei der Gesundheitsförderung im Unternehmen bleiben noch wichtige Probleme zu lösen: Die freiwilligen Teilnehmer an Gesundheitsaktionen sind häufig nicht diejenigen, die dieser Aktivitäten vordringlich bedürfen, sondern solche Mitarbeiter, die ohnehin schon gesundheitlich motiviert sind. Alle übrigen zu erreichen, erfordert neue Konzepte, vor allem der Information und Kommunikation. Konsequenter als bisher muss auch der größte einzelne Risikofaktor für die Gesundheit – der Tabakkonsum – angegangen werden. Dazu bedarf es allerdings auch des politischen Willens. In einem Kooperationsprojekt mit dem Institut für Public Health Mannheim der Universität Heidelberg planen wir vor diesem Hintergrund eine längerfristige Gesundheitsoffensive im Unternehmen. Im Mittelpunkt soll dabei neben der Tabakprävention ein erweiterter ganzheitlicher Präventions-Check stehen, der durch strukturierte Verhaltensprävention und Schulungen in gesundheitsförderlicher Führung ergänzt werden wird. Unser Ziel ist, durch strategisches Gesundheitsmanagement einen Zugewinn an gesunden Lebens- und auch Arbeitsjahren für unsere Mitarbeiter zu erreichen. Das Lebensumfeld »Arbeitsplatz« und die präventionsmedizinische Kompetenz und Akzeptanz von Betriebsärzten und weiteren in der Prävention ausgewiesenen Mitarbeitern im Unternehmen bieten günstige Voraussetzungen für einen Erfolg.

Literatur

[1] SCHULTE DÖINGHAUS, U.: *Die Dividenden der Demographie*, in: Handelsblatt, 07.02.2007, S. 9, 2007.

[2] RAABE, B./KERSCHREITER, R./FREY, D.: *Führung älterer Mitarbeiter – Vorurteile abbauen, Potenziale erschließen*, in: Badura, B./Schellschmidt, H./Vetter, C. (Hrsg.): Fehlzeiten-Report 2002 – Demographischer Wandel, S. 137-152, Berlin et al. 2003.

[3] EBERT, A./KISTLER, E./STAUDINGER, T.: *Rente mit 67 – Probleme am Arbeitsmarkt*, in: ApuZ, 4-5 2007, S. 25-31, 2007.

[4] MAINTZ, G.: *Leistungsfähigkeit älterer Arbeitnehmer – Abschied vom Defizitmodell*, in: Badura, B./Schellschmidt, H./Vetter, C. (Hrsg.): Fehlzeiten-Report 2002 – Demographischer Wandel, S. 43-55, Berlin et al. 2003.

[5] KOPER, T.: *Den »Silberschatz« heben – aber wie?*, in: Personalführung, 7, S. 69-73, 2006.

[6] BUCK, H.: *Alterung der Gesellschaft – Dilemma und Herausforderung*, in: Badura, B./Schellschmidt, H./Vetter, C. (Hrsg.): Fehlzeiten-Report 2002 – Demographischer Wandel, S. 5-13, Berlin et al. 2003.

[7] EBERT, A./KISTLER, E./STAUDINGER, T.: *Rente mit 67 – Probleme am Arbeitsmarkt*, in: ApuZ, 4-5 2007, S. 25-31, 2007.

[8] EBERT, A./KISTLER, E./STAUDINGER, T.: *Rente mit 67 – Probleme am Arbeitsmarkt*, in: ApuZ, 4-5 2007, S. 25-31, 2007.

[9] DABABNEH, A. J./SWANSON, N.1/SHELL, R. L.: *Impact of added rest breaks on the productivity and well-being of workers*, in: Ergonomics, 44, 2, S. 164-174, 2001.

[10] Capgemini Consulting: *Demografische Trends 2007. Analyse und Handlungsempfehlungen zum demografischen Wandel in deutschen Unternehmen*, http://www.de.capgemini.com/m/de/tl/Demographische_Trends_2007.pdf, 2006.

[11] Statistisches Bundesamt: http://www.destatis.de/themen/d/thm_bevoelk.php, 2007.

[12] FUCHS, J./SÖHNLEIN, D.: *Einflussfaktoren auf das Erwerbspersonenpotenzial*, IAB Discussion Paper, 12, 2007.

[13] EUROSTAT: *European Labor Force Survey 2005*, http://epp.eurostat.ec.europa.eu, 2006.

[14] HELLERT, U.: *Lebensphasenorientierte Arbeitszeitgestaltung*, in: Personalführung, 12, S. 36-43, 2006.

[15] RAABE, B./KERSCHREITER, R./FREY, D.: *Führung älterer Mitarbeiter – Vorurteile abbauen, Potenziale erschließen, in: Badura, B./Schellschmidt, H./Vetter, C. (Hrsg.): Fehlzeiten-Report 2002 – Demographischer Wandel, S. 137-152, Berlin et al. 2003.*

[16] *Institut für Arbeitsmarkt- und Berufsforschung: Steuert Deutschland langfristig auf einen Fachkräftemangel zu? IAB Kurzbericht, 9, 2003.*

[17] VON ROTHKIRCH, C./NAEVECKE, S./SEIFERT, HARTMUT/SOMMER, VERA-BRITT/PFEIFENROTH, WERNER/RATH, HERBERT: *Einstellung älterer Arbeitnehmer zum Renteneintritt, Düsseldorf 2005.*

[18] ZOBER, A./SCHÖNFELD, M.: *Das internationale Programm für Arbeitsmedizin und Gesundheitsschutz in der BASF Gruppe, in:*
Arbeitsmed Sozialmed Umweltmed, 33, 11, S. 514-521, 1998.

[19] LANG, S./NEUMANN, S./NEFF, T./SCHMITT, A./ZOBER, A.: *»Stressmanagement« in einem Großunternehmen der chemischen Industrie – Ein Update bisheriger Aktivitäten, in: Arbeitsmed Sozialmed Umweltmed 42, 6, S. 342-347, 2007.*

[20] ROBERT KOCH INSTITUT (HRSG.): *Gesundheit in Deutschland, Berlin, 2006.*

[21] PLUTO, R./ZOBER, A.: *Betriebliche Gesundheitsförderung – Programme zur Prävention von Rückenschmerzen in der BASF Aktiengesellschaft, Ludwigshafen, in: Trauma Berufskrankh, 4, S. 143-150, 2002.*

[22] LANG, S./ZOBER, A./EBERLE, F.: *Raucherentwöhnung in einem Großunternehmen der chemischen Industrie, in: Arbeitsmed Sozialmed Umweltmed 39, 9, S. 488-491, 2004.*

[23] LANG, S./EBERLE, F./ZOBER, A./OBERLINNER, C.: *Wie nachhaltig können betriebliche Raucherentwöhnungsaktionen sein?, in: Arbeitsmed Sozialmed Umweltmed 42, zur Publikation angenommen, 2007.*

[24] WEBENDÖRFER, S./MESSERER, P./EBERLE, F./ZOBER, A.: *Darmkrebs-Vorsorge im Betrieb, in: Dtsch Med Wochenschr 129, S. 239-243, 2004.*

[25] OBERLINNER, C./LANG, S./GERMANN, C./TRAUTH, B./EBERLE, F./PLUTO, R./NEUMANN, S./ZOBER, A.: *Prävention von Übergewicht und Adipositas am Arbeitsplatz, in: Das Gesundheitswesen, zur Publikation eingereicht, 2007.*

Zusammenfassung

In diesem Beitrag wurde am Beispiel der BASF AG verdeutlicht, dass das Thema demografischer Wandel mitsamt seinen Risiken und Chancen bei den Unternehmen »angekommen ist«. Als zentrale Herausforderungen wurden die Aspekte Beschäftigungsfähigkeit, nachhaltige Rekrutierung, wettbewerbsfähige Produktivität und Innovativität, die solide Finanzierung betrieblicher Altersversorgung, der Kulturwandel inner- und außerhalb des Unternehmens sowie die Ausrichtung des gesellschaftlichen Engagements identifiziert.

Anhand des Projektes GENERATIONS@WORK wurde aufgezeigt, wie differenziert und weitreichend die Auswirkungen dieses Wandels auf Betriebe sein können und welche Maßnahmen geeignete Ansatzpunkte darstellen, den demografischen Wandel aktiv zu gestalten. Nicht die Reaktion auf unvermeidliche gesellschaftliche Entwicklungen, sondern vielmehr die Wahrnehmung von Veränderungen als Wettbewerbschance steht im Mittelpunkt des Projektes.

In den Ausführungen wurde deutlich, dass dazu ein umfassendes, langfristiges Konzept notwendig ist, das alle betroffenen Funktionen und Bereiche eines Unternehmens einbindet. Kurzfristige Einzelmaßnahmen greifen angesichts der Dimensionen dieser Entwicklung zu kurz. Eine demografiefeste Personalstrategie, die alle Felder einschließt und Lösungen vorhält sowie sich der steten Erneuerung dessen stellt, was Personalarbeit bedeutet, ist zwingend, um im globalen Wettbewerb als Standort in Deutschland bestehen zu können.

Arbeitszeitkonzept für die Belegschaft bei Rasselstein

Um langfristig Gesundheit und Arbeitsfähigkeit zu erhalten, ist gerade im produzierenden Gewerbe eine mitarbeiterbezogene Gestaltung von Arbeitszeitmodellen unerlässlich. **Die Rasselstein GmbH setzt auf ein Arbeitszeitkonzept, das sich an arbeitswissenschaftlichen Erkenntnissen orientiert.**

In diesem Beitrag erfahren Sie:
- wie das Arbeitszeitkonzept von Rasselstein gestaltet ist,
- wodurch eine flexible Arbeitszeit erreicht werden kann,
- welche Vorteile Unternehmen und Mitarbeiter durch eine Arbeitszeitflexibilisierung haben.

CARMEN DIEL, KLAUS HÖFER

Auswirkungen von Demografie auf Unternehmen

Um ihre Wettbewerbsfähigkeit zu erhalten, müssen die Unternehmen Maßnahmen ergreifen, welche auf die Erhaltung der Arbeitsfähigkeit ihrer Mitarbeiter und somit der Wettbewerbsfähigkeit des Unternehmens zielen. Unternehmen, denen es nicht gelingt, sich zukünftigen Entwicklungen anzupassen, riskieren, mit dem Ausscheiden älterer Mitarbeiter Leistungsfähigkeit und Innovationskraft zu verlieren.

Zum schonenden Umgang mit den Humanressourcen gehört auch die alters- und alternsgerechte Schichtplangestaltung. Um langfristig die Gesundheit und somit die Arbeitsfähigkeit der Mitarbeiter zu erhalten und zu fördern, wird eine mitarbeiterbezogene Gestaltung von Arbeitszeitmodellen unabdingbar. Es darf nicht nur auf die Gruppe der »Älteren« geschaut werden. Es muss für alle Mitarbeitergruppen eine prozesshafte Betrachtung mit einer Abkehr vom Defizitmodell hin zum Kompetenzmodell erfolgen.

> **Die Rasselstein GmbH**
>
> Die Rasselstein GmbH ist ein Tochterunternehmen der ThyssenKrupp Steel AG. Das Unternehmen ist der einzige deutsche Weißblechhersteller und gehört zu den drei größten Produzenten in Europa. 2.500 Mitarbeiter produzieren jährlich etwa 1,5 Millionen Tonnen Weißblech – für die unterschiedlichsten Verwendungszwecke und Branchen. Der Exportanteil liegt bei rund 80 Prozent. Weltweit vertrauen rund 400 Kunden in über 80 Ländern auf die Produkte aus Rheinland-Pfalz. Eine Säule dieses Erfolgs ist die qualifizierte und motivierte Belegschaft. Diese zu halten ist deshalb vorrangiges Ziel der Personalpolitik. Ein Teil dieser Politik ist das Projekt »demografischer Wandel«. Dieses beinhaltet ein Bündel von Maßnahmen und reicht von flexiblen Arbeitszeitmodellen über Führungskräfteseminare, Gesundheitsförderung und Personalentwicklung bis hin zu speziellen Serviceangeboten für Familien.

Arbeitszeitgestaltung bei der Rasselstein GmbH

Im Jahr 1997 fiel der Startschuss für ein Arbeitszeitkonzept, dass sich an betrieblichen Erfordernissen, den Wünschen der Kunden und den Bedürfnissen der Mitarbeiter orientiert. Damit einhergehend wurden gleichzeitig mehrere Ziele erreicht: größere Flexibilität der Arbeitsorganisation, bessere Reaktionsmöglichkeiten am Markt, höhere Arbeitszufriedenheit, weniger Unfälle und noch dazu mehr Arbeitsplätze.

Die Belegschaft der Rasselstein GmbH teilt sich in die Bereiche Produktion und Verwaltung. Circa 30 Prozent der Mitarbeiter arbeiten im Tagdienst, rund 70 Prozent der Belegschaft arbeitet im Schichtdienst. Die tarifliche Arbeitszeit beträgt 35 Stunden pro Woche. Die Schichtmodelle variieren von ein- bis zweischichtiger Arbeit bis zur vollkontinuierlichen Arbeitsweise an allen Wochentagen einschließlich der Feiertage. Schwerpunkt der Betrachtung sind im Folgenden die Veränderungen im Schichtplansystem. Doch beginnen wir mit den Kollegen und Kolleginnen in der Verwaltung.

Für die Verwaltungsmitarbeiter (tariflich und außertariflich angestellte Mitarbeiter) gibt es den Tagdienst. Dabei arbeiten die tariflichen Angestellten nach teambezogenen definierten Rahmenzeiten (in der Regel 8 bis 16 Uhr). Während dieser Betriebszeit ist im Team immer jemand erreichbar, die Besetzungsstärke kann dabei variieren. Die außertariflichen Mitarbeiter – weitgehend Führungskräfte oder hoch qualifizierte Fachkräfte – leisten eine 39-Stundenwoche.

Rasselstein bietet jedoch eine sehr variable Teilzeitgestaltung an, welche von sieben bis 34 Stunden pro Woche reicht.

Die Kollegen in den Produktionsbetrieben dagegen arbeiten im Schichtdienst. Je nach Funktion und Einsatzbereich des Mitarbeiters in einer Fünf- oder Sechs-Tage-Woche oder in kontinuierlicher Arbeitsweise (»Kontiarbeitsweise«). In der Sechs-Tage-Woche beziehungsweise in kontinuierlichen Schichtplänen kann außer Vollzeit (35 Stunden pro Woche) auch Teilzeit (bis zu 32 Stunden pro Woche) gearbeitet werden.

Das Rasselsteiner Schichtsystem

Bei Rasselstein gibt es über 80 Schichtpläne, da unterschiedliche Betriebszeiten jeweils eine andere Planung erfordern. An den wichtigsten Produktionsanlagen arbeiten fünf Schichtgruppen zur Abdeckung der notwendigen Besetzungszeit.

Damit die Belastung für Schichtarbeiter möglichst gering ausfällt, versuchen wir in unserer Schichtplangestaltung folgende arbeitswissenschaftliche Grundsätze umzusetzen:
⇨ Vorwärtswechsel entsprechend dem menschlichen Biorhythmus
⇨ Nicht mehr als drei Nachtschichten in Folge (realisierbar ab vier Schichtmannschaften)
⇨ Nach einer Nachtschicht mindestens zwei freie Arbeitstage
⇨ Zusammenfassung von Freischichten (möglichst am Wochenende)
Die Schichtzeiten gestalten sich dabei wie folgt:
F = Frühschicht von 6 bis 14 Uhr mit einer 30-minütigen Pause
S = Spätschicht von 14 bis 22 Uhr mit einer 30-minütigen Pause
N = Nachtschicht von 22 bis 6 Uhr mit einer 30-minütigen Pause

Diskontinuierliche und kontinuierliche Arbeitsweise

Die Arbeitsweise bei Rasselsein ist diskontinuierlich und kontinuierlich gestaltet.

Dabei beinhaltet die diskontinuierliche Arbeitsweise alle Arbeitszeitpläne, die von Montag bis einschließlich Samstag reichen. An Sonn- und Feiertagen ist keine Arbeit vorgesehen. Eine solche Arbeitsweise findet man primär in den Produktionsnebenbetrieben. Innerhalb der Arbeitszeitpläne gibt es reine Frühschichtpläne, Früh-/Spätschichtvarianten und Kombinationen aus Früh-/Spät-/Nachtschichten. Die Variation ist dabei immer abhängig von der notwendigen Betriebszeit.

Bei der kontinuierlichen Arbeitsweise wird an allen Wochentagen gearbeitet sowie an Feiertagen. An hohen Feiertagen wird nur gearbeitet, wenn es betrieblich notwendig ist. Dies wird abhängig von der Auftragslage im Vorfeld mit dem Betriebsrat abgestimmt.

Diese kontinuierliche Arbeitsweise teilen wir auf in vollkontinuierlich und teilkontinuierlich. Dabei wird bei der vollkontinuierlichen Arbeitsweise rund um die Uhr an sieben Tagen pro Woche mit der vollen Besetzungsstärke gearbeitet. Diese Arbeitsweise erfordert viereinhalb oder fünf Schichtmannschaften und wird an den Hauptproduktionsanlagen verfahren. Bei der teilkontinuierlichen Arbeitsweise wird zum Beispiel sonntags nur ein Teil der Schichtmannschaft eingesetzt.

Flexibilität durch Betriebs-, Team- und Vertrauensgleitzeit

Während der Teamansprechzeiten im Tagdienst ist es oftmals nicht notwendig, dass alle Mitarbeiter anwesend sind. Aus diesem Grund können in Abhängigkeit von den betrieblichen Erfordernissen die Mitarbeiter eines Teams eigenverantwortlich ihre Arbeitszeit gestalten. Die gewünschte Arbeitszeitgestaltung wird im Team besprochen und mit den betrieblichen Partnern, dem Betriebsrat und dem Personalserviceteam, vereinbart. Folglich existiert keine Kernarbeitszeit, an welcher alle Mitarbeiter am Arbeitsplatz sein müssen.

Während der eine Mitarbeiter ein Frühaufsteher ist und schon gerne um 7 Uhr anfängt, können Langschläfer auch erst später am Morgen mit ihrer Arbeit beginnen, so dass neben dem Vorteil für die Mitarbeiter auch eine verbesserte Erreichbarkeit des Betriebs gegeben ist, da sich somit die Teamansprechzeit auf über acht Stunden hinaus ausdehnt.

Die Vertrauensgleitzeit definiert sich durch eine tägliche Zeitspanne von ±30 Minuten. Innerhalb dieser Spanne werden Abweichungen von der Standardarbeitszeit nicht erfasst. Private Besorgungen sind abhängig von betrieblichen Erfordernissen jederzeit möglich. Rasselstein vertraut darauf, dass die Mitarbeiter ihre Arbeitszeit und ihre Freiräume selbstständig miteinander vereinbaren.

Kollegen im Schichtdienst haben eine vorgegebene Standardarbeitszeit, festgelegt durch den jeweiligen Arbeitszeitplan. Aber auch hier besteht die Möglichkeit, in Abhängigkeit von betrieblichen Erfordernissen, die persönliche Arbeitszeit an einzelnen Tagen zu variieren. Dabei muss die Schichtübergabe gesichert sein. Bevor der Mitarbeiter seinen Arbeitsplatz verlässt, muss er sich mit seinem Nachfolger abgestimmt haben und eigenhändig sicherstellen, dass dieser ihn früher ablöst.

Flexibilität durch Jahresarbeitszeit

Abhängig von Kapazitäts- und Besetzungsschwankungen sowie Wünschen der Mitarbeiter bietet die Jahresarbeitszeit die Möglichkeit, eine Erweiterung beziehungsweise Reduzierung der schichtplanmäßigen Arbeitszeit durchzuführen, dies kann um Stunden oder ganze Tage erfolgen.

Für Mitarbeiter im Schichtdienst kann die Arbeitszeit in der Regel durch ganze Schichten verlängert werden, wenn gewährleistet ist, dass zwei freie Tage innerhalb von zwei Wochen erhalten bleiben. Bei Überkapazitäten dagegen kann der Teamleiter mit einem Vorlauf von mindestens drei Tagen den Ausfall ganzer Schichten vorgeben.

Arbeitszeitkonzept für die Belegschaft bei der Rasselstein GmbH

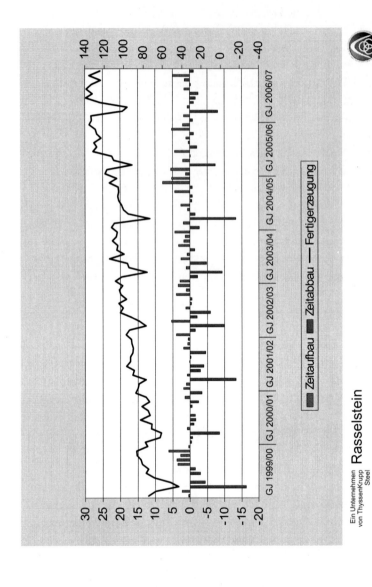

Abb. 1: *Flexibilität über Zeitabbau/-aufbau*

Bei Mitarbeitern im Tagdienst darf der gesetzlich vorgegebene Rahmen mit einer täglichen Höchstarbeitszeit von grundsätzlich zehn Stunden an fünf Arbeitstagen nicht überschritten werden. Jede Arbeitszeitänderung ist einvernehmlich abzustimmen und rechtzeitig anzukündigen.

Der Betriebsrat hat ein Mitbestimmungsrecht. Alle Abweichungen von der Standardarbeitszeit werden in einem Zeitkonto mit Ampelfunktion erfasst. Dabei gelten folgende Grenzwerte und Konsequenzen:

⇨ *grüner Bereich von -20 bis +40 Stunden:*
  Im Schichtdienst stimmen Mitarbeiter und Schichtführer die Arbeitszeit ab. Im Tagdienst gestaltet der Mitarbeiter eigenverantwortlich seine Arbeitszeit.

⇨ *gelber Bereich von -20 bis -40 Stunden bzw. von +40 bis +80 Stunden:*
  Der jeweilige Teamleiter wird über den Zeitkontostand informiert.

⇨ *roter Bereich von -40 bis -60 Stunden beziehungsweise +80 bis +100 Stunden:*
  Der Teamleiter vereinbart mit dem Mitarbeiter verbindlich, wie die Stundenzahl in den gelben Bereich zurückgeführt wird. Eine einvernehmliche Regelung wird angestrebt, ist aber nicht zwingend.

⇨ *erweiterter roter Bereich ab -60 bzw. ab +100 Stunden:*
  In besonderen Fällen können, nach Abstimmung zwischen Teamleiter, Personalleiter und Betriebsrat, im roten Bereich für einen festgelegten Zeitraum erweiterte Grenzwerte zugelassen werden.

Es gilt der jeweilige tarifliche Ausgleichzeitraum (zwölf Monate). Jeder Mitarbeiter ist für den Zeitausgleich mitverantwortlich.

Die Mitarbeiter des Tagdiensts führen jeden Monat einen persönlichen Zeitbericht. Wird der tägliche Vertrauensbereich über- oder unterschritten, kann hier die Abweichung in 30-Minuten-Schritten erfasst werden. Ein Zeitguthaben kann stundenweise oder in ganzen Tagen ausgeglichen werden.

Für Mitarbeiter mit Schichtdienst wird eine so genannte »KOMMT-Buchung« erfasst, um die zuschlagspflichtigen Zeiten (Schichtzuschläge) korrekt zu ermitteln. Die Zeitberichte werden von zuständigen Zeitbeauftragten im SAP-Zeitwirtschaftsmodul geführt. Wenn aus betrieblichen Gründen ein früheres Arbeitsende erforderlich ist, werden die Schichtzuschläge nicht reduziert. Lediglich die ausfallende Arbeitszeit wird dem Konto belastet.

Rasselstein hat es sich grundsätzlich zum Ziel gesetzt, chronische Mehrarbeit zu vermeiden. Besonders starre Anwesenheitszeiten können zu bezahlter Mehrarbeit beitragen, indem statt der effektiven Arbeitszeit die Anwesenheitszeit vergütet wird. Seit Einführung der Vertrauensgleitzeit gelang es dem Unternehmen, die Mehrarbeit entscheidend abzubauen. Nur in bestimmten Fällen wie zum Beispiel Projektarbeit wird noch Mehrarbeit ausgezahlt. Ziel ist es jedoch, die Mehrarbeit auf ein Minimum zu beschränken und vorrangig Freizeitausgleich zu schaffen.

Die Gestaltung eines solch modernen Arbeitszeitsystems geschieht jedoch nicht über Nacht, vielmehr ist dies ein langer Prozess von ständigen Weiterentwicklung und Neuerungen. Wie genau dieser Prozess aussah, Folgenden näher beleuchtet.

Entwicklung des Arbeitskonzeptes

Bereits 1992 hatte Rasselstein mit der Einführung der Gleitzeit einen ersten Schritt weg von der starren Norm(al)arbeitszeit getan, die bis dahin in den Betrieben Tradition war. Gründe dafür gab es genug – vor allem die schwankende Produktionsauslastung und der Flexibilisierungsbedarf in der Verwaltung. Doch schon fünf Jahre später waren viele Schwachpunkte des »klassischen« Gleitzeitmodells mit elektronischer Zeiterfassung offensichtlich. Diese gab es zu beseitigen. Schwachpunkte waren unter anderem, dass die elektronische Zeiterfassung nur Anwesenheit erfasste, nicht die effektive Arbeitszeit oder auch dass die Kernzeit die Flexibilität einschränkte.

Arbeitszeitkonzept für die Belegschaft bei der Rasselstein GmbH

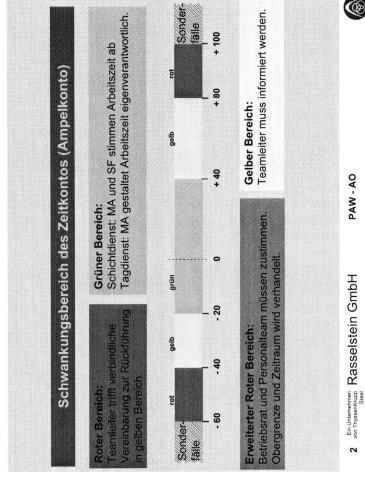

Abb. 2: *Das Ampelkonto*

Zielsetzung und Grundzüge

Mit der Einführung des neuen Arbeitszeitkonzeptes verfolgte Rasselstein mehrere Ziele:

⇨ *Einheitlicher Rahmen* – Ein neues Modell mit wenigen starren Regelungen, vielmehr ein Rahmen, den jedes Team nach den jeweiligen Erfordernissen ausfüllen kann. Als Basis sollte es eine einheitliche Grundregelung für alle Beschäftigten enthalten.

⇨ *Eigenverantworung im Team* – Nicht nur für die Arbeitsorganisation, sondern auch für den Umgang mit Arbeitszeit. Bei gleichzeitigem Abbau der Erfassungs- und Kontrollbürokratie sollte die Vertrauenskultur im Unternehmen gestärkt, Selbstorganisation und Eigenverantwortlichkeit gefördert werden.

⇨ *Effizienz* – Effektive Arbeitszeit = tarifliche Arbeitszeit. Chronische Mehrarbeit sollte verhindert, die Arbeitseffizienz nachhaltig verbessert werden.

⇨ *Echte Flexibilitä*t – Feste und flexible Arbeitszeitelemente verknüpfen, um den Mitarbeiterinnen und Mitarbeiter mehr individuelle Spielräume, Planungssicherheit und Schutz vor Willkür zu gewähren. Das Unternehmen versprach sich davon gleichzeitig mehr betriebliche Flexibilität.

Gerade die Forderung nach der Einheitlichkeit schien zunächst nicht umsetzbar: So verlangte der Vertrieb, dass die Arbeitszeit den über unterschiedliche Zeitzonen verteilten Kunden geeignete Ansprechzeiten bieten sollte. Die Technik forderte, dass die Arbeitszeit eng an den Produktionsschwankungen ausgerichtet wird. Für das Personalressort standen in erster Linie die Vermeidung von Mehrarbeit und die Verbesserung der Arbeitseffizienz im Vordergrund. Der kaufmännische Bereich schließlich strebte zuallererst eine bedarfsbezogene Wochenarbeitszeit an.

Der Spagat ist gelungen. Wie beschrieben, ist der Grundsatz der Einheitlichkeit für alle durch folgende Punkte erfüllt:

⇨ Flexible Jahresarbeitszeit
⇨ Flexible Betriebs- beziehungsweise Teamzeit (Ansprechzeit für Kunden)
⇨ Einführung der Vertrauensgleitzeit
⇨ Umgang mit Mehrarbeit

Pilotphase im Tagdienst

Natürlich sahen die verschiedenen Interessengruppen bei Rasselstein schon im Vorfeld Probleme mit dem neuen Arbeitskonzept.
So befürchtete der Betriebsrat
⇨ der definierte Vertrauensbereich führe zu unbezahlter Mehrarbeit,
⇨ die fehlende Ankündigungsfrist schränke die private Zeitplanung ein,
⇨ die Obergrenze für die Arbeitszeit sei nicht ausreichend festgelegt,
⇨ den Verlust der Mehrarbeitsbezahlung für die Mitarbeiter.

Man sah jedoch auch die Möglichkeit, auf diese Weise neue Arbeitsplätze zu schaffen.

Die Mitarbeiter sahen
⇨ den Verlust der Schutzfunktion des objektiven Zeitnachweises durch die Elektronik,
⇨ den zusätzlichen Aufwand für die manuelle Erfassung der Arbeitszeit,
⇨ Lohnverluste durch Reduzierung der bezahlten Mehrarbeit.

Die Vorgesetzten monierten
⇨ den Zusatzaufwand für Abstimmungen und Vereinbarungen mit den Mitarbeitern,
⇨ die nunmehr fehlenden Kontrollmöglichkeiten,
⇨ die Nutzung der Flexibilität für private Interessen der Mitarbeiter.

Dennoch startete man die neue Regelung, zunächst in ausgewählten Testbereichen.

Der Einführung der Pilotprojekte ging natürlich eine umfassende Information der betroffenen Beschäftigten und ihrer Vorgesetzten voraus. Die einzelnen Projektteams diskutierten die Personalbemessung und stimmten sie ab. Die Beschäftigten konnten neben der manuellen Zeiterfassung auch noch die elektronische Erfassung nutzen. Nach drei Monaten tauschten alle Beteiligten ihre Erfahrungen aus. Die Ergebnisse wurden im Rahmen einer schriftlichen Befragung ermittelt und ergänzt durch halbstandardisierte Interviews.

Insgesamt wurde das neue Zeitkontenmodell sehr gut angenommen. Im Vergleich zur alten Gleitzeitregelung sahen alle Beteiligten deutliche Verbesserungen in folgenden Bereichen:

⇨ Das neue Arbeitszeitkonzept verbessert eindeutig die Orientierung am Rasselstein-Kunden, da rascher und flexibler auf dessen Wünsche reagiert werden kann.
⇨ Mit der neuen Flexibilität lassen sich betriebliche Aufgaben und private Interessen viel besser vereinbaren.
⇨ Die Planungssicherheit der Arbeitszeit hat sich deutlich verbessert.
⇨ Insgesamt ist die Arbeitsmotivation spürbar gestiegen.
⇨ Die Befragten bestätigten besonders die positiven Auswirkungen der Eigenverantwortlichkeit im Umgang mit der Arbeitszeitgestaltung – eines der wichtigsten Ziele.

Dieser Prozess dauerte mehrere Jahre und wir mussten unsere Erfahrungen machen, um durch kontinuierliche Verbesserungen den heutigen Stand zu erreichen.

Pilotphase im Schichtdienst

Schon vor der Umsetzung des neuen Arbeitszeitgesetzes war in der Produktion eine kontinuierliche Arbeitsweise möglich. Die Genehmigung basierte auf der alten Arbeitszeitordnung in Verbindung mit

§ 105c der Gewerbeordnung. Die Produktionsbetriebe im Werk Andernach arbeiten heute nahezu flächendeckend in einer vollkontinuierlichen Arbeitsweise. Mit dem neuen Arbeitszeitgesetz wurde Ende 1995 auch die Genehmigung zur Arbeit an Sonn- und Feiertagen erteilt.

Noch bis Anfang der neunziger Jahre war der wochenweise »Rückwärtswechsel« der Schichten der Normalfall, das heißt von Nachtschicht über Spätschicht zu Frühschicht. Freie Tage, gleichmäßig auf alle Wochentage und Schichten gelegt, schafften den Ausgleich zur tariflichen Wochenarbeitszeit. Dies hatte zur Folge, dass nach zwei Tagen Nachtschicht ein Freischichtblock von zwei Tagen folgte und danach wieder zwei Tage Nachtschicht abzuleisten waren. Nicht selten folgten auch sechs oder sieben Nachtschichten aufeinander. Heute wissen wir aus der Arbeitsmedizin, dass dies dem natürlichen Tagesrhythmus des Menschen widerspricht und unnötige zusätzliche Belastung erzeugt. Als die Zahl der Kündigungen mit der Begründung »Schichtarbeit« anstieg, suchten wir nach Möglichkeiten, Schichtarbeit erträglicher zu machen.

Wir beauftragten das Institut für Industriebetriebslehre und industrielle Produktion der Universität Karlsruhe mit der Beratung zum neuen Arbeitszeitkonzept. Erarbeitet wurden auch die Gestaltungsregeln für arbeitsmedizinisch optimale Schichtpläne. Für eine Pilotphase wurden Testbetriebe ausgewählt, deren Mitarbeiter an der Ausarbeitung neuer Schichtpläne beteiligt waren und die zu deren Anwendung befragt wurden.

Um eine objektive Bewertung der Testphase zu erhalten, wurden Vergleichsbetriebe bestimmt, damit alle sonstigen Einflüsse auf die Mitarbeiterzufriedenheit während der einjährigen Testphase ermittelt werden können. Eine Befragung der Belegschaft erfolgte vor und nach der Erprobungszeit anonym durch die Universität Karlsruhe. An der Pilotphase nahmen 120 Beschäftigte teil. Die Reaktion auf die neuen Schichtpläne war nach der Testphase eindeutig positiv. Alle 120 Beschäftigten der Testbetriebe wollten künftig nur noch nach den neuen Schichtplänen arbeiten. Aus dieser 100-prozentigen Zustimmung heraus wurden die Grundsätze der Schichtplangestaltung sofort in allen möglichen Schichtplanvarianten umgesetzt. Dass sich die Arbeitsbelastung durch die neuen Schichtpläne insgesamt reduziert hat, belegt auch die krankheitsbedingte Fehlzeitenquote von nur rund drei Prozent in den letzten Geschäftsjahren sowie die geringe Zahl meldepflichtiger Unfälle. Auch die Anzahl der Kündigungen mit der Begründung »Schichtarbeit« hat sich zwischenzeitlich erheblich reduziert.

Überprüfung und Anpassung der Zeitkontenregelung

Ein Jahr nach der Einführung des neuen Arbeitszeitkonzeptes wurde eine repräsentative Befragung von 394 Rasselstein-Mitarbeitern durchgeführt. Die Auswertung brachte einen eindeutigen Erfolg des von flexibler Standardarbeitszeit und Vertrauensgleitzeit geprägten Konzeptes. Fast 60 Prozent aller befragten Mitarbeiter zeigten sich mit der neuen Regelung zufrieden, 85 Prozent von ihnen empfanden insgesamt mehr Spaß an ihrer Arbeit als vorher. Vor allem wegen der neu gewonnenen Eigenständigkeit bei der Organisation der Arbeitszeit und der verbesserten Nutzbarkeit von Freiräumen für private Zwecke.

Weiterhin zeigte sich, dass durch Arbeitszeitinnovationen die Teamarbeit gestärkt, eine flexiblere Reaktion auf betriebliche Erfordernisse und Kundenwünsche möglich wurde, die Arbeitseffizienz merklich gestiegen war und die Eigenverantwortlichkeit der Mitarbeiter bei der Einteilung der Arbeitszeit gefördert wurde. Die weitgehende Zufriedenheit mit der Praxistauglichkeit des neuen Modells war ein weiterer Eckpfeiler für seinen Erfolg.

Nach insgesamt fünf Jahren praktischer Anwendung der flexiblen Standardarbeitszeit und Vertrauensgleitzeit fand Ende 2002 eine zweite Befragung von knapp 400 Mitarbeitern in drei Gruppen statt. Die Bewertung erfolgte anhand von vier Fragen, die dann als Ansatzpunkte für eine Diskussion über Verbesserungspotenziale dienten.

Trotz der Einschränkung durch die Schichtarbeit war die Bewertung der Zeitkontenregelung äußerst positiv. Auch wenn eine Nutzung der Zeitkonten aus persönlichen Gründen durch die Anforderungen der Produktion deutlich eingeschränkt wird, ist eine hohe Zufriedenheit erkennbar. Auch im betrieblichen Tagdienst zeigte sich ein erstaunlich positives Bild bei der Bewertung. Als kritik- und verbesserungswürdig wurden das zu gering bemessene Zeitkonto sowie die Möglichkeit zum Zeitabbau empfunden. Ferner wurde eine Kombination des Gleitzeit- und Standardarbeitszeitkontos gewünscht. Als dritte Gruppe wurde der überbetriebliche Tagdienst ausgewertet. Naturgemäß ist der Anteil an pufferbaren Arbeiten für die Mitarbeiter im überbetrieblichen Bereich (vorwiegend Verwaltung) deutlich höher als in den beiden anderen Bereichen. Entsprechend größer ist der Flexibilitätsspielraum. Dies spiegelt sich auch in der positiven Bewertung der Zeitkontenregelung wider. Trotzdem wurden Verbesserungen vorgeschlagen: Erweiterung des Gleitzeitkontos in Kombination mit dem Standardarbeitszeitkonto, die generelle Zulassung ganzer freier Tage zum Zeitabbau (bis dahin nur eingeschränkt möglich) und die Einführung eines Ampelkontos. Bei den außertariflichen Mitarbeitern brachte die Befragung eine mangelhafte Identifikation mit der Regelung zu Tage. Für sie steht, gefördert durch die Tantiemeregelungen mit Zielvereinbarung, die Erfüllung von Arbeitsaufgaben im Vordergrund. Alle Anregungen der Mitarbeiter und Vorgesetzten wurden in einem ressortübergreifenden Arbeitskreis unter Beteiligung des Betriebsrates in eine verbesserte Zeitkontenregelung mit Ampelfunktion eingearbeitet.

Bündnis für Arbeit bei Rasselstein
(Wahlarbeitszeit im Schichtdienst)

Noch bis Mitte der 90er-Jahre waren im Werk Andernach alle Mitarbeiter in der Produktion in einer Vollzeit-Sechs-Tage-Woche von Montag bis Samstag beschäftigt. Engpässe, größere Reparaturen und kritische Liefertermine wurden sonntags mit bezahlten Überstunden bewältigt. An Teilzeitarbeit dachte damals niemand. Sie war auf wenige Einzelfälle in der Verwaltung beschränkt.

Teilzeitarbeit auch im Schichtdienst zu fördern, war die Idee einiger Mitarbeiter des Teams Entfetten/Glühen. Weil Anfang 1997 durch eine Rationalisierungsmaßnahme vier Arbeitsplätze wegfallen sollten, schlugen sie der Geschäftsleitung die Anwendung des Beschäftigungssicherungstarifvertrages vor. Dadurch sollte die tarifliche Arbeitszeit für alle abgesenkt und so der Arbeitsplatzabbau vermieden werden. Zustimmung kam auch vom Betriebsrat. Für eine Laufzeit von einem Jahr wurde der Vorschlag genehmigt. Rasselstein zahlte dabei einen Teillohnausgleich entsprechend der tariflichen Regelung.

Nach Jahresfrist erfolgte ein Gespräch mit den betroffenen Mitarbeitern – die Resonanz war so positiv, dass man begann, über freiwillige Teilzeitarbeit im Schichtdienst nachzudenken. Gerade im Schichtdienst ist die Belastung für die Mitarbeiter am höchsten. Warum also nicht aus der Not eine Tugend machen? Schließlich wurde genehmigt, dass die Schichtmitarbeiter ihre Arbeitszeit unter die tarifliche Wochenarbeitszeit von 35 Stunden senken durften. Einen Lohnausgleich gab es dafür zwar nicht, aber Rasselstein konnte entsprechend mehr Mitarbeiter einstellen. Das betriebliche Bündnis für Arbeit bei Rasselstein war geboren. Speziell hierfür entwickelte man den fünfschichtigen Vollkontischichtplan.

Dieser Plan ist sowohl aus Mitarbeiter- als auch aus Unternehmenssicht optimal. Für die Beschäftigten ist neben dem bereits normalen »kurzrotierenden Vorwärtswechsel« (nur jeweils zwei Früh-, Spät- und Nachtschichten) vor allem das Verhältnis von sechs Arbeitstagen zu vier freien Tagen interessant. Und für das Unternehmen brachte die feste Schichtzuordnung gerade mit dem Blick auf die damals vorgesehene Einführung von Gruppenarbeiten einen entscheidenden Vorteil. Denn so konnte das ständige Auseinanderreißen der Mannschaften durch die alten Vollkontischichtpläne mit neun Gruppen (4 ½ Schichtmannschaften) verhindert werden.

Arbeitszeitkonzept für die Belegschaft bei der Rasselstein GmbH

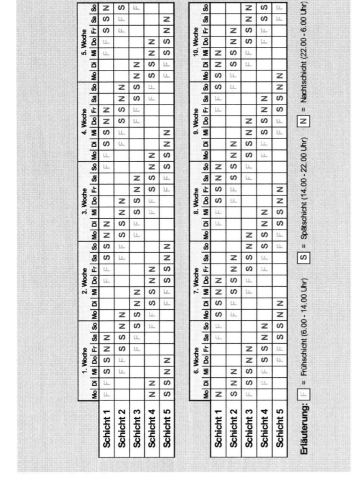

Abb. 3: *Der aktuelle Vollkontiplan mit fünf Schichtmannschaften*

Die Kehrseite der Medaille: Der neue Schichtplan beschreibt lediglich 31,5 Stunden pro Woche für jeden Mitarbeiter. Bei einer tariflichen Wochenarbeitszeit von 35 Stunden müsste die noch fehlende Arbeitszeit durch 21 so genannte Ausgleichsschichten (AGS) pro Jahr von jedem Beschäftigten erbracht werden. Doch hier hilft die Möglichkeit der freiwilligen Verkürzung der Arbeitszeit, wodurch die Zahl der nachzuleistenden Schichten verringert wird.

Kostenneutralität war eine Voraussetzung für die Umsetzungen des betrieblichen Bündnisses für Arbeit. Damit war klar: Einen Lohnausgleich würde es bei Rasselstein nicht geben. Um den Mitarbeitern dennoch die Reduzierung der Arbeitszeit zu erleichtern, wurden mit dem Betriebsrat folgende Vergünstigungen vereinbart:

⇨ Ausgleichsschichten wurden erlassen: Reduzierte der Mitarbeiter freiwillig seine Arbeitszeit und verzichtet auf einen Teil seines Lohns, so wurden ihm abhängig davon bis zu drei Ausgleichsschichten im Jahr erlassen. Diese Vergünstigung wurde zwischenzeitlich mit der Umsetzung der tariflichen Lohnerhöhung 2002 zurückgenommen.

⇨ Steuerfreie Höchstgrenzen für Zuschläge nutzen: Bei konstantem Bruttoentgelt kann ein höheres Nettoentgelt erzielt werden, wenn steuerfreie Zeitzonen bei Schichtzulagen genutzt werden. Der Gesetzgeber hat für bestimmte Zeiten Zulagen und Zuschläge bis zu festgelegten Höchstgrenzen steuerfrei gestellt. Durch Umverteilung der freiwilligen Schichtzulage konnte damit eine Erhöhung des Nettoentgelts erzielt werden, was die Lohneinbußen teilweise auffängt.

Die Ergebnisse dieser Beschäftigungssicherung durch ein betriebliches Bündnis für Arbeit sprechen für sich. Getragen von einer erweiterten Arbeitszeitflexibilisierung, von der das Unternehmen und die Mitarbeiter gleichermaßen profitiert haben, konnte nicht nur die bezahlte Mehrarbeit deutlich reduziert werden. Durch den freiwilligen Verzicht auf Arbeitszeit und damit auf Arbeitsentgelt hat eine Vielzahl von Mitarbeitern einen persönlichen Beitrag zur Schaffung neuer Arbeitsplätze geleistet. Größtenteils wurden die neuen Stellen durch die Übernahme von Auszubildenden besetzt.

Gegenwärtige Maßnahmen und Ausblick

Im Jahr 2003 führte Rasselstein eine Altersstrukturanalyse durch. Diese hatte die Ziele,
⇨ die Auswirkungen des demografischen Wandels sichtbar zu machen,
⇨ um damit die Geschäftsleitung und Führungskräfte zu sensibilisieren und
⇨ Ansätze für geeignete Gegenmaßnahmen zu finden.

Die Ergebnisse der Analyse waren, dass der Personalbedarf durch Rekrutierung vom externen Arbeitsmarkt ab 2009 stark ansteigt. Der Anteil der Facharbeiter, welche älter als 55 Jahre sind, wird 2018 über 25 Prozent betragen. Unterstellt man einen aus Vergangenheitswerten resultierenden Anteil an schichtdienstuntauglichen Mitarbeitern, so ergeben sich für 2018 circa 40 bedingt einsetzbare Beschäftigte. Einhergehend mit einem steigenden Durchschnittsalter und einer daraus prognostizierten steigenden Fehlzeitenquote bedingen diese Ergebnisse eine weitere stetige Optimierung der Arbeitszeit und das Teilnehmen an neuen Arbeitszeitprojekten wie dem Projekt Kronos.

Unter dem Gesichtspunkt eines steigenden Renteneintrittsalters und der Abschaffung von Altersteilzeitmöglichkeiten muss vermehrt über die Einführung von Lebensarbeitszeitkonten sowie über alternsgerechte Schichtplangestaltung nachgedacht und diskutiert werden. Dabei zeigt sich, dass mit arbeitsmedizinisch empfohlenen Schichtsystemen, welche sich in der Praxis bewährt haben, bereits physische, psychische sowie soziale Belastungen und Beanspruchungen der Schichtarbeit reduziert werden. Unternehmen können eine alternsgerechte Arbeitszeitgestaltung im Rahmen der gültigen Gesetzgebung durch Betriebsvereinbarungen oder Einzelverträge implementieren. Eine mitarbeiterorientierte Schichtplangestaltung muss dabei verschiedene individuelle Faktoren berücksichtigen. Es sind bei der

Schichtplangestaltung generelle arbeitswissenschaftliche Empfehlungen zu berücksichtigen, um die Leistungsfähigkeit aller Mitarbeiter zu erhalten. Es gibt jedoch keinen idealen Schichtplan, sondern es müssen immer konkrete betriebliche und mitarbeiterorientierte Gegebenheiten berücksichtigt werden. Dabei sind präventive und ganzheitliche Maßnahmen zu ergreifen, beginnend mit dem Eintritt ins Berufsleben.

Die Gestaltung der Arbeitszeit bietet Potenziale, sowohl humane als auch wirtschaftliche Verbesserungen zu erreichen. Die Arbeitszeitgestaltung sollte langfristig angelegt sein und die Arbeitsbiografien der Mitarbeiter berücksichtigen. Eine positiv bewertete Arbeitszeitgestaltung steigert die Unternehmensattraktivität. Sie hilft, vor dem Hintergrund des demografischen Wandels, junge qualifizierte Fachkräfte zu rekrutieren und gleichzeitig die Gesundheit sowie das Wohlbefinden der Mitarbeiter zu erhalten.

Zusammenfassung

Zusammenfassend wird das Arbeitszeitkonzept von Rasselstein im Wesentlichen durch die folgenden Elemente geprägt:

1. *Schichtplangestaltung nach arbeitswissenschaftlichen Grundsätzen*
   Alle Schichtpläne werden nach den bekannten arbeitswissenschaftlichen Grundsätzen gestaltet und in enger Abstimmung mit dem Betriebsrat sowie den betroffenen Beschäftigten erarbeitet.
2. *Wahlarbeitszeit im Schichtbetrieb*
   Beschäftigte in mehrschichtiger Arbeitsweise haben die Möglichkeit, ihre vertragliche Wochenarbeitszeit auf bis zu 32 Stunden pro Woche abzusenken. Damit können vor allem für ältere Mitarbeiter die Belastungen durch die Schichtarbeit individuell reduzieren.
3. *Flexibilität durch Jahresarbeitszeitkonto und Vertrauensgleitzeit*
   Das Jahresarbeitszeitkonto ermöglicht dem Unternehmen wie dem Mitarbeiter eine flexible Verteilung der Arbeitszeit. Durch die Vertrauensarbeitszeit erhalten die Beschäftigten im Tagdienst zusätzlich die Möglichkeit, ihre tägliche Arbeitszeit, ohne Einschränkungen von Kernzeiten und elektronischen Kontrollinstrumenten, auch an ihre persönlichen Vorlieben anzupassen.

Schlussfolgerungen

Peter Knauth

Um auch in Zukunft wettbewerbsfähig zu bleiben, müssen die deutschen Unternehmen heute schon auf die vielfältigen Auswirkungen des demografischen Wandels reagieren, selbst wenn aktuell noch kein Leidensdruck besteht. Der Erhaltung beziehungsweise Verbesserung der Arbeits- und Innovationsfähigkeit der alternden Belegschaft kommt dabei eine Schlüsselrolle zu. Jedes Unternehmen muss in Abhängigkeit zum Beispiel von der aktuellen und prognostizierten Altersstruktur der Belegschaft sowie von der Wettbewerbs- und Arbeitsmarktsituation eine maßgeschneiderte Gesamtstrategie entwickeln. Diese Strategie muss alle wesentlichen Handlungsfelder, das heißt die Unternehmens- und die Führungskultur, die Arbeitsorganisation, Personalentwicklung, den Wissenstransfer und die Gesundheitsförderung umfassen. Dabei sind die Sensibilisierung der Führungskräfte, die Beteiligung der betroffenen Mitarbeiter von Beginn an sowie eine umfassende und offene Informations- und Kommunikationspolitik die wichtigsten Erfolgsfaktoren.

Die Erfahrung zeigt, dass es sinnvoll ist, nach der Sensibilisierung der Führungskräfte in den verschiedenen Handlungsfeldern zunächst kleinere Pilotprojekte zu starten, die dann bei Erfolg mit dem gleichen Informations- und Beteiligungsaufwand auf weitere Bereiche ausgedehnt werden können. Es hat sich außerdem bewährt, die kurz- und langfristigen Auswirkungen der Pilotprojekte auf das Unternehmen und die Mitarbeiter differenziert zu evaluieren. Wichtig ist auch, dass der Fokus der Planung und Umsetzung der Projekte nicht auf dem »Alter«, sondern auf dem Gesamtprozess des Älterwerdens liegt und somit beim Eintritt in das Berufsleben beginnen sollte.

Human Resource Management
Digitale Fachbibliothek auf USB-Stick

Flexible Strukturen, flache Hierarchien, autonome Arbeitsgruppen, Kompetenzteams: Neue Formen der Arbeitsorganisation erfordern auch neue Formen der Mitarbeiterführung.

Die Digitale Fachbibliothek Human Resource Management bietet Ihnen Ideen, Konzepte und Praxisbeispiele für eine grundlegende Neuorientierung der Personalarbeit.

Die Methoden des HR-Managements werden vollstän¬dig dargestellt und durch eine Vielzahl von Praxisbeispielen veranschaulicht.

Sie finden hier Fachwissen auf mehreren tausend Seiten und in über hundert Powerpoint-Präsentationen und Excel-Tools.

Die Bibliothek bietet Ihnen viele Funktionen für eine effiziente Wissensarbeit. Etwa die praktische Volltextsuche, die Sie schnell zum Ziel führt oder die Favoriten-Funktion, mit der Sie das Werk ganz nach Ihrem Bedarf gliedern.

Den USB-Stick können Sie sofort ohne Installation nutzen. Sie können Ihre Bibliothek online aktualisieren – schnell, mobil und wann Sie wollen.

Bestellung per Fax: 0211/8669323
Leseproben unter:
www.flexible-unternehmen.de

Human Resource Management
A. Wollert / P. Knauth (Hrsg.)
Digitale Fachbibliothek auf USB-Stick
über 5.000 Seiten auf USB-Stick
mit zahlreichen Arbeitshilfen,
Präsentationen und Exel-Tools
201,11 EUR incl. MwSt. und Versandkosten
ISBN 978-3-939707-35-6

symposion

Führung, Innovation und Wandel
Wie Sie Chancen entdecken und erfolgreich umsetzen

Dampfmaschine, Penicillin, Glasfaserkabel: Innovationen waren schon immer Triebkräfte des Fortschritts. Aber noch nie hat es eine so rasante Entwicklung gegeben, wie heute. Und nie war der Druck auf Führungskräfte, diese Entwicklung zu bewältigen, so hoch.

Vor allem die Netzwerk-, Kommunikations- und Logistiktechnologien treiben die Globalisierung voran – und bergen gleichermaßen Chancen und Risiken. Dabei hat die Innovation zunehmend die Sphäre der Entwicklungsabteilungen und Labors verlassen. Innovation heißt neue Services, neue Geschäftsmodelle und vor allem Innovation im Management.

Ob Unternehmen diese Innovationschancen nutzen oder an ihren Risiken scheitern, ist eine Gestaltungsaufgabe, die wesentlich mit der Frage guter Führung verbunden ist.

Das Spannungsverhältnis von guter Führung, Innovation und Wandel ist Gegenstand dieses Buches. Seine Autoren beschreiben anhand aktueller Beispiele, wie Manager, Unternehmer und Führungskräfte die Herausforderungen des Wandels annehmen und ihn sinnvoll gestalten können, ohne sich von der komplexen Fülle ständig verändernder Einzelheiten irritieren oder gar paralysieren zu lassen.

Das Buch wendet sich an Führungskräfte, aber auch an Lehrende und Studierende. Eine große Vielfalt spannender Führungsthemen und zahlreiche aktuelle Fallstudien bieten wertvolle Anregungen für den praktischen Alltag.

Führung, Innovation und Wandel
Wie Sie Chancen entdecken und erfolgreich umsetzen
Herausgeber: L Becker, W. Gora, J. Ehrhardt
Hardcover, 425 Seiten mit zahlreichen Abbildungen
ISBN 978-3-939707-05-9
Symposion Publishing, Düsseldorf 2008
Preis 59,- Euro (incl. MwSt. und Versand)

Bestellung per Fax: 0211/8669323
Leseproben unter:
www.symposion.de/fuehrung

symposion·